Sabine Appel

Elisabeth I.
von England

Die Biographie

Ullstein

Biographie
Ullstein Buch Nr. 35611
im Verlag Ullstein GmbH,
Frankfurt/M – Berlin

Ungekürzte Ausgabe

Umschlagentwurf:
Jutta Schneider
Unter Verwendung einer Abbildung des
Archivs für Kunst und Geschichte, Berlin
Alle Rechte vorbehalten
© 1994 by Bechtle Verlag, Esslingen, München
Printed in Germany 1996
Druck und Verarbeitung:
Ebner Ulm
ISBN 3 548 35611 7

August 1996
Gedruckt auf alterungs-
beständigem Papier mit
chlorfrei gebleichtem Zellstoff

Die Deutsche Bibliothek – CIP-Einheitsaufnahme

Appel, Sabine:
Elisabeth I. von England : die Biographie / Sabine Appel. –
Ungekürzte Ausg. – Frankfurt/M ; Berlin : Ullstein, 1996
(Ullstein-Buch ; Nr. 35611 : Biographie)
ISBN 3-548-35611-7
NE: GT

INHALT

Vorwort: Mythos und Wirklichkeit

Elisabeth von England ist eine der schillerndsten und rätsel-
haftesten Gestalten der Geschichte. Als »Virgin Queen«, die
Jungfräuliche Königin, hat sie schon zu ihren Lebzeiten einen
Mythos um sich geschaffen, dem die Dichter ihrer Zeit in ihr
als Gloriana, Cynthia, Feenkönigin huldigten.
Die widersprüchlichsten Eigenschaften traten an dieser Tochter Heinrichs VIII. aus dessen folgenreicher Verbindung mit
Anne Boleyn zutage: Sie war hochgeistig und klassisch gebildet, durch eine problematische Kindheit und Jugend, in der sie
äußersten Belastungen ausgesetzt war, vor der Zeit gereift und
scharf im Denken und Urteilen. Ihre natürlichen Anlagen und
die Erfahrungen ihrer Jugend machten sie als Königin zu einer
unschlagbaren Realistin im politischen Handeln, und zusammen mit ihrem Sinn für fürstliche Selbstherrlichkeit, den sie
von Heinrich VIII. geerbt hatte, war sie die geborene Herrscherin. Sie betonte stark ihre »männlichen« Tugenden und
verglich sich oft mit ihrem gewaltigen Vater. Und wenn sie als
»Amazonenkönigin« in ihrer berühmten Rede hoch zu Roß
vor ihren Truppen in Tilbury ausruft:
»Ich weiß, ich habe nur den Körper einer schwachen Frau,
aber ich habe das Herz und den Mut eines Königs, und zwar
eines Königs von England.«[1],
so bringt sie damit sowohl ihr wunschgemäßes fürstliches
Selbstbild wie auch die Notwendigkeit der weiblichen Fürstin
zum Ausdruck, sich möglichst männliche Prädikate zu verleihen, um sich über die Vorurteile über ihr Geschlecht zu
erheben.
Man mag etwas Sprödes in ihr sehen, in dieser Blassen,

Rothaarigen, eher kantig und hager als schlank, deren Augen
unbeweglich kalt und stolz von den Portraits herabblicken. In
verdächtigem Maße betonte die bis zum Lebensende unverheiratete Königin ihre Jungfräulichkeit und forderte, daß man
ihr in dieser Eigenschaft huldige. Daneben war sie aber eine
Frau von ausgeprägtester Koketterie und Eitelkeit, die sich
schöne Günstlinge an ihrem Hofe hielt und auf für ihre Zeit
skandalöse Weise ihre Verliebtheit und erotische Faszination
zur Schau trug. Mit leeren Versprechungen ihrer Hand, teils
jahrzehntelangem Hinhalten und diplomatischen Flirts hielt
sie sich als protestantische Königin in einem isolierten Insel-
reich die Mächte Europas gewogen, besonders die katholischen Gegenmächte, bis sie 1588 die große Konfrontation mit
Spanien nicht mehr länger hinauszögern konnte, aus der sie als
Siegerin hervortrat.

Auch außerhalb ihrer Heiratspolitik bevorzugte Elisabeth auf
der politischen Weltbühne Mehrdeutigkeit, Subtilität und
doppeltes Spiel. Sie blieb stets in der Defensive, rumorte im
Untergrund, spielte mit großer Verschlagenheit und Wendig-
keit die eine Seite gegen die andere aus und bezog erst dann
Stellung, wenn es die äußerste Situation gebot. Generationen
von Historikern haben diese Seiten in ihr als »typisch weibliche« klassifiziert, wie man auch zunehmend in unserem
Jahrhundert die persönlichen Schwächen der Königin auf
emotionale Unsicherheit in ihren weiblichen Belangen
zurückgeführt hat. Ihre Launenhaftigkeit und Nervosität, ihre
chronische Unfähigkeit, sich zu entscheiden, und ihre patholo-
gische Angst vor Verantwortung und Konsequenzen werden
mit dem Mysterium ihrer Sexualität in Verbindung gebracht.
Sie fürchtete sich, so wird spekuliert, vor der letzten Preis-
gabe – im offenen Spiel der Mächte in der Politik wie in der
Liebe.

Für ihre Zeitgenossen war Elisabeth, je nach religiös-politi-
schem Standpunkt, entweder wirklich die Göttin (zu deren
Attributen notgedrungen auch die Keuschheit gehört), Frie-

densgöttin und Hüterin des Reiches, die Verkörperung Englands oder, wie Philipp II. von Spanien mit immer größerer Vehemenz zischte, das »böse Weib«, die »Jezabel des Nordens«.

Wie so viele Frauen in der Geschichte war sie in der Beurteilung entweder heilig oder lasterhaft, zu engelsgleicher Reinheit erhöht oder zutiefst dubios und verbildet, Anlaß zu vielfältigen Spekulationen. Sie war das alles im Grunde nur dadurch, daß sie ungeachtet aller Erwartungen, sie werde heiraten und damit auch für die Nachfolge sorgen, die Regierung allein trug, ihre Macht mit niemandem teilen wollte, während sie mit allen diplomatischen Raffinessen aus ihrem Geschlecht und ihrer Ehelosigkeit politisch Kapital schlug. In diesem Sinne hat sie es einfach vortrefflich verstanden, schon zu ihrer Zeit ein Bild von sich zu schaffen – denen, die bereit waren, es zu reflektieren –, das ihr die Beliebtheit und Ergebenheit ihres Volkes sicherte, ihre wichtigste Grundlage, um England zu dieser Größe zu treiben, die es in ihrer Regierungszeit annahm. Es war das Bild der »Virgin Queen«. Aus dem verarmten und moralisch zersplitterten England war am Ende von Elisabeths Regentschaft ein blühendes Land geworden, innerlich geeinigt, wirtschaftlich erstarkt, eine Weltmacht auf den Meeren, voll von nationalem Selbstbewußtsein.

Elisabeth betrachtete ihr Königtum als eine große Aufgabe, deren Erfüllung sie aus ihrem konkreten individuellen Kontext heraus in einen allgemeinen erhob, nicht nur in den der Fürstin über die Privatperson, sondern in den der allein regierenden Fürstin in metaphorischer Mutterrolle zu ihrem Volk. Sie tat dies nicht zuletzt aufgrund ihrer tiefen und frühen Einsicht in die Wandelbarkeit und Fatalität menschlicher Gefühle und Beziehungen und, aus ihrer Position, in das gefährlich nahe Beieinanderliegen von Liebe und Macht, Loyalität und Verrat.

In doppelter Hinsicht mußte sich Elisabeth vor der Welt behaupten: als weiblicher Souverän, allen Vorbehalten zum

Trotz, die sich in der Polemik John Knox' gegen das »Weiber-regiment« Ausdruck verschafften (und welche sich in der Tragödie Maria Stuarts zu bewahrheiten schienen), sowie als von den katholischen Prätendenten für illegitim befundene Tochter einer fatalen Verbindung, als Sprößling einer Eltern-konstellation also – des sinnengewaltigen Heinrich VIII., der sich für eine Leidenschaft vom Papst losgesagt hatte, und der koketten Anne Boleyn –, die sie moralisch zusätzlich suspekt machte.

Elisabeth hat alle Anfechtungen überstanden sowie alle Krisen ihrer bewegten Regierungszeit. Sie war ebensowenig eine ausgewogene Herrscherin wie ein ausgewogener Mensch. Sie wurde von Nervenkrisen erschüttert und kämpfte anschei-nend ein Leben lang einen Kampf gegen sich selbst. Nicht nur, daß ihre Gefühle in der Liebe mit ihrer Herrscherrolle unver-einbar waren. Die unausweichlichen Notwendigkeiten und Pflichten eines Monarchen – Entscheidungen fällen, Kriege führen, Richten über Leben und Tod – waren ihr zutiefst verhaßt, und sie quälte sich in diesen Dingen, die sie aufschob und widerrief und wieder aufschob bis zum Letzten.

In günstigem Zusammentreffen von Glück und Verdienst hat alles zum Guten ausgeschlagen. Wenn Elisabeth auch die Unterstützung fähiger Berater und Minister besaß, so ist sich doch die Geschichtsforschung darüber einig, daß das Zeital-ter, das nach ihr seinen Namen erhielt, in entscheidendem Maße von der Persönlichkeit Elisabeths geprägt war – von dieser kultivierten Lady, die in Mußestunden antike Philo-sophen übersetzte, musizierte und sechs Sprachen beherrsch-te, von der durch und durch weltlich orientierten Königin mit ihrem Sinn für den rein praktischen politischen Vorteil in einer Zeit der religiösen Eiferer, von dem Vollweib, das da jagte und tanzte und manchmal fluchte wie ein Pferdeknecht, von der Frau, die kapriziös und handfest-derb zugleich war, sowie von ihrem weltoffenen Hof, der der Renaissancekultur in England den Boden bereitete.

Elisabeth befand sich auf der Schwelle einer neuen Zeit, deren Zeichen sie erkannte. Als Frau hat sie aus den Begrenzungen ihrer Zeit hinausgewiesen, als Individuum und ohne Vorbild und Anregung.

Auch nach über vierhundert Jahren geht von ihrer rätselhaften Gestalt noch Reiz genug aus, einige Aspekte davon einzufangen und sich mit ihrer Zeit und ihrem Leben zu beschäftigen.

KÖNIGSTOCHTER UND BASTARD.
ELISABETHS WECHSELHAFTE KINDHEIT

Elisabeth war ein Kind der Liebe.

Ihr Vater hatte sich mit dem Papst angelegt und mit der katholischen Christenheit gebrochen, um ihre Mutter zu erringen, und die Umstände von Elisabeths Geburt waren somit nichts Geringeres als ein europäischer Skandal.

Als Ausgangs- und Endpunkt dieser bewegten Umstände war sie, als sie am 7. September 1533 zur Welt kam, gleichzeitig für den König und sein Land eine herbe Enttäuschung, denn sie war ein Mädchen, sie war nicht der ersehnte männliche Thronerbe.

In den Jahren vor diesen Ereignissen war Heinrich VIII. von England von einer wachsenden Sorge und Unzufriedenheit befallen.

Seit 1509 war er mit Katharina von Aragón, der Witwe seines Bruders, verheiratet, mit der er die Tochter Maria hatte. Katharina war fünf Jahre älter als Heinrich und zu dem Zeitpunkt, als er auf die junge Hofdame Anne Boleyn aufmerksam wurde, Anfang Vierzig, eine herbe und früh gealterte Frau, verhärmt von zahllosen Fehlgeburten sowie der verlorenen Hoffnung auf den männlichen Thronerben.

Heinrich war verrückt nach Anne Boleyn, die eine Zeitlang am französischen Hof gewesen war und nach damaligen Vorstellungen eine unwiderstehliche Ausstrahlung gehabt haben muß.

Doch Anne Boleyn war berechnend. Als sie des Königs Gunst gewahr wurde, bedeutete sie ihm, daß sie die Königin an seiner Seite, nicht seine Mätresse werden wollte. Sie bekam ihren Willen, und im Grunde bekam damit Heinrich auch den seinen, der seit Jahren in ihm wühlte, noch bevor er Anne Boleyn gesehen hatte, erst recht aber, nachdem er sie gesehen hatte. Der König hatte lange schon Gewissensbisse wegen seiner Heirat mit der Frau seines Bruders, denn er hatte im 3. Buch Mose den Satz gefunden: »Wenn jemand die Frau seines Bruders nimmt, so ist das eine abscheuliche Tat. Sie sollen ohne Kinder sein, denn er hat damit seinen Bruder geschändet.«, was sich offenbar bestätigt hatte. Unabhängig von seiner Leidenschaft für Anne Boleyn sehnte sich Heinrich nach männlicher Nachkommenschaft zum Erhalt der Tudor-Dynastie. So brachte das Erscheinen Anne Boleyns nur einen Stein ins Rollen – doch mit welcher Brachialgewalt!

Jahrelang zogen Heinrichs Werben, Annes angebliches Zurückweisen sowie das Scheidungsgesuch, das Heinrich dem Papst in Rom darbrachte, sich hin. Der Papst widersetzte sich. Für die Theologen und Juristen dieser Zeit war es kein Problem – vorausgesetzt, es entsprach den Verfügungen des Königs –, Gesetze und Statute sowie theologische Wahrheiten so auszulegen, daß sie dem Zweck dienten. Thomas Cranmer, der Erzbischof von Canterbury, erklärte Heinrichs Ehe mit Katharina von Aragón, der Bruderwitwe, für ungültig und blutschänderisch, und Heinrichs Ehe mit Anne Boleyn, die im Januar in größter Heimlichkeit vollzogen worden war, wurde legitimiert. Der unmittelbare Anlaß dieses Vorgehens war: Anne war schwanger. Damit war der Bruch mit Rom vollzogen und Heinrich zum Oberhaupt seiner eigenen, der anglikanischen Kirche geworden. Elisabeth, das Kind, das im darauffolgenden September geboren wurde, war dadurch die Verkörperung der englischen Reformation.

Doch Anne Boleyns Sturz erfolgte noch schneller als ihr Aufstieg. Schon die Geburt des Mädchens Elisabeth war eine Enttäuschung gewesen, und Anne hatte damit ihre Aufgabe verfehlt. Heinrich war so enttäuscht, daß er sogar der Taufe seiner kleinen Tochter fernblieb.

Die Enttäuschung ihres Vaters, daß sie *nur* ein Mädchen war, hat Elisabeth später verinnerlicht und sie mit dem Drang erfüllt, diese Enttäuschung durch Bewährung wiedergutzumachen. Sie mußte sich bewähren über die »Schwächen« ihres Geschlechtes hinaus, und das bedeutete – vor allem später als Monarchin –, besser zu sein als jeder Mann, auf jeden Fall so gut wie ihr Vater.

Auch Anne erlitt in der Folge mehrere Fehlgeburten, und Heinrich war um so gereizter, als er erkennen mußte, daß es faktisch unnütz gewesen war, eine Revolution in England durchzusetzen, einer Frau wegen, die stolz und anmaßend war, launisch und mit einem offenbaren Hang zur Hysterie, einer Frau, auf die er offenbar vergebens seine ganze Hoffnung gesetzt hatte.

Heinrichs Leidenschaft war verflogen, und er wandte sich anderen Hofdamen zu. Als Anne darüber Unwillen aufkommen ließ, wies er sie in ihre Schranken.

Der weitere Verlauf der Dinge bleibt ungeklärt. Entweder suchte Heinrich nur nach einem aus der Luft gegriffenen Vorwand, um sich einer unbequemen und zudem sich für seine Zwecke als nutzlos erweisenden Frau zu entledigen, oder Anne hatte tatsächlich Beziehungen zu anderen Männern – und sei es aus dem verzweifelten Versuch heraus, den ersehnten Thronerben, der sie hätte retten können, anderweitig zu empfangen. Immerhin spricht einiges dafür, daß Heinrich für die Mißerfolge der Geburten seiner Gemahlinnen mit verantwortlich war.

Jedenfalls bezichtigte Heinrich Anne im Mai 1536 des Ehebruchs mit fünf Männern – darunter ihrem eigenen Bruder –, und am 19. Mai wurde Anne Boleyn im Tower hingerichtet. Heinrich hat, so sagt man, in Hampton Court Tennis gespielt, als die Kanonendonner aus dem Tower von der Hinrichtung kündigten.

Das Kind Elisabeth war damals schon längst, genaugenommen seit ihrer Taufe, vom Zentrum des Geschehens bei Hofe und dem schmutzigen London entfernt und in eine ländliche Gegend gebracht worden, wo sie auf ihrem Gut Hatfield House mit einer eigenen Hofhaltung lebte und auch den größten Teil ihrer Kindheit und Jugend verbrachte. Nach ihrer Geburt waren ihrer Halbschwester Maria aus der Ehe mit Katharina von Aragón alle Rechte und Titel aberkannt worden, und zu der Demütigung der als Bastard erklärten Tochter hatte sich die siebzehnjährige Maria noch gefallen lassen müssen, daß man sie als Ehrendame der kleinen Elisabeth nach Hatfield befahl. Erst hatte sie sich geweigert, dann zumindest die Form gewahrt. Nachdem sich dann auch für Elisabeth das Blatt gewendet hatte, teilten die Schwestern theoretisch das gleiche Schicksal.

In der ländlichen Abgeschiedenheit ihrer ersten drei Lebensjahre war Elisabeth wohl kaum in die inneren Geschehnisse bei Hofe und deren dramatische Zuspitzung involviert. Daß sie zu ihren Eltern eine wirkliche Kindbeziehung hatte, ist zweifelhaft. Elternstatt bei Elisabeth hatten ihre Erzieher und Vertrauten angenommen, Lady Bryan und ihre geliebte Kate Ashley, die sie später als Königin zu ihrer Hofdame machte. Ihre Eltern am Hofe bekam Elisabeth kaum mehr als zu besonderen Anlässen und Festlichkeiten zu Gesicht, und dabei ist ihr Heinrich immer als machtvoller, großartiger und auch liebevoller Vater im Gedächtnis geblieben. Über ihre Mutter hat sie sich zeitlebens kaum geäußert. Zu beurteilen, was die nachfolgenden Ereignisse bei Elisabeth auslösten, ist daher sehr schwierig.

Was ihr aus dem tragischen Ende ihrer Mutter spürbar wurde, schon der Dreijährigen, war vor allem der plötzliche Mangel an Prestige. Plötzlich war sie nicht mehr »my Lady Princess«, plötzlich hatte sie keine angemessene Kleidung mehr und wurde von der Hofhaltung vernachlässigt. Die Vertrauten Elisabeths versuchten, zu retten, was noch zu retten war und sicher auch die Ereignisse vor ihr geheimzuhalten, doch es ist sehr wahrscheinlich, daß das hochintelligente Kind schon sehr bald verstand, was sich zugetragen hatte, wenn sie auch nur abstrakte Begriffe davon bilden konnte, so wie ihre Eltern abstrakte Wesen für sie waren.

Ihr Vater war der König, o ja, König Heinrich, der Große und Mächtige. Aber auf einmal war sie keine Königstochter mehr, sondern von merkwürdig unklarem Rang, in dem ihre Umgebung nicht wußte, wie sie sie behandeln und ansprechen sollte. Sie war ein Bastard, auch wenn sie das Wort damals von niemandem hörte.

Der König wollte sie auch nicht mehr sehen. Je mehr sie heranwuchs, desto mehr begann Heinrich in seiner Tochter das erinnerungsträchtige Abbild Anne Boleyns zu sehen, besonders in dem jungen Mädchen, das ihm regelrecht unheimlich wurde.

Einen Tag nach der Hinrichtung von Anne Boleyn hatte Heinrich die sanftmütige Jane Seymour geheiratet, die ihm 1537 endlich zu dem ersehnten Thronerben verhalf, dabei aber selbst im Wochenbett starb. Nach seiner bereits nach wenigen Monaten annullierten Ehe mit Anna von Cleve, deren Portraitmalern er einfach zu blind vertraut hatte, heiratete Heinrich 1541, offenbar wieder aus Leidenschaft, Catherine Howard, eine hübsche und temperamentvolle Achtzehnjährige, die dafür eintrat, Elisabeth, die nur zehn Jahre jünger war als sie selbst, an den Hof zu holen.

Doch die Tragik Anne Boleyns wiederholte sich in diesem jungen Mädchen, das eben, genau wie Anne, von dem Schrot und Korn zu sein schien, durch das sich Heinrich als Mann zu sehr in Frage gestellt fühlte. So wurde auch ihr der Prozeß gemacht, auch sie wurde wegen angeblichen Ehebruchs hingerichtet.

Es ist gut möglich, daß Elisabeth von dem Ausgang dieser Ehe ihres Vaters aus nächster Quelle erfuhr – von der schreienden Königin, die, bevor sie von den Wachen abgeführt wurde, die Galerie von Hampton Court entlanglief, um den König in der Kapelle zu erreichen und ihn von ihrer Unschuld zu überzeugen. Der Verlust der jungen und fröhlichen Stiefmutter muß der inzwischen neunjährigen Elisabeth, die gerade wieder ein wenig zu höfischen Ehren gelangt war und ihren Vater wieder sehen durfte, zumindest schmerzhaft spürbar gewesen sein.

Die sechste und letzte Frau Heinrichs, Catherine Parr, sollte den König überleben. Gebildet und hochkultiviert waren alle Frauen Heinrichs VIII. gewesen – gemäß der Sitte des Spätmittelalters und der beginnenden Neuzeit in England, hochgeborenen Frauen eine gründliche humanistische Bildung zukommen zu lassen. Catherine Parr aber gehörte zu den gebildetsten Frauen in England. Sie war dreißig Jahre alt, als Heinrich sie 1543 heiratete, und sie trug einen beträchtlichen Teil zu der ungewöhnlichen Bildung bei, die Elisabeth in ihrer Jugendzeit erhielt.

Bereits als Sechsjährige war Elisabeth in klassischen und modernen Sprachen unterrichtet worden, so daß sie mit zehn Jahren fließend Italienisch und Französisch sprechen konnte und lateinische Grundkenntnisse besaß. Von nun an aber erhielt sie zusammen mit ihrem vier Jahre jüngeren Bruder Edward, zu dem sie ein herzliches Verhältnis hatte, intensiven ganztägigen Unterricht. Elisabeth erwies sich als ausgesprochen gelehrsam und wissenschaftlich begabt, und ihre Lehrer – allen voran Roger Ascham, ein Gelehrter aus Cambridge, der ihr nach Heinrichs Tod den letzten Schliff gab – haben wahre Lobeshymnen auf ihre begabte Schülerin ausgesprochen.

Es scheint, als ob Elisabeth in diesen verwirrenden Ereignissen und Wechselbädern der Zuwendung und Anerkennung in ihren geistigen Studien eine Zuflucht der Ruhe gesucht hat. In den folgenden Jahren war es eine Welt für sich, in der sie lebte, die Welt ihres Studierzimmers mit Platon und Sophokles, Livius und Cicero sowie den protestantischen Schriften ihrer Zeit, mit lateinischen und griechischen Übersetzungen und Rückübersetzungen, französischer Konversation und theologischer Problemerörterung.

Schon das kleine Kind Elisabeth wird als ungewöhnlich ernst

beschrieben, als ob es entscheidende Phasen kindlicher Unbe-
schwertheit übersprungen hätte. Immer mehr in diese Richtung entwickelte sie sich jedoch im Alter zwischen zehn und
fünfzehn.

Zwar lernte sie auch Bogenschießen, Musizieren und Tanzen
neben ihrer Beschäftigung mit philosophischen Traktaten,
Grammatik und Staatstheorie, doch der Schwerpunkt in der
Entfaltung ihres Wesens lag damals im schöngeistig Kontem-
plativen. Sie schien sehr in sich selbst zurückgenommen und
von vorzeitiger geistiger Reife. Davon zeugt auch ein Portrait
Elisabeths als Dreizehnjährige. Ein schmales blasses Mädchen
mit streng zurückgekämmten roten Haaren schaut mit ernsten
Augen in die Welt. Sie hält ein Buch in der Hand und hat
neben sich einen aufgeschlagenen Folianten liegen.

Der Königin Catherine, der sie imponieren wollte, schrieb
Elisabeth altkluge Briefe mit Übersetzungen frömmelnder
Texte, die sie ihr zum Geschenk machte.

Da Elisabeth von Anfang an, schon durch den Einfluß ihres
Haushalts in Hatfield, protestantisch erzogen worden war und
nun mit Edward die Schriften Thomas Mores und Erasmus'
studierte, war sie noch stärker in Kontrast zu ihrer Halbschwester Maria, der katholischen Halbspanierin, getreten – ein
Kontrast, der allein schon durch den Altersunterschied von
siebzehn Jahren und die Rivalitätsstellung ihrer beider Geburt
gegeben war. Wenn auch in der ganzen dazwischenliegenden
Zeit beide Töchter Heinrichs VIII. für illegitim erklärt und
von der Thronfolge ausgeschlossen waren – es gab auch
mittlerweile einen männlichen Erben –, wurden sie doch 1544
wieder nacheinander in die Erbfolge eingereiht.

Heinrich VIII. starb am 28. Januar 1547, als Elisabeth noch
keine vierzehn Jahre alt war. Im Grunde waren für sie zu dem
Zeitpunkt Kindheit und Jugend, falls sie dergleichen je wirklich gehabt hatte, beendet.

Viel verdächtigt. Elisabeth im politischen Kreuzfeuer

Intrigen und Seymour

Als der König gestorben war, trat Elisabeths Halbbruder Edward im Alter von neun Jahren die Nachfolge an.

Heinrichs Testament hatte gefordert, daß dem jungen König eine Gruppe von Staatsräten voranstehen solle, die bis zu dessen Volljährigkeit die Regierung führten. Innerhalb dieser Gruppe ehrgeiziger Adeliger bildeten sich jedoch schon bald Intrigen und Machtkämpfe heraus, die jede Möglichkeit einer einheitlichen Regierung zunichte machten. Edward Seymour hatte sich gleich am Anfang mit dem Titel eines Herzogs von Somerset zum Lordprotektor ernannt und sich an die Spitze des Staates gestellt. Die Eifersucht seines jüngeren Bruders Thomas, der dem Bruder seine oberste Stellung neidete und der Meinung war, er selbst habe ein Anrecht darauf, trat dabei besonders zutage. Er war von seinem Bruder zum Großadmiral ernannt worden, doch das genügte ihm nicht. So begann er zusehends, gegen Somerset zu intrigieren.

Er war in allerlei dubiose Geschäfte verwickelt, er schaffte sich Anhänger aus dem Adel, eine eigene Partei – alles Vorbereitungen für den Aufstand gegen seinen Bruder –, und zuallererst gedachte er (was ihn zunächst von allem übrigen ablenkte), seine Stellung durch Heirat mit einer Königstochter zu fundieren. Er warb in Staatsratskreisen um Elisabeth, doch die Heirat mit ihr wurde ihm untersagt.

Elisabeth war nach dem Tod ihres Vaters zu ihrer Stiefmutter Catherine Parr in den Chelsea-Palast gezogen und hatte ihre

Studien wiederaufgenommen. In Erinnerung an eine alte Romanze mit Catherine vor Heinrichs Zeiten sowie mit dem ganz zweckorientierten Gedanken, daß die Königinwitwe auch keine schlechte Partie sei, wandte Thomas Seymour sich Catherine wieder zu und heiratete sie.

Es war ein fröhliches Haus, in dem Elisabeth nun zum erstenmal in einer Art Familienkontext mit ihrer Stiefmutter und ihrem neuen Stiefvater lebte. Thomas Seymour war ein Charmeur, ein Lebemann, der schon dafür sorgte, daß die Prinzessin aus der ernsten Abgeschiedenheit ihrer Studien herauskam und sich mit ihm und seiner Frau in Festen und Gesellschaftsspielen erging.

Doch das harmlose Idyll währte nicht lange. Seymour begann Elisabeth herauszufordern und sich ihr mit eindeutigen Absichten zu nähern, was zunächst noch mit der merkwürdigen Solidaritätsbekundung seiner Frau geschah.

Elisabeth, die mittlerweile fünfzehn Jahre alt war, war verwirrt und erregt von der Erscheinung dieses Mannes, der für ihr ganzes Leben die Maßstäbe setzen sollte, was sie an Männern begehrenswert fand: ausgesprochen gutaussehend – Seymour war zu dem Zeitpunkt etwa Mitte Dreißig –, von männlichem Auftreten und unerschütterlichem Selbstvertrauen bezüglich seiner Wirkung auf Frauen und seiner Erfolge im öffentlichen Leben, ein Spieler, ein Abenteurer von maßlosem Ehrgeiz, bereit, alles zu gewinnen oder zu verlieren, das was Thomas Seymour.

Das Folgende wissen wir aus den zu Protokoll gegebenen Geständnissen von Elisabeths Dienerschaft und Vertrauten im Zuge späterer Ermittlungen um Seymour: Er kam morgens regelmäßig in Elisabeths Schlafzimmer, während sie noch im Bett lag oder sich gerade anziehen wollte, klapste ihr aufs Hinterteil, kitzelte sie und versuchte sie zu küssen. Catherine billigte dieses Treiben lächelnd und beteiligte sich sogar daran. Manchmal kamen sie und Seymour auch gemeinsam in das Schlafzimmer des Mädchens, und einmal zerschnitt Thomas

Seymour im Garten Elisabeths Kleid in hundert Fetzen, während Catherine sie festhielt.

Unsicherheit und Erregung, Scham und Faszination müssen sich damals in Elisabeths Empfinden gemischt haben, denn sie war weder in der Lage noch willens, sich den Annäherungen Seymours vollends zu entziehen. Einmal versteckte sie sich hinter den Bettvorhängen, als er hereinkam, und sie sorgte zukünftig dafür, daß sie fertig angezogen vor ihren Büchern saß, wenn er seine morgendlichen Besuche antrat.

Doch sie »errötete«, wenn in Gesellschaft sein Name fiel, wie später noch ihr Schatzmeister Parry bemerkte, und ihre Vertraute Kate Ashley warnte und neckte sie zugleich bezüglich Seymours zweifelhaften Auftretens.

Als Catherine jedoch schwanger wurde, hörte sie auf, in dem Verhalten ihres Ehemannes dem jungen Mädchen gegenüber ein harmloses Spiel zu sehen. Was genau den Ausschlag für den Umbruch gab, ist nicht bekannt, wie weit Seymour ging, ebenfalls nicht. Eines Tages sah sich Catherine jedenfalls veranlaßt, Elisabeth fortzuschicken – in freundschaftlichem Einvernehmen zwar und ohne daß es zum Bruch zwischen ihr und ihrer Stieftochter gekommen wäre, aber offenbar aus erkannter Notwendigkeit.

Daß Elisabeth von Seymour vergewaltigt wurde, wie manche meinen, die versuchen wollen, damit ihre angebliche sexuelle Scheu zu erklären, ist nicht anzunehmen, nicht im vollen Sinn des Wortes jedenfalls. Daß Thomas Seymour sie jedoch mit seinen Verführungsversuchen nicht nur in emotionale Konflikte brachte, sondern sie im Zuge der Ereignisse notgedrungen in seine Intrigen hineinzog, dürfte ihm klargewesen sein.

Catherine Parr starb bei der Geburt ihres Kindes, worauf Thomas Seymour wieder umgehend als Brautwerber für Elisabeth auftrat. Er tat es diesmal in aller Heimlichkeit, indem er Erkundigungen über die Prinzessin einzog und ihre Vertrauten für sich einnahm, doch mit deutlicher Bestimmtheit.

Kate Ashley, Elisabeths Ersatzmutter, wenn man so sagen

will, war begeistert von Seymour und versuchte Elisabeth zu überzeugen, was für eine gute Partie er doch sei, nun, da er wieder frei war. Doch das Mädchen weigerte sich. Sie schien zu wissen, auf was sie sich einlassen würde, wenn sie – die zweite in der Thronfolge des kränkelnden Kindes Edward VI. – eine Ehe ohne die Genehmigung des Staatsrates einginge. Sie begriff die politische Brisanz ihrer Verbindung mit Thomas Seymour, und sie scheint mit ihren fünfzehn Jahren den Instinkt für Seymours Skrupellosigkeit und dubiosen Charakter gehabt zu haben, obwohl er offensichtlich ihre erste Liebe war. So tat sie nichts und hielt sich zurück.

Seymour verstärkte seine verschwörerischen Machenschaften, die langsam, aber sicher aufgedeckt wurden. Man klagte ihn des Hochverrats an, und man verdächtigte Elisabeth der Mitwisserschaft an seinen Plänen durch dessen heimlichen Versuch, sie zu heiraten. Umgehend wurden Kate Ashley und Thomas Parry verhaftet, die die Nerven verloren und, indem sie den Hergang der Seymour-Episode um Elisabeth in allen Einzelheiten berichteten, auch ungewollt viel Belastendes und Unklares gegen ihre Herrin aussagten.

Elisabeth wurde stundenlangen Verhören unterzogen, denen sie mit Klugheit, Besonnenheit und Diplomatie standhielt. Bald mußten die gewieften Staatsräte erkennen, daß sie der Fünfzehnjährigen kaum gewachsen waren.

»Ich versichere Euer Gnaden, daß sie über einen sehr scharfen Verstand verfügt; und nur mit großer List ist etwas aus ihr herauszuholen«[2], schrieb Sir Robert Tyrwhitt, der die Verhöre führte, an Somerset.

In einem geschliffenen Brief an Somerset verwahrte sich Elisabeth für ihre Loyalität dem Staatsrat gegenüber und wies entrüstet Gerüchte zurück, nach denen sie ein Kind von Seymour erwartete. Man möge sie nur an den Hof kommen lassen, dann werde man schon sehen, daß dem nicht so sei.

Thomas Seymour wurde zum Tode verurteilt und am 20. März 1549 enthauptet.

Elisabeth war die Kälte in Person, als sie von Seymours Hinrichtung erfuhr. Doch nach dieser Episode brach sie mit einer Reihe psychosomatischer Erkrankungen zusammen, von denen einige sie ihr Leben lang heimsuchen sollten und denen sie glücklicherweise eine an sich robuste Natur entgegensetzen konnte. Mit den weiteren Hofintrigen und heftigen Machtwechseln hatte sie dann auch gar nichts mehr zu schaffen, und sie vertiefte sich vielmehr nach einiger Zeit wieder intensiv in ihre Studien.

Somerset wurde gestürzt und hingerichtet, und John Dudley, Graf Warwick, der sich nach dem Tod des schwindsüchtigen sechzehnjährigen Königs im Juli 1553 zum Herzog von Northumberland ernannt und die Regierungsgewalt an sich gerissen hatte, erhob Lady Jane Grey, eine Großnichte Heinrichs VIII. aus der Suffolk-Linie, auf den Thron. Zuvor hatte er sie mit seinem Sohn Guildford verheiratet. Doch der Coup mißlang, und alle Beteiligten endeten auf dem Schafott. Jane Grey war die berühmte Königin von neun Tagen.

Nach den Klüngeln und Intrigen machthungriger Adeliger war das Volk zunächst sehr mit dem Regierungsantritt der rechtmäßigen Erbin Maria, Heinrichs Tochter von Katharina von Aragón, einverstanden, mit der endlich wieder ein Souverän, wenn auch ein weiblicher, dem Land voranstehen sollte.

Aber ihre Regentschaft erwies sich als unheilvoll, und ihr Name erwarb sich nicht zu Unrecht den Beinamen »die Blutige«.

Maria war fanatische Katholikin. Mit ihrer Verbitterung über ihre und ihrer Mutter Verstoßung sowie die religiösen Konsequenzen, in die Heinrichs Leidenschaft zu Anne Boleyn das Land gestürzt hatte, hatte sie als Königin keinen sehnlicheren Wunsch, als England wieder in den Schoß der römischen Kirche zurückzuführen.

Heinrich war trotz der administrativen Trennung seiner Kirche von Rom im Grunde Katholik geblieben und hatte sich mit den protestantischen Strömungen, die von dem lutherischen

Deutschland und der calvinistischen Schweiz auf England übergriffen, kaum anfreunden können – wenn er auch ein aufgeklärter Denker seiner Zeit war. Unter Edward VI. war England schließlich protestantisch geworden; der König selbst war in diesem Sinn erzogen worden, und der Staatsrat, in dessen Ränken die Regierung ausgetragen wurde, hatte teilweise aus radikalen Protestanten bestanden, die in dieser Hinsicht keine Kompromisse duldeten. Schon unter Heinrich waren die Klöster aufgelöst worden, und der Besitz der Bischöfe war in die Hände des Adels übergegangen.

Das englische Volk war zur Zeit von Marias Regierungsantritt bereits seit längerem antipäpstlich eingestellt und mit der Loslösung von päpstlicher Vorherrschaft mehrheitlich recht glücklich. Die protestantische Bewegung hatte in England immer weitere Kreise gezogen, und Marias reaktionäre Kirchenpolitik sollte nun dieses Volk, das sich vom Klerus befreit und am Anfang einer religiösen Fortentwicklung fühlte, in einer Weise vor den Kopf stoßen, die zur Tragödie wurde.

Doch zunächst trat Maria mit Habsburg in Verbindung und war über den Gattenvorschlag, den ihr Kaiser Karl V. zur Verbindung Englands mit den habsburgischen Erblanden machte, überglücklich. Und so forcierte die Halbspanierin Maria die Heiratsverhandlungen mit dem spanischen Thronfolger Philipp, dem Sohn des Habsburgers, was vom Volk mit Unwillen aufgenommen wurde und noch mehr zu ihrer Unbeliebtheit beitrug. Durch Marias Verbindung mit dem mächtigen ausländischen Herrscher in spe drohte England schließlich als untergeordnete Provinz Spaniens regiert zu werden und nicht als eigenständiges Königreich.

Dies aber war das Dilemma aller Frauen auf dem Thron: Heirateten sie einen Landsmann aus dem höheren Adel, setzten sie Eifersucht und Zwistigkeiten innerhalb des Adels in Gang, verbanden sie sich außer Landes, so riskierten sie die Oberherrschaft eines fremden Machthabers. Heiraten aber mußten sie so oder so, da es um die Sicherung der Nachfolge ging.

Für Elisabeth war die Regierungszeit ihrer Schwester wie ein Tanz auf dem Vulkan. Maria mißtraute ihrer »ketzerischen« Schwester, die sowohl für das gepeinigte Volk als auch für oppositionelle Gruppen längst zu einer Figur der Hoffnung geworden war. Schon weil sie jung war – gerade zwanzig –, war die andere Tudor-Tochter neben der fast vierzigjährigen verhärmten Maria eine gefährliche Rivalin. Sie war im Gegensatz zu Maria »rein englisch« und sie verkörperte den neuen Geist der Zeit neben Marias blinder Wut, nur möglichst jeden protestantischen Keim zu ersticken, die jeden anderen Aspekt ihrer im Ganzen erfolglosen Regierungszeit überlagerte.

Nachdem Maria im Land wieder die Messe lesen ließ, forderte sie auch von Elisabeth, den Gottesdienst nach katholischem Ritus zu besuchen und ihren »Irrglauben« aufzugeben. Elisabeth kam dem Gesuch pro forma nach, gab sich jedoch bei ihren Messebesuchen zerstreut und unaufmerksam und besuchte den Gottesdienst überhaupt nur unregelmäßig. Damit gab sie ihren Freunden ihre wahre Gesinnung zu verstehen.

Als die Königin sie zur Rede stellte, mimte sie mit Tränen in den Augen einen verzweifelten Gewissenskampf. Man möge ihr Bücher und Anleitungen geben, sie im katholischen Glauben unterweisen, der ihr nie vermittelt worden sei.

Maria blieb mißtrauisch. Sie suchte sogar nach Möglichkeiten, Elisabeth kraft Parlamentsbeschluß von der Thronfolge auszuschließen, da ihr die Schwester mit ihrer überwältigenden Popularität beim englischen Volk, diese Bastardtochter Anne Boleyns, ganz einfach ein Dorn im Auge war. Doch das Parlament weigerte sich. Niemand war der Ansicht, so ohne weiteres Heinrichs letzten Willen übergehen zu können, zumal es keine akzeptable Alternative für Elisabeth als Thronfolgerin gab.

Elisabeth bat bald darum, den Hof verlassen und sich nach

Ashridge, in eines ihrer Landhäuser, zurückziehen zu dürfen, was ihr gewährt wurde.

Maria, die Blutige

Es blieb nicht aus, daß Elisabeth zum Zentrum von Verschwö-rungen gegen die Regierung wurde, und bei aller Vorsicht und Zurückhaltung, die sie solchen Tendenzen gegenüber an den Tag legte, blieb es ebenfalls nicht aus, daß sie hineingezogen wurde. Einige der Verschwörungen mündeten in der Idee, Elisabeth mit Edward Courtenay, einem Enkel Edwards IV., zu verheiraten und an Marias Stelle auf den Thron zu erheben. Die Komplotte richteten sich vordergründig gegen Marias Heirat mit Philipp von Spanien, noch bevor dieser nach England gekommen war, um die Hochzeit persönlich zu voll-ziehen.

Einer der Anführer, Thomas Wyatt, setzte am 25. Januar 1554 einen schlecht organisierten, da übereilten Aufstand in Gang, der jedoch unmittelbar abgefangen wurde, da die Regierung vorher Wind davon bekommen hatte.

Zweifellos hat Elisabeth von einigen dieser Pläne gewußt. Mehrfach schickten die Rebellenführer Abgesandte, um sie zu unterrichten, daß sie sich für die Thronfolge bereit halten sollte. Doch mit Sicherheit hat sie sich nie an den Plänen beteiligt, dazu war sie viel zu vorsichtig und dazu hatte sie zu viel aus der Seymour-Episode gelernt. Sie konnte andererseits nicht ihre Anhänger verraten. So wird sie von den Plänen vage gewußt und geschwiegen haben.

Einen Tag nach Wyatts Aufstand forderte Maria ihre Schwe-ster auf, sich umgehend an den Hof zu begeben – ein unheil-verkündendes Signal! Elisabeth ließ mündlich ausrichten, sie sei zu krank, um zu reisen, worauf Maria ihr ein Ärztekomitee schickte, das sie für transportfähig erklärte.

In kleinen Etappen trug man sie in einer Sänfte nach London.

Elisabeth hatte eine Nierenentzündung und Schwellungen am ganzen Körper, »wässrige Säfte« (Ödeme). Migräne- und Brechanfälle befielen sie in dieser aufgewühlten Zeit, überhaupt seit der Seymour-Episode in beinahe regelmäßigen Abständen. Doch sie ließ auf der letzten Wegstrecke nach Whitehall die Vorhänge ihrer Sänfte zur Seite ziehen, damit das Volk sie sehen konnte. Ganz in Weiß gekleidet und totenblaß, wie sie war, in aufrechter Haltung, bot sie den Anblick einer stolzen Märtyrerin.

Zunächst wurde sie in Schloß Whitehall in Gewahrsam gehalten. Maria empfing sie nicht.

Mit Hilfe der Folter hatte man Wyatt am Anfang dazu gebracht, gegen Elisabeth auszusagen, doch angesichts des Richtblocks widerrief er am 11. April ihre Mitwisserschaft und Beteiligung. Dennoch blieb Elisabeth unter Verdacht und in Haft.

In dem Abgesandten Kaiser Karls V., Simon Renard, der schon in Elisabeths Gegenwart eine Gefahr für Marias Politik und spanisch-habsburgische Interessen sah, fand Maria dann auch einen einschlägigen Ratgeber und Verfechter von Elisabeths Schuld. Seiner Meinung nach gehörte sie sofort in den Tower.

Dorthin wurde sie schließlich am 12. April, einen Tag nach Wyatts Hinrichtung, beordert. Als man ihr den Befehl brachte, sich umgehend zum Tower zu begeben, begehrte Elisabeth nur noch mit einem Wunsch auf: Man möge sie einen Brief an die Königin schreiben lassen, wenn diese sie schon nicht empfangen wolle, damit sie sich vor ihr selbst rechtfertigen könne. Nach einigem Widerstreben gaben die Peers nach.

In ihrem aufgewühlten Zustand schrieb Elisabeth:

»Wenn jemals einer die Wahrheit des alten Sprichworts erprobt hat, daß eines Königs Wort mehr bedeutet als der Eid eines gewöhnlichen Menschen, so flehe ich Eure Majestät in aller Demut an, es an mir zu beweisen und sich an Euer letztes

Versprechen und meine letzte Bitte zu erinnern, daß ich nicht ohne mich verantwortet zu haben und ohne triftigen Beweis verurteilt würde, was jetzt der Fall zu sein scheint; denn mir ist ohne Nachweis meiner Schuld durch Euren Staatsrat der Befehl überbracht worden, mich in den Tower zu begeben, jenen Ort, der für falsche Verräter, nicht aber für eine treue Untertanin geeignet ist. (...) Was den Verräter Wyatt angeht, so hat er mir vielleicht einmal einen Brief geschrieben, aber ich beteure, daß ich ihn nie erhalten habe. (...) Ich bitte demütig um ein einziges Wort von Eurer Hand. Eurer Hoheit treueste Untertanin von allem Anfang an bis zu meinem Tode, Elisabeth.«[3]

Als sie den Brief beendet hatte, hatte sie zunächst das Naheliegendste erreicht: Sie hatte Zeit gewonnen, denn mittlerweile war die Flut in der Themse so weit gestiegen, daß sie auf dem Flußweg nicht mehr zum Tower gebracht werden konnte. So mußte man ihren Transport auf den nächsten Tag verschieben. Maria tobte.

Der nächste Tag war der Palmsonntag, ein kalter, regennasser Aprilmorgen. Als die Barke mit Elisabeth am »Traitor's Gate«, dem berüchtigten Verrätertor, beim Tower anlegte und Elisabeth die feuchten Stufen des Gemäuers emporstieg, brach sie plötzlich in Panik aus. Vielleicht führte sie sich in dem Moment vor Augen, wie ihre Mutter und ihr erster Geliebter durch dieses Tor zur Hinrichtung gegangen waren. Den Umstehenden rief Elisabeth zu, nicht als Verräterin, sondern als treue Untertanin betrete sie diesen Ort. Nie habe sie geglaubt, hier als Gefangene zu enden. Dann setzte sie sich auf einen Stein und weigerte sich, weiterzugehen. Erst als einer ihrer Diener weinend zusammenbrach, fuhr sie ihn an und gewann dadurch ihre Fassung wieder.

Die Szene am Verrätertor muß zu den schlimmsten Momenten von Elisabeths Leben gehört haben, wenn es nicht der schlimmste war. Später bekannte sie, sie habe sich damals nur noch gewünscht, mit dem Schwert und nicht mit der Axt hingerichtet zu werden.

Die zwei Monate ihrer Gefangenschaft verbrachte Elisabeth im »Bell Tower«, wo ihr halbwegs ausgestattete Räumlichkeiten zugewiesen worden waren. Zunächst lebte sie dort mit ihrer Dienerschaft ohne Kontakte nach außen, auch ohne Bücher und ohne die Möglichkeit, zu schreiben. Bald aber wurden ihr Freiheiten gewährt, wie zum Beispiel, daß sie auf dem Gang zwischen »Bell« und »Beauchamp Tower« – der heute noch »Elizabeth's walk« heißt – spazierengehen durfte. Später ließ man sie sogar in den Garten hinuntergehen.

Es ist in hohem Maße wahrscheinlich, daß Elisabeth hier in dieser Ungewißheit und Todesangst als Gefangene im Tower Robert Dudley traf und eine Leidenschaft für ihn entwickelte, die ihr Leben bestimmte.

Robert Dudley war einer der fünf Söhne des Herzogs von Northumberland, der nach seinem mißlungenen Staatsstreich hingerichtet worden war. Die Söhne, die nicht so direkt an dem Komplott beteiligt, aber als Abkömmlinge des Dudley-Clans doch verdächtig genug waren, um nicht auf freien Fuß gesetzt zu werden, befanden sich noch immer, unter milden Haftbedingungen, im Tower, darunter auch Robert. Die Dudleys waren im »Beauchamp Tower« untergebracht – und ritzten dort ihr Wappen in die Wand –, in dem Tower, der durch Elisabeths Wandelgang mit ihrem »Bell Tower« verbunden war.

Beide haben niemals eindeutige Aussagen über ihr Zusammenkommen im Tower gemacht. Es hat, wenn, dann in größter Heimlichkeit stattgefunden, und es ist nicht bezeugt. Aber es ist in die Annalen von William Camden eingegangen, die erste Biographie über Elisabeth unter Mithilfe von Lord Burghley, Elisabeths engstem Berater. Außerdem erklärte es Dudleys kometenhaften Aufstieg vom ersten Tag von Elisabeths Thronbesteigung an.

Der bestmögliche Hintergrund, so beschreibt es Milton Waldman, um füreinander zu entflammen und sich Versprechen fürs Leben zu geben, ein Leben, das vielleicht nur noch wenige Tage oder Stunden dauern konnte, unter Ausweglosigkeit und äußerster Gefahr und ohne daß einer von beiden wußte, ob er noch am Leben sein würde, um den Treffpunkt des nächsten Tages einzuhalten, war dieses düstere Gefängnis in der Tat. Dudley war ein ungewöhnlich gutaussehender Mann, beide waren einundzwanzig. »Wenn wir herauskommen, und du schaffst den Weg nach oben«, mag er ihr gesagt haben, »dann werde ich an deiner Seite sein.«

Elisabeth kam bald heraus, doch zunächst wurde ihr Gefängnis nur verlagert. Da die Untersuchungen keine Ergebnisse lieferten, mußte man sie aus dem Tower entlassen, doch ein ehrenhafter Empfang am Hofe kam ebensowenig in Frage wie die Fortführung der strengen Kerkerhaft. So brachte man sie nach Woodstock in Oxfordshire, denn dieses Schloß lag am weitesten von allen königlichen Schlössern von London entfernt und es bestand so weniger Gefahr, daß der Aufenthaltsort der Prinzessin zum rebellischen Sammelpunkt würde.

Auf der Reise nach Woodstock war Elisabeth wieder ihres Schicksals ungewiß, da man ihr Ziel und Zweck der Reise verschwiegen hatte. Das jubelnde Volk auf den Straßen angesichts ihrer »Freilassung« aber war für die kritische Position, die Elisabeth einnahm, fast schon wieder zuviel des Guten. Kuchen und Geschenke, die ihr in die Sänfte gereicht, die Glocken, die ihr zu Ehren geläutet wurden – die dafür verantwortlichen Dorfbewohner landeten nachher im Gefängnis –, sprachen eine deutliche Sprache, wen sich die Mehrzahl des Volkes als ihre Königin wünschte.

In dem baufälligen Woodstock kam Elisabeth mit ihrem Gefolge in Gewahrsam von Sir Henry Bedingfield, einem einfachen und pedantischen Landedelmann aus Norfolk, den Elisabeth erst nach eingehenden Erweichungskünsten dazu bringen konnte, einen Hauch von seinen strengen Vorschriften abzusehen.

In eine Fensterscheibe soll Elisabeth hier in Woodstock den berühmten Spruch geritzt haben:

»Much suspected of me,
nothing proved can be,
sais Elizabeth, prisoner.«[4]

Mittlerweile (Juli 1554) war Philipp von Spanien in England gelandet und mit der Königin getraut worden. Sein stolzes spanisches Gefolge, das verächtlich auf die Engländer herabblickte, mit denen sich ihr Herr aus machtpolitischen Gründen eingelassen hatte, produzierte viel Unwillen in London und Umgebung.

Unter Philipps Einfluß wurde Marias Politik auch zusehends militanter, als sie es sowieso schon vom Ansatz her war. Sie wollte sich ganz als gute Ehefrau und gute Katholikin geben, und diese Kombination wurde der achtunddreißigjährigen verblühenden Frau, die ihr bisheriges Leben mit dem Rosenkranz verbracht hatte und nun in unterwürfiger Liebe zu ihrem zweiundzwanzigjährigen Gemahl entbrannt war, zur persönlichen Tragik.

Maria hörte nicht auf die Stimme ihres Volkes. Sie ignorierte die öffentliche Meinung sowie die kritischen Stimmen ihres Staatsrats, die sich ihrer römischen Politik nicht völlig einstimmig anschließen wollten.

Es war eine spanische Politik, gelenkt von habsburgischen Interessen, die sie führte und die sie immer mehr als gehorsame und beinahe hörige Ehefrau und nicht als souveräne Königin von England führte.

Nach Inkrafttreten der parlamentarisch beschlossenen »Ketzergesetze«, die die Verfolgung von Protestanten legitimierten, brannten Anfang 1555 die Scheiterhaufen und entfachten ein unvorstellbares Grauen. Dabei war es nur die Enttäuschung über ihr fruchtloses Leben, die aus der sanften und gütigen Maria Tudor die grausame Fanatikerin gemacht hatte, die nur beseelt war von dem Gedanken an die »gerechte Sache« ihrer Religion.

Marias Ketzerverfolgungen stehen in einprägsamer Weise neben dem Unglück ihres privaten Lebens. Philipp fühlte sich zu diesem Land, dessen Krone er trug, kaum hingezogen, genausowenig zu seiner reizlosen Frau, bei der er im wahrsten Sinn des Wortes »seine Pflicht erfüllte«. Er kam nur immer gerade so lange nach England, daß er die Hoffnung nähren konnte, Maria schwanger zurückzulassen. Dann sah er zu, daß er wieder nach Spanien kam.

Marias Sehnsucht nach einem Kind und Thronerben ging so weit, daß sie sich zweimal mit allen äußeren Merkmalen eine Schwangerschaft einbildete. Schon im Hinblick darauf, daß sie möglicherweise im Kindbett sterben könnte, war Maria vom Parlament die Regelung der Nachfolgefrage ans Herz gelegt worden, und als Philipp bei einem seiner Aufenthalte für Elisabeth plädierte, gab sie nach.

Philipps Einfluß ist es offenbar zu verdanken, daß die Zeichen der Haft in Elisabeths Exil schwanden und Bedingfield schließlich sogar den Befehl erhielt, die Prinzessin nach Hampton Court zu bringen. Maria empfing sie dort erst nach mehreren Wochen und stellte sie eisig zur Rede. Auf den Knien beteuerte Elisabeth ihre Unschuld, worauf Maria verlautbarte:

»Du willst dein Unrecht nicht eingestehen, sondern beharrst bei dem, was du für wahr erklärst. Ich bete zu Gott, daß sich deine Worte als wahr erweisen.« Elisabeth antwortete: »Wenn sie das nicht tun, so will ich weder Gnade noch Verzeihung von Eurer Majestät.« Darauf die Königin: »Du bleibst also immer noch bei deiner Aussage. Vielleicht willst du damit sagen, du seist zu Unrecht bestraft worden.« »Das würde ich nie wagen, zu Eurer Majestät zu sagen.« »Vielleicht aber zu anderen.« »Nein, Majestät«, sagte Elisabeth, »ich habe die Bürde getragen und muß sie auch weiterhin tragen. Ich bitte Eure Majestät demütigst, eine gute Meinung von mir zu haben und zu glauben, daß ich von Anfang an Eure treue Untertanin gewesen bin und sein werde, solange ich lebe.«[5]

Maria entließ sie. Daß sie schließlich einlenkte, ist anscheinend vorrangig Philipps Einfluß zu verdanken.

Dessen Interesse ist erklärlich: Sollte seine Gattin sterben, so wollte er sich vorab mit ihrer möglichen Nachfolgerin gutstellen, um in England seinen Einfluß zu behalten. Daß Elisabeth in puncto Religion noch zum »wahren Glauben« finden werde, daran schien Philipp damals wie Jahre später im Gegensatz zu seinen Räten und Gesandten überzeugt. Seine Überzeugungen waren wohl manchmal stärker vom Wunschdenken geprägt als von ersichtlichen Tatsachen. Zumindest hat er Elisabeth zeit seines Lebens nicht durchschaut, und hier am Hofe ihrer Schwester unter tausend Augen und Bestrebungen, sie zu Fall zu bringen, scheint sie die erste Gelegenheit gehabt zu haben, ihn einzuwickeln.

»Sie ist zu klug, um sich fangen zu lassen«[6], kommentierte Simon Renard die Berichte über Elisabeths protestantische Glaubensrituale sowie ihre zerknirschten Beteuerungen absoluten Gehorsams, als die Königin sie darauf ansprach. Elisabeths Heirat hatte schon so lange zur Diskussion gestanden, wie sie als Thronfolgerin oder gegenwärtige Alternative der Monarchin für irgendeine Seite in Frage kam. Die bedeutendste Verbindung, die alle ihre Anhänger sich glühend wünschten, da sie darin eine Chance gegen Maria sahen, war die mit Edward Courtenay, Graf Devon, der ein weitläufiges Anrecht auf den englischen Thron besaß. In Elisabeth und Courtenay sah man das Idealpaar auf dem Königsthron, und in der Idee dieser Verbindung zentrierten sich jahrelang Aufstände.

Philipp von Spanien jedoch hatte nun von der Gegenseite Elisabeths Verheiratung im Sinn. Am liebsten wollte er sie nach Spanien verheiraten, schließlich aber bestand er auf dem Herzog von Savoyen als Elisabeths Ehemann, der ein französischer Verwandter Philipps und Spanien wohlgewogen war. Elisabeth erklärte, sie werde lieber sterben, als sich der angetragenen Heirat unterwerfen.

Sie muß ein stolzes und fast kaltes Auftreten in dieser Zeit, seit der Towerhaft bis zum Ende von Marias Regentschaft, gehabt haben. Die ständige Verstellung und die diplomatischen Ausweichmanöver hatten eine Wand um sie geschaffen, hinter die sie kaum einen Menschen blicken ließ. Selbst ihre Nächsten, das heißt ihre vertrautesten Diener, brachten sie durch allzu offenes Sympathisieren mit protestantischem Gedankengut und aufständischen Gruppen immer wieder in Gefahr (so auch Kate Ashley, die erneut verhaftet wurde).

Doch sie war außer Gefahr, Maria traute ihr und sah ein, daß von aufständischer Seite meistenteils Elisabeths Name mißbraucht wurde.

Elisabeth war Anfang Zwanzig und blickte ohne Illusionen auf die Welt. Mit äußerstem Mißtrauen das Handeln von Menschen zu beurteilen und die Beweggründe ihrer Umwelt zu deuten, hatte sie gelernt, und nur mit einem Höchstmaß an Disziplin war es ihr gelungen, den äußeren Anfechtungen standzuhalten und die Fallen zu umgehen, die man ihr stellte.

Zu irgendeinem Menschen noch ein unbedingtes Vertrauen zu fassen dürfte Elisabeth schwergefallen sein. Verstellung war ihr zur zweiten Natur geworden, und Spontaneität, Vertrauen, Handeln nach Gefühl und Neigung waren ihr fremd. Sie war außer Gefahr, doch den spontanen Lebensimpuls, der für ihr Alter natürlich gewesen wäre, hatte sie verloren.

Philipps Gastspiel auf der britannischen Insel kam zum letzten Akt: Er überredete Maria, sich an seinem Krieg gegen Frankreich zu beteiligen, was sie ihm, wie alles übrige, nicht abschlagen konnte. Der Krieg, auf den England in keinster Weise vorbereitet war, wurde ein Intermezzo von sechs Monaten. Dann waren die englischen Truppen besiegt und Calais, die letzte englische Bastion auf dem Festland, verloren.

Maria war so unbeliebt wie nie zuvor, und der Haß auf den Spanier nahm in England kein Ende.

Die Königin war von Todesahnungen erfüllt. Ihre eingebildeten Schwangerschaften hatten sich als »Wassersucht« herausgestellt, und sie siechte in Fieberkrämpfen dahin, während sie immer noch auf Philipps Rückkehr wartete.

In ihrer Einsamkeit hatte sie sogar eine Zeitlang mit Elisabeth in trauter Gemeinschaft gelebt, und es gab nun, als Marias Ende abzusehen war, für Elisabeth keinen Grund mehr zu befürchten, daß ihre Nachfolge von der Regierung nicht anerkannt würde. Schon waren alte Anhänger, aber auch opportunistische Wendehälse bei ihr eingetroffen, um ihr für die Zukunft ihre Dienste anzutragen. Die Ratten verließen das sinkende Schiff...

Elisabeth hielt sich in Hatfield auf und wartete. Wie in den schlimmsten Krisen ihrer Jugend beschäftigte sie sich, während sie in Marias letzten Stunden auf ihre Thronbesteigung wartete, mit schöngeistigen Studien, und so traf der Bote sie mit einer griechischen Bibel unter einer Eiche sitzend an, als er ihr die Nachricht vom Tod der Königin überbrachte.

»Die Königin ist tot. Lang lebe die Königin!«

Es war der 17. November 1558, und es war ein strahlender Tag, fast sommerlich warm. Die Engländer sahen darin ein göttliches Zeichen.

Mit fünfundzwanzig Jahren bestieg Elisabeth den Thron. Sie war in der Blüte ihrer Jugend, und ihre Zeitgenossen beschrieben sie als ausgesprochen anziehend, obwohl sie eigentlich nicht schön war. Ihre Weiblichkeit als Machtmittel einzusetzen, war sicher eines der Dinge, die sie in ihrer Zeit der Prüfungen gelernt hatte, nachdem sie auch in diesem Bereich ganz am Anfang fast zum Opfer geworden war.

Die Beziehung zwischen Mann und Frau hatte sie in ihrem Kreis nicht anders als fatal erlebt: Ihr Vater verstieß oder tötete die Frau, die er nicht mehr begehrte, ihre Schwester, obwohl Regentin, war völlig in den Händen ihres politisch mächtigen Gemahls, dem sie alles anvertraute und durch den sie alles verlor.

Souveränität und Ehe, Entscheidungsfreiheit und bedingungsloses Vertrauen zu dem Mann, den sie liebte, erschienen ihr

notgedrungen unvereinbar. Sie blieben es ein für allemal.
Die Welt wunderte sich, daß Elisabeth so ohne Zwischenfälle
auf den Thron kam, sie selbst wohl nicht weniger.

Anfechter ihres Anrechts gab es mehr als genug. Da waren die
Verwandten aus der Stuart-Linie, die Elisabeth nach wie vor
als Bastard betrachteten und ihr noch lange das Leben schwer-
machen sollten. Die Suffolk-Nachkommen rühmten sich nicht
weniger ihres Erbrechts, ebenso Frankreich. Spanien verhielt
sich freundschaftlich gewogen, doch arrogant und gönnerhaft.
Philipp, seit 1556 König von Spanien, ließ der neuen Königin
durch seinen Gesandten Graf Feria ausrichten, sie verdanke
ihre friedliche Thronbesteigung seiner Vermittlung, worauf
Elisabeth antwortete, sie verdanke sie allein ihrem Volk.
Damit setzte sie die Zeichen.

»Sie ist eine sehr eitle Frau«, schrieb de Feria, »aber auch sehr
schlau ... Ich habe den Eindruck, daß man Elisabeth unvergleichlich mehr fürchtet als ihre Schwester; sie versteht es,
Befehle zu erteilen und sich ebenso unwidersprochen durchzusetzen wie ihr Vater.«[7]

Was Elisabeth vollkommen fehlte, waren praktische Erfahrungen. Sie war zur Regentin nicht erzogen worden.

Eine profunde Bildung, weitreichende Sprachkenntnisse,
Bewanderung in theologischen Fragen sowie die perfekte
Beherrschung höfischer Diplomatie waren die Fähigkeiten,
die sie sich in den vergangenen zehn Jahren erworben hatte
und die ihr nun zustatten kamen. Ein messerscharfer Ver-
stand, Begabung und der eiserne Wille, ihre endlich errungene
Macht nie wieder aus den Händen zu geben, waren die
Voraussetzungen, die Elisabeth mitbrachte.

Ihre Schwester hatte ihr ein wirtschaftlich und moralisch
bankrottes Land übergeben. Aus der unglückseligen Regierung Marias bezog Elisabeth aber zumindest die Erfahrung,
was sie *nicht* tun durfte. So konnte alles nur besser werden,
und das Volk empfing jubelnd die neue Königin, die es schon
lange für sich gewählt hatte. Es setzte alle Hoffnung auf sie.

Königin von England

Die Vorbereitungen zur Krönung nahmen noch volle zwei Monate in Anspruch.

Vor der Westminster Hall wurde Elisabeth, die sich schon in Hatfield befand, gleich am 17. November feierlich zur Nachfolgerin Marias proklamiert. Die Londoner feierten Straßenfeste und zündeten Freudenfeuer an.

Am selben Morgen (Maria war vor Tagesanbruch gestorben) ritt eine Delegation von Abgeordneten und Höflingen nach Hatfield, um der neuen Königin die Hand zu küssen. Nach Camdens Überlieferung erschien auch Robert Dudley, »auf einem schneeweißen Pferd« (»Seine Schönheit, sein Wuchs und seine blühende Jugend empfahlen ihn.«)[8], um der Königin seine Huldigung darzubringen.

Dudley war ebenfalls durch den Einfluß Philipps von Spanien aus dem Tower entlassen worden. Während der letzten Zeit von Marias Regierung hatte er einige seiner Ländereien verkauft, um der Prinzessin Elisabeth aus Geldverlegenheit zu helfen; das Geld hatte sie vermutlich gebraucht, um ihre Anhänger zu unterstützen.

Niemand weiß, ob sie sich seit ihrer gemeinsamen Towerhaft wiedergesehen hatten. Unter Marias kritischen Blicken hatte Elisabeth mehr als vorsichtig sein müssen, wen sie in ihrem Landsitz empfing und wie suspekt er der Regierung werden könnte. Jetzt jedenfalls war eine der ersten Benennungen Elisabeths diejenige Roberts Dudleys zum Oberstallmeister. Es war die ideale Aufgabe für ihn, der, wie es hieß, so gut mit Pferden wie mit Frauen umgehen konnte. Das Amt, das ihn mit der kompletten Organisation der Hofhaltung, ihrer Umzugsreisen und Zeremonien betraute, erlaubte ihm, ständig in Elisabeths Nähe zu sein. Zudem hatte er damit eine sehr dekorative Funktion inne, die er ebenfalls genoß. Dudley liebte prächtige Kleidung, in der er sich an der Seite der neuen Königin und mit allem Prunk höfischen Zeremoniells ausgesprochen gut ausnahm.

Tatsächlich dachte Elisabeth in ihren ersten Handlungen als Königin an ihre alten Freunde. Kate Ashley wurde Erste Hofdame, Thomas Parry Oberhofmarschall.

Noch in Hatfield trat am 20. November der Staatsrat zusammen. Bereits in den Tagen vor Marias Tod waren Elisabeth ausgearbeitete Konzepte überbracht worden, mit Vorschlägen, wie sie die Ämter besetzen und welchen Weg sie einschlagen könne. Daß Vorsicht und Zurückhaltung, zunächst also die Tuchfühlung mit den bestehenden Strömungen und Hindernissen angebracht seien, hätte man Elisabeth nicht sagen müssen. Sie wußte selbst, wie kritisch ihre Position war und wie langsam sie sich vorwärtstasten mußte.

Den Staatsrat wollte sie klein halten, um die Arbeit zu erleichtern. Sie bestätigte daher nur elf Mitglieder aus Marias Regierung und zog sieben neue hinzu. Die entscheidendste Benennung war die von William Cecil zum Ersten Staatssekretär. Cecil, der damals achtunddreißig Jahre alt war, stammte aus Lincolnshire und gehörte der neuen Mittelschicht an, die sich aus Heinrichs Auflösung der Klöster herausgebildet hatte. Er war überzeugter Protestant, aber vor allem Politiker, ohne Fanatismus, nach den Gesichtspunkten des Praktischen und Nützlichen urteilend und handelnd.

Elisabeth wußte, was sie an ihm haben würde, als sie ihm bei der Vereidigung sagte:

»Ich habe zu Euch das Vertrauen, daß Ihr Euch durch keinerlei Gabe bestechen lassen werdet, daß Ihr ferner dem Staate treu dienen und mir ohne Rücksicht auf meine Wünsche den Rat geben werdet, den Ihr als den besten erkannt habt.«[9]

Damit begann eine Regierungspartnerschaft von fast vierzig

Jahren. Die Königin und ihr nüchterner »Premierminister« hatten in Grundzügen dieselbe Auffassung von Politik und Staatskunst, und die folgenden vierzig Jahre erwiesen sich bei aller Auseinandersetzung und manchem Streit als unschlagbar fruchtbare Zusammenarbeit.

Bei ihrer Neubesetzung richtete Elisabeth ihr Augenmerk auf den Anstoß, der von aufgeklärten Gelehrten aus Cambridge ausging, wie auch William Cecil einer war. Weder brüskierte sie jedoch die alten Ratsmitglieder durch Diskriminierung, noch machte sie sich die neuen durch Erhebung und Adelstitel gefügig.

Unter- und Oberhaus wurden völlig ohne Elisabeths Einmischung gewählt. Elisabeth war zwar eine autokratische Herrscherin, vom Gottesgnadentum ihrer monarchischen Obergewalt zutiefst überzeugt – »Gott allein« sei sie Rechenschaft schuldig, war von Zeit zu Zeit ihr triumphales Argument, wenn es zu starker Konfrontation zwischen ihr und den Regierungsmitgliedern kam –, aber gleichzeitig erkannte sie ganz einfach, was die Stunde geschlagen hatte. Unter Edward VI. war das Parlament zusehends selbstbewußter geworden, und unter Elisabeth sollte es zwischen Monarch und Parlament, speziell dem Unterhaus – der Wendung des Königs *im* Parlament zufolge, die Thomas Cromwell in der Zeit Heinrichs VIII. eingeführt hatte – zu mancher Kraftprobe kommen, bei der Elisabeth des öfteren nachgeben mußte. Es kam ihr aber, um eine weitestmögliche Übereinstimmung zwischen ihr, dem Staatsrat und dem Parlament zugrunde zu legen, von Anfang an ihre Gabe zu Hilfe, den richtigen Mann an die richtige Stelle zu setzen.

Die Regelung der Religionsfrage war das brisanteste Problem am Anfang von Elisabeths Regierung und gleichzeitig die erste Gelegenheit für sie, ein Beispiel ihrer subtilen Politik zu liefern.

Sich offen zum Protestantismus zu bekennen, noch bevor sie und ihre Regierung fest im Sattel saßen, wäre angesichts der

europäischen Gesamtlage glatter Selbstmord gewesen. Für
Rom war Elisabeth illegitim, für Frankreich nicht weniger, das
Land, das Maria Stuart, die sechzehnjährige Königin von
Schottland, die mit dem Dauphin von Frankreich verheiratet
war, zur rechtmäßigen Thronerbin Englands erklärte.

Die Freundschaft mit Spanien hingegen glich Elisabeth einer
Fahne im Wind. Das mächtige Weltreich und sein allerkatho-
lischster Herrscher konnten bei gegebener Gelegenheit pro-
blemlos den Papst dazu veranlassen, Elisabeth abzusetzen.

Die wenigen protestantischen Länder, mit denen man sich
hätte verbünden können, waren entweder machtlos und unbedeutend oder in feindliche Lager konfessioneller Spitzfindig-
keiten gespalten.

England hatte Schulden in Millionenhöhe, war militärisch
ohne jede Bedeutung und befand sich noch immer in jenem
enervierenden Krieg mit Frankreich, den Philipp von Spanien
angezettelt hatte. So bot die Insel in jeder Weise einen wehr-
losen Angriffspunkt für die Mächte der Zeit.

Natürlich warteten all diese Mächte nur auf den von Elisabeth
signalisierten Affront, sich zum Protestantismus zu bekennen.
Doch der kam nicht. In verschleierten Aussagen, Bestim-
mungen und Handlungsweisen trat sie für keine der beiden
Konfessionen offen ein und beließ ihre Staatskirche in einer
merkwürdigen Mischform aus katholischen Elementen und
protestantischen Neuerungen.

Bei der Definition ihrer Herrschaftsstellung stand dort, wo
hinter dem Namen Heinrichs VIII. und Edwards VI. »Oberhaupt der englischen Staatskirche« gestanden hatte, bei »Elisabeth, Königin von England, Verteidigerin des Glaubens...«
ein ungewisses »et cetera«. Damit konnte man katholische
Hoffnungen schüren, daß Elisabeth die königliche Suprematsakte rückgängig zu machen gedachte, und in diesem Sinne
ließ sie sich auch dem spanischen Gesandten de Feria gegenüber schamlos aus. Noch einige Zeit nach ihrer Thronbesteigung ließ sie den Papst und die Spanier in dem halben Glau-

ben, daß sie zu Rom zurückkehren wolle. Entscheidende Wochen und Monate waren dies für sie, um sich zu konsolidieren.

Durch den Tod des erzkatholischen Kardinal Pole wenige Stunden nach dem Tode Königin Marias war die Stelle des Erzbischofs von Canterbury neu zu besetzen. Elisabeth traf für sich eine vollkommene Wahl: Matthew Parker, Theologe und Historiker, hatte ebenfalls in Cambridge studiert. Er war gemäßigter Protestant, aufgeklärt und gegenwartsorientiert, aber ein loyaler und bequemer Zeitgenosse, der der göttlichen Obergewalt von Majestät keine Schwierigkeiten machen sollte. Die Bischöfe ließ Elisabeth größtenteils im Amt. Sie setzte selbst keinen ab, aber diejenigen, die nicht bereit waren, die Neuerungen mitzumachen und den Treueeid zu leisten, drückten von sich aus ihre Weigerung aus, weiterhin im Amt zu bleiben, und im allgemeinen kamen sie danach mit einer milden Geldstrafe davon. Gleichzeitig kamen die aktiven Protestanten, die unter Maria geflohen waren, aus ihren Exilen auf dem Kontinent zurück.

In den ersten Wochen ihrer Regierung ließ Elisabeth weiterhin die Messe lesen. Am Weihnachtstag gab sie zum erstenmal ein Zeichen in eine bestimmte Richtung, als sie dem Bischof während der Zelebrierung der Messe befahl, die Hostie nicht emporzuheben, und die Kapelle verließ, als dieser sich weigerte. Dennoch war der religiöse Anstrich, den sich die Königin verlieh, vollkommen uneindeutig, was es ihr ermöglichte, zunächst nicht zwischen die Fronten der europäischen Politik zu geraten. Man wartete ab, wie sie sich geben würde.

Am 23. November zog Elisabeth in London ein. Mehr als tausend Angehörige des hohen und niederen Adels begleiteten sie. Nachdem sie fünf Tage im Charterhouse verbracht hatte, nahm sie offiziell vom Tower Besitz. Bis im Regierungspalast Whitehall alles für die Weihnachtsfeierlichkeiten gerichtet war, blieb sie im Somerset House. Danach wurden die Vorbereitungen zur Krönung getroffen.

Bei all diesen Einzügen bewies Elisabeth ihre große Begabung, die Herzen des einfachen Volkes zu gewinnen. Schon Heinrich war ein volkstümlicher Herrscher gewesen, aber sie, die ihn darin zum Vorbild nahm, übertraf ihren Vater noch bei weitem. Wenn sie durch die Straßen Londons zog, auf der Themse fuhr oder später ihre rituellen Sommerreisen antrat, ließ sie sich nicht als einsam thronende Fürstin feiern, sondern sie suchte mit viel Intuition und Ungezwungenheit den Kontakt zu den Menschen auf der Straße. Immer wieder ließ sie den Wagen halten, um mit dem einen oder anderen zu sprechen, hier zuzuhören, da zu lächeln und den Leuten immer wieder zu bestätigen, daß sie ihnen eine gute Königin sein wolle. Wogen der Dankbarkeit und Zuversicht schlugen ihr entgegen.

Die Religionspolitik, die sie ihren geistlichen Würdenträgern gegenüber anwandte, setzte Elisabeth auch bei der Bevölkerung ein – und das war etwas, was für ihre Zeit vollkommen unüblich war: Sie übte religiöse Toleranz.

Im Grunde war die Religion für Elisabeth die Privatangelegenheit jedes einzelnen, und sie äußerte wiederholt, sie habe keine Lust, den Menschen »Fenster in ihre Herzen zu graben«[10]. Freilich war auch das berechnend: Indem sie niemanden verfolgte und selbst den streng katholischen Glaubensanhängern im Volk die Möglichkeit gab, ihren Glauben relativ unbehelligt zu praktizieren und dennoch der Krone zu dienen, sorgte sie dafür, daß die breite Masse mit ihr ging. Was Elisabeth vermeiden wollte, war eine Spaltung im eigenen Land. Zudem war ihr eigenes Verhältnis zur Religion ein anderes als das der meisten ihrer Zeitgenossen.

Elisabeth war Humanistin. Sie hatte More und Erasmus gelesen und war in dem selbstbewußten Denken ihrer Zeit groß geworden. Protestantin war sie durch die Umstände ihrer Geburt, doch sie war es nicht in dem weltverbessernden Eifer, den die Puritaner in ihrem Land und in ihrem Parlament an den Tag legten. Eine katholische Mystikerin wie ihre Schwester war sie noch viel weniger.

Letztlich dachte die Königin praktisch und zweckorientiert, und es gibt nicht eine Episode in ihrer langen Regierungszeit, die wirklich und im tiefsten Ursprung ihres Handelns von religiösen Gesichtspunkten bestimmt gewesen wäre – »eine Realpolitikerin von reinstem Wasser« beurteilt sie Conyers Read.

In den Überlebenskämpfen ihrer Jugend war sie darauf angewiesen gewesen, des öfteren zum Schein die Fronten zu wechseln und dem jeweils Praktischen und Lebensdienlichen den Vorrang vor absoluten Überzeugungen zu geben, die sie sich einfach nicht leisten konnte. Aber Elisabeth war von Natur aus ein freier und unabhängiger Geist, nach außen und im Grunde weltlich orientiert, ohne dieses Absolutheitsdenken ihrer Zeitgenossen. Die Religion und schon gar *die eine* Religion war nichts, wofür sie in die Bresche gesprungen wäre, und den alleinseligmachenden Glauben gab es für sie nicht. Sie hatte die Kirchenväter gelesen, wie sie die Philosophen gelesen hatte, sie hatte sich daran erbaut und ihre Streitfragen erörtert.

Das alles soll nicht heißen, daß Elisabeth irreligiös war. Sie war nur undogmatischer, als man es sich im 16. Jahrhundert vorstellen konnte. Der Horizont ihres Lebensglaubens war weiter gefaßt, literarisch und auch mythisch inspiriert.

Ihre Königsmacht und die damit verbundene Verantwortung, auch die Zeit der »Prüfung« davor und die Wende ihres Glücks betrachtete sie als gottgegeben. »Das große Wagenrad der Zeit« im Wechsel der Verhältnisse, Sinnbild für die Macht des Schicksals, war eines ihrer Lieblingsbilder, so, wie sie das Leben betrachtete.

Auch ganz unerwartet abergläubische Seiten waren in ihr: Sie schickte Robert Dudley zu dem Astrologen Dr. Dee, damit er ihr den günstigsten Tag für ihre Krönung errechnete. Daraufhin wurde der 15. Januar festgelegt.

Das Krönungsbild Elisabeths, das heute in der National Portrait Gallery hängt, ist nach den gängigen Schönheitsidealen des 16. Jahrhunderts angefertigt und im Grunde völlig unpersönlich. Um uns Elisabeth vorzustellen, wie sie damals wirklich aussah, müssen wir die Aussagen ihrer Zeitgenossen, vor allem der ausländischen Gesandten, zu Rate ziehen, die am wenigsten parteiisch und schmeichlerisch waren.

Demnach war sie ziemlich groß oder wirkte zumindest groß, weil sie ausgesprochen schmal, fast hager war. Sie hatte keine weichen und auch nicht unbedingt harmonische Züge, wirkte aber insgesamt sehr anziehend. Eine hohe Stirn hatte sie, große tiefliegende Augen von unbestimmter Farbe (»bernsteinfarben« werden sie einmal beschrieben), eine lange schmale Nase und die schmalen Tudor-Lippen ihres Vaters und Großvaters. Sie besaß eine blendend weiße Haut, auf die sie sehr stolz war, und besonders schöne Hände mit langen schlanken Fingern. Ihre Haare waren wohl nicht von dem kräftigen Rot wie später ihre Perücken, sondern wahrscheinlich rotblond, lang und leicht gelockt.

Obwohl sie so überschlank war, war sie offenbar nicht flachbrüstig wie Anne Boleyn. Sie zeigte gern ihren Busen, ein Zeichen der Jungfräulichkeit wie offen getragene Haare, und sie tat es bis ins hohe Alter hinein.

Da die harten und verschlossenen Züge in ihren ersten fünfundzwanzig Lebensjahren überhand genommen hatten, wirkte die Koketterie, die sie von dieser Zeit an kultivierte, immer etwas stilisiert und schrill. Es war nie die Frau allein, die aus ihr sprach, es war die Frau *und* Herrscherin, plus die Macht, die sie hatte, und beides war in ihrer Erscheinung untrennbar.

Doch nun, an ihrem Krönungstag, bereitete ihr das noch keine Konflikte. Sie war eine junge Frau, die die Menschen fesseln konnte, sie wurde deren Königin, und es wurde ein so großer Tag für sie, wie sie es sich nur wünschen konnte.

Traditionsgemäß hatte sie vor ihrer Krönung zwei Tage und

Nächte im Tower verbracht, wo ihr das Bild vom Rad des Schicksals besonders lebhaft vor Augen gewesen sein muß. In einem Dankgebet verglich sie sich mit dem Propheten Daniel, der auch erst besiegt, dann aber durch Gottes Gnade gerettet worden sei. Trotzdem muß es sie Überwindung gekostet haben, das Towergelände überhaupt zu betreten. Zeitlebens mied sie es danach, und ihre traumatischen Erinnerungen an den Tower tauchten immer wieder vor ihr auf, wenn sie später Todesurteile unterschreiben mußte.

Am 14. Januar, einem Samstag, fand der große Krönungszug vom Tower durch die City nach Westminster statt. Elisabeth trug ein Gewand aus Goldtuch und die Fürstenkrone, aber noch nicht die Herrscherembleme. Ihre offene Sänfte war ganz mit Goldbrokat ausgeschlagen, darüber befand sich ein prächtiger Baldachin. Der Herzog von Norfolk, ein Cousin Elisabeths, schritt als höchster Peer und einziger Herzog des Landes der Sänfte voran, es folgten die übrigen Angehörigen des Hofstaates, die Bischöfe und die ausländischen Gesandten. Neben der Sänfte der Königin schritt Robert Dudley, der als Oberstallmeister ein Pferd ohne Reiter am Zügel führte. Die mit Streitäxten ausgerüstete Eskorte der Königlichen Ehrenwache marschierte zu beiden Seiten der Königin, dann folgten ihre Ehrendamen. Mehr als tausend Reiter zählte der Zug.

Als die Königin in die City einzog, bot ihr das Volk neben stürmischem Jubel, Willkommensrufen und Ehrenbezeigungen ein geistreiches Huldigungsprogramm. Lateinisch deklamierende Knaben und allegorische Bilder, die Elisabeth als weise und gerechte Herrscherin darstellten, wurden ihr von den Bewohnern der Stadt präsentiert.

In einer dieser Darstellungen stand »Vater Zeit« im Mittelpunkt. »Zeit«, flüsterte Elisabeth, »die Zeit hat mich hierher gebracht.«[11] »Vater Zeit« saß vor einer Höhle und führte seine Tochter »Wahrheit« an der Hand, die selbst eine englische Bibel in der anderen Hand hielt. Zu beiden Seiten der Höhle befanden sich zwei Hügel. Der eine war grün und fruchtbar, und ein schöner Jüngling stand dort in bunten Kleidern unter einem Lorbeerbaum – dies stellte ein blühendes Staatswesen dar. Der zweite Hügel dagegen war trocken und unfruchtbar, und der Jüngling dort saß in dunkler Kleidung traurig unter einem verdorrten Baum – das verfallene Staatswesen.

Der Königin wurde erläutert, die Bibel lehre, ein verfallenes Staatswesen wieder zur Blüte zu bringen. »Wahrheit« überreichte ihr die englische Bibel, und Elisabeth küßte sie – zur großen Freude des Volkes und zum Mißmut der ausländischen Gesandten, die solche zeichensetzenden Einzelheiten in ihren Depeschen an die heimischen Höfe vermerkten.

In Cheapside waren Elisabeth vom Stadtschöffen tausend Mark in Gold überreicht worden zum Zeichen der Loyalität der City. Elisabeths erste öffentliche Ansprache lautete daraufhin:

»Ich danke dem Herrn Bürgermeister, seinen Amtsgenossen und euch allen. Und da es euer Wunsch ist, daß ich euch weiterhin eine gute Königin sein werde, so seid versichert, daß ich so gut zu euch sein werde, wie nur je eine Königin zu ihrem Volke war. Dazu wird es mir weder an Wille noch, wie ich fest glaube, an Macht fehlen. Und seid versichert, daß ich um eurer Sicherheit und Ruhe willen selbst mein Blut hergeben würde, wenn es notwendig wäre. Euch allen Dank in Gott.«[12]

Der 15. Januar war ein frostiger Tag. Die feierliche Prozession von der Westminster Hall zur Westminster Abtei, wo der Krönungsgottesdienst stattfinden würde, war zu kurz, als daß das Volk daran in größerem Maße hätte Anteil nehmen können. Dafür war der Krönungszug am Tag zuvor angesetzt worden. In der Abtei erfolgte der Einzug wieder streng nach Rangordnung. Was daran besonders zu vermerken ist, ist die Tatsache, daß die Bischöfe im Verlauf der Zeremonie bei der Huldigung der gesalbten Königin den weltlichen Peers den Vorrang lassen mußten. Elisabeth hatte Probleme gehabt, überhaupt einen Bischof zu finden, der bereit war, sie zu krönen. Diese Rangordnung jetzt war eine sanfte Rache dafür.

Der Gottesdienst wurde als letzter Krönungsgottesdienst nach lateinisch-mittelalterlichem Ritus abgehalten, aus dem einfachen Grund, daß noch keine neue Lithurgie festgehalten war.

Unter Fanfarenklängen nahm Elisabeth auf ihrem Thron vor dem Hochaltar Platz. Nach allen vier Himmelsrichtungen wurde sie zur Königin proklamiert und »vom Volke angenommen«. Nach der Predigt, einem englischen Bittgebet und dem Rosenkranz sprach der Bischof von Carlisle den Krönungseid, salbte Elisabeth mit dem heiligen Öl, setzte ihr die Krone Edwards des Bekenners auf und überreichte ihr die übrigen Herrscherinsignien Zepter und Reichsapfel. Dann folgte die Huldigung durch die weltlichen und geistlichen Peers.

Daß Elisabeth sich in einen geschlossenen Nebenraum zurückzog, als der Bischof die Wandlung mit erhobener Hostie vornahm, spricht wieder Bände für die Zweideutigkeit, die sie notgedrungen in ihren ersten religiösen Praktiken als Königin walten ließ.

Nach der Zeremonie begab man sich zurück zur Westminster Hall, wo ein großes Bankett mit vielen Lustbarkeiten, Maskenspielen, Musik und Tanz stattfand. Für den folgenden Tag war ursprünglich ein festliches Turnier vorgesehen, bei dem auch Robert Dudley sich als Turnierreiter hervortun wollte. Doch die Königin war zu erschöpft und mußte es absagen.

In den ausklingenden Festlichkeiten der kommenden Tage bereitete sie sich auf die erste Parlamentssitzung am 25. Januar vor. Sie war nur zu bereit, ihre ganze Kraft in dieses Amt zu legen, dessen Erfüllung ihr eine Lebensaufgabe war. Aber gleich am Anfang kam ihrer Souveränität und pflichterfüllten Planung ein Gefühlssturm in die Quere, der sie den mühsam errungenen Thron um ein Haar wieder kosten sollte.

Robert Dudley und die Heiratsfrage

Der aufsteigende Stern

In der ersten Parlamentssitzung am 25. Januar wurde die Anglikanische Staatskirche neu errichtet. Elisabeth unterschrieb die Suprematsakte Heinrichs VIII., durch die sie formell das Oberhaupt der Kirche wurde, fügte Heinrichs Satzungen jedoch einschränkende Formulierungen hinzu. Die Bezeichnung »Oberhaupt der Kirche« tauchte danach nirgends auf und wurde durch ein vielsagendes »etc.« ersetzt; dafür nannte sich Elisabeth »Verteidigerin des Glaubens«. Durch das »Book of Common Prayer«, das neue Gebetbuch, wurde der Kultus festgelegt, und man arbeitete an den anglikanischen Glaubensartikeln.

Damit war die religiöse Frage zunächst einmal zur allgemeinen Zufriedenheit geregelt, wenn Elisabeth sich auch noch zeitlebens mit der Opposition von beiden Seiten, altkatholischen Anhängern von rechts und den Puritanern von links, konfrontiert sah.

Sie selbst hatte Kompromisse eingehen müssen, zum Beispiel was die Priesterehe anbelangte, die sie ablehnte. Es ist eine bezeichnende Tatsache, daß Elisabeth der Meinung war, das Amt eines geistlichen Würdenträgers – das ja mit ihrem durchaus vergleichbar war – sei derart, daß sich sein Träger ihm ganz, mit der Hingabe seiner ganzen Person, verschreiben müsse, was mit Ehe und Familie unvereinbar sei. Auf allgemeinen Antrag hin wurde die Priesterehe erlaubt, wenn auch erschwert.

Nun also konnte das brisanteste und brennendste Problem zur Sprache kommen: die Heirat der Königin und entsprechend die Nachfolgeregelung.

Es gab niemanden im Land, der nicht der Meinung war, Elisabeth müsse unverzüglich heiraten und einen Thronfolger zur Welt bringen. Die Sicherung des Landes in dieser gerade gegründeten, noch auf wackligen Beinen stehenden Regierung, die von allen Seiten angefochten wurde, gebot es in höchstem Maße.

Philipp von Spanien hatte sich schon gleich zu Anfang über Graf de Feria um ihre Hand beworben, und sie hatte eine Weile mit ihm kokettiert, um ihn schließlich, sobald sie es sich leisten konnte, mit den Worten abzuweisen, er könne sein Angebot gar nicht ernst meinen, denn schließlich sei sie eine Ketzerin. Sie tat dies jedoch nicht, ohne sich zugleich der freundschaftlichen Gesinnung Spaniens für die Zukunft zu versichern.

Elisabeth hatte wirklich keine Lust, das Erbe ihrer Schwester zu übernehmen, die Ehe mit dem katholischen Fremdherrscher, die Maria persönlich und das Land politisch ins Unglück gestürzt hatte. Daraufhin schlug Philipp – der in England unbedingt seinen Einfluß behalten wollte und einen ganz selbstverständlichen Anspruch darauf erhob – die beiden Söhne des habsburgischen Kaisers, die Erzherzöge Karl und Ferdinand, als mögliche Ehekandidaten vor.

Als nächster bewarb sich Erik von Schweden, der am stürmischsten von allen auf den Plan trat und am hartnäckigsten dort verweilte.

Von den Engländern waren als Ehegatten der Graf von Arundel und Sir William Pickering im Gespräch.

Elisabeth trat in Verhandlungen mit allen ein und ließ zwischendurch immer wieder verlautbaren, im tiefsten Innern sei sie von jeher entschlossen, als Jungfrau zu sterben.

Keiner nahm es ihr ab – ihr Verhalten unterschied sich auch denkbar von dem einer prädestinierten Himmelsnonne, wie nicht nur der entnervte de Feria bemerkte, der sich von ihr, gelinde gesagt, um den Finger gewickelt fühlte und langsam nicht mehr wußte, was er seinem Herrn in Madrid zum Fortgang seiner Verhandlungen mit ihr schreiben sollte.

Seinem Nachfolger de Quadra schrieb er später:

»Euer Gnaden werden erkennen, welch ›angenehme‹ Arbeit es ist, mit dieser Frau verhandeln zu müssen, die, wie ich glaube, hunderttausend Teufel im Leibe hat, obwohl sie mir dauernd erzählt, sie wäre unendlich gern Nonne, um in einer Zelle ihre Zeit mit Beten zu verbringen... Alles an ihr ist Falschheit und Eitelkeit.«[13]

Anfang Februar 1559 richteten sich einige Parlamentsmitglieder mit dem Ersuchen an die Königin, die Heirats- und Nachfolgefrage zu regeln. Ihre Antwort darauf war phrasenhaft und ausweichend. Seit sie denken könne, sagte sie, sei sie zu einem jungfräulichen Leben entschlossen. Doch falls es Gott in seiner Güte gefallen möge, werde er ihr beizeiten einen Gatten zuführen, der um das Heil und die Sicherheit ihres Reiches ebenso besorgt sei wie sie selbst. Andernfalls werde man die Nachfolgefrage anderweitig regeln.

»Und schließlich soll es mir genügen«, schloß sie, »wenn auf einem Marmorstein geschrieben steht, daß eine Königin so und so lange regiert hat und als Jungfrau lebte und starb.«[14]

Mit diesem pathetischen Satz zog sie vorerst einen Schlußstrich unter die Diskussion.

Unter den gegebenen Umständen war die Frage, ob und wen die Königin heiraten sollte, tatsächlich eine äußerst schwierige. Selbst wenn sie nichts als politische Erwägungen heranzog, war die Lösung, die sie fand und durchführte, nämlich, sich alle Bewerber gewogen zu halten, sich aber für keinen zu entscheiden, wahrscheinlich vorerst die beste.

Elisabeth war auf die Freundschaft Spaniens angewiesen, mußte sich aber vorsehen, nicht unter spanischen Druck zu geraten. Philipp selbst kam also überhaupt nicht in Frage.

Eine Heirat mit einem der beiden Erzherzöge – bei weitem die politisch beste Partie – wäre für Elisabeth, abgesehen von den religiösen Hindernissen, da Habsburg natürlich katholisch war, unweigerlich mit gebieterischer Einflußnahme Habsburg–Spaniens auf ihre künftige Politik verbunden gewesen.

Eine Heirat mit Erik von Schweden, der immerhin Protestant war, hätte von Spanien als Affront empfunden werden können und hätte Elisabeth zudem in den Verflechtungen der europäischen Bündnispolitik zu einer eindeutigen Haltung genötigt, wonach sie aus dem zentralen Geschehen herausgelöst gewesen wäre, ohne daß sie einen bedeutenden Machtzuwachs davongetragen hätte.

Die Heirat mit einem Angehörigen des englischen Hochadels, Arundel oder Pickering, warf dagegen das alte Problem der Eifersüchteleien innerhalb der Adelsfamilien im Land auf.

Man muß sich auch einfach vor Augen halten, was »Heiraten« in dieser Zeit, in Elisabeths Stand letztlich bedeutete:

Aus staatspolitischen Erwägungen, über Gesandte, Abgeordnete, religiös-politische Vertragsbedingungen und allenfalls ein Miniaturportrait war eine Monarchin dazu angehalten, den Mann zu erwählen, von dem sie gefälligst ein Kind zu empfangen hatte.

Erzherzog Karl, so hieß es, hatte einen riesigen Kopf, Erik von Schweden war ein düsterer Melancholiker im Hamlet-Stil, Arundel ein provinzieller Holzklotz, der schon auf die Fünfzig zuging, Pickering, der äußerlich wohl attraktivste von allen, war ein abgenutzter Playboy, der so ziemlich jedes Bordell in Mittelengland kannte und so ziemlich jede Dorfmagd ins Heu gezogen hatte ... Nichts von alldem, was ihr über ihre Freier zugetragen wurde (und hier wurden nur die bedeutendsten erwähnt), wird Elisabeth sonderlich begeistert haben.

Dem Gedanken, in der gegebenen Form »verheiratet« zu werden, nicht zuletzt, um einen reichlichen Teil ihrer Macht an einen Herrn und Gebieter abzutreten, war die Königin im großen und ganzen abhold.

Aus ihrer gefahrenreichen, wirren Jugend, geprägt von Abhängigkeit und mehrfach drohender Lebensgefahr, war sie zur obersten Stellung des Landes gelangt. Pro forma hatte ihr niemand mehr etwas zu sagen, und sie muß diese monarchische Unabhängigkeit in Anbetracht der Demütigungen ihrer belasteten Jugend wie eine Befreiung zum Leben in der höchsten Form empfunden haben. Niemand sollte ihr diese mehr nehmen können.

Ein gewaltiger Schuß Fürstenherrlichkeit war es, den Elisabeth genoß und in die Aura ihrer Persönlichkeit hinübernahm, gleichzeitig als Kompendium zu den Belastungen und Nöten ihrer Regierungsaufgabe.

Wenn sie nun im vollen Ornat auf ihrem Thron saß und die Parlamentssitzung leitete, während ihre roten Haare mit den Diamanten ihrer Robe um die Wette leuchteten, war es das Bewußtsein, niemanden in gleicher Stellung neben sich zu haben, das sie sich als wahrhaft souverän empfinden ließ.

Mit einem Königsgemahl an ihrer Seite wäre alles anders geworden.

Es wäre gewissermaßen obligatorisch gewesen, einem Prinzgemahl aus dem höheren Adel auch den Königstitel zu verleihen. Man war auf dieser Schwelle zur »Neuzeit«, dem 16. Jahrhundert, weit davon entfernt, Frauen die gleichen Fähigkeiten wie Männern zuzuschreiben, und man hielt das »Weiberregiment«, wie der Reformator John Knox sich auszudrücken beliebte, allenfalls für ein notwendiges Übel, wenn die natürliche Erbfolge keine andere Möglichkeit ließ – ein Übel, das gerade noch dadurch erträglich zu sein schien, daß die Monarchin zum Glück heiratete und einen Ehemann an ihrer Seite hatte, der ihr die schweren Pflichten abnahm.

Achselzuckend hatte sich Elisabeth über das Pamphlet des puritanischen Predigers John Knox hinweggesetzt, der schon zu Beginn ihrer Regierung verbreitet hatte, es sei wider alle Natur, wenn eine Frau über den Mann regiere. Frauen seien von Natur aus zu Schwachheit, Gebrechlichkeit, Ungeduld und Torheit verdammt, sie seien die Tür und das Tor des

Teufels; ihre Lüsternheit sei unersättlich wie der Rachen der
Hölle. Wenn der Schwache den Starken regiere, wenn also die
Frau über den Mann herrsche, so sei das eine Beleidigung
Gottes und eine Umkehrung aller guten Ordnung und Gerech-
tigkeit – so Knox in seinem »Ersten Trompetenstoß gegen das
ungeheuerliche Weiberregiment«.

Wenn sie es nicht vermeiden konnte, daß solche Schriften
erschienen, und wenn sie es noch viel weniger vermeiden
konnte, daß derartige Ansichten in mehr oder weniger ausge-
prägter Form in den Köpfen der Menschen ihrer Zeit veran-
kert waren, so wollte Elisabeth am eigenen Beispiel und mit
hochgesteckten, »männlich« orientierten Idealen zeigen, daß
dem nicht so sei.

Die Bewahrung ihrer Souveränität war Elisabeths Lebens-
grundsatz. In dem so häufig von ihr gebrauchten Begriff der
»Jungfräulichkeit« – übersetzt mit Freiheit, Ungebundenheit,
Souveränität– fand dieser Grundsatz, über die rein physische
Bedeutung des Begriffs hinaus, gleichnishaften Ausdruck.
Daß ihr als Monarchin oft die Hände gebunden waren, darüber machte sie sich keine Illusionen. Aber als Privatperson
wollte Elisabeth sich die Ungebundenheit erhalten, deren
drohenden Einschnitt sie geradezu mit Panik empfand.

Und nun war da ein aufgebrachter Staatsrat, ein erregtes
Parlament und sogar ein höchst besorgter Cecil, die kurzerhand die Ehe von ihr forderten, gleich nebst dem daraus zu
entstehenden Kind, und die mit ihren Argumenten für die
Sicherung ihres geliebten Landes auch noch in der Sache recht
hatten.

Elisabeth behielt die Fassung, redete sich entschlossen heraus,
flirtete mit ihren fürstlichen Bewerbern in geschliffenen Briefen und mit deren Abgesandten am Hof, lockte an und wies
zurück, lächelte und triumphierte.

Der tiefere Gefühlsgrund für dieses Gebaren, der sie emotional noch ganz entscheidend von einer Ehe aus Staatsräson
abhielt, wurde bald für alle offensichtlich: Sie war heftig

verliebt in Robert Dudley, und sie dachte nicht daran, es zu verbergen.

Die zirkulierenden Einzelheiten dieser lebenslangen Affäre (inklusive aller denkbaren Gerüchte) entstammen, vor allem in den Anfangsstadien, zu einem nicht unbeträchtlichen Teil den Berichten der Diplomaten an die heimischen Höfe, da nun wieder vorrangig denen nach Madrid. De Feria bemerkt bereits in einem Brief vom 18. April 1559: »Seit einigen Tagen steht Lord Robert so sehr in Gunst, daß er in den Regierungsangelegenheiten tut, was er will, und einige sagen sogar, Ihre Majestät besuche ihn bei Tag und Nacht in seinem Zimmer. Man spricht so offen darüber, daß man sich nicht scheut, zu sagen, seine Frau habe eine kranke Brust und die Königin warte nur auf ihren Tod, um ihn heiraten zu können.«[15]

Das nämlich gab dem Skandal von Beginn an die entscheidende Spitze: Robert Dudley war verheiratet.

Im Alter von siebzehn Jahren hatte er 1550 Amy Robsart, die Tochter eines reichen Landedelmannes aus Norfolk, geheiratet, aus jugendlicher Liebe damals etwa ebenso wie aus dem Wunsch nach Unabhängigkeit und Trotz gegen seinen ehrgeizigen Vater, den Herzog von Northumberland, der anfangs gegen diese Heirat gewesen war, da sie ihm politisch nichts einbrachte.

Amy war hübsch, aber ein einfaches Landmädchen von anlehnungsbedürftigem, ängstlichem Wesen und bescheidenem Intellekt, fürs Hofleben ganz und gar ungeeignet. Die Königin hütete sich, sie als Hofdame einzustellen, wie es für die Ehefrauen hoher Bedienter gemeinhin üblich war. Amy hätte es wohl auch kaum als ihr gemäßes Leben empfunden. Sie lebte zurückgezogen auf ihrem Gut Cumnor Hall in der Nähe von Oxford. Sie bedeutete Dudley nichts mehr; sie war eine frühe, erste Liebe, die erloschen war. Kinder hatten sie nicht. Schon bei ihrer Begegnung im Tower ist Robert Elisabeth als verheirateter Mann gegenübergetreten; sie selbst hatte 1550, noch unter Edward VI., zu den Gästen dieser Hochzeit gehört, die Northumberland durch seinen Einfluß am Hof des jungen Königs groß aufgezogen hatte.

Im Tower hatten solche Dinge keine Rolle gespielt, sie gehörten einer anderen Welt an. Nun aber waren die Tatsachen folgende: Eine junge, unverheiratete Königin hatte eine für die öffentlichen Augen skandalöse Liaison mit einem verheirateten Mann.

»Sie sagen, sie ist verliebt in Lord Robert«, schreibt de Feria am 29. April, »und läßt ihn nicht von ihrer Seite.«[16]

Als die schöne Jahreszeit begann, verbrachten beide eine wunderbare Zeit zusammen mit Reiten und Jagen in den großen Parks und Wäldern, mit Spaziergängen und Picknicks im Freien. Elisabeth war eine ausgezeichnete Reiterin. Robert besorgte ihr die schnellsten Pferde, ungezähmte irische Wallache, und sie ritt sie lachend ein, während Robert ihr besorgt nachgaloppierte, bis sie atemlos zusammen haltmachten.

Wenn sie auf den großen Hoffesten miteinander die Galliarde tanzten, einen der komplizierten Tänze jener Zeit mit schwierigen Schrittfolgen, Sprüngen und Drehungen, wirkten sie, wie auch die Botschafter zugeben mußten, wie füreinander geschaffen. Bei den manirierten Tänzen ihrer Zeit erotische Spannung zu erzeugen und diese zum Ambiente ihrer königlichen Feste zu machen, muß eine Spezialität Elisabeths gewesen sein, die ihr mit Robert Dudley als Tanzpartner sicher nicht schwerfiel. Die Galliarde und Pavane waren mehr züchtige Schreittänze. Bei der Volta aber, die Elisabeth so gern mit Robert tanzte, faßte der Herr die Dame um die Taille und schwenkte sie in die Höhe.

Dudley war ein vollendeter Höfling – genauso gewandt in italienischer Konversation wie als Turnierreiter auf der Stechbahn, von feiner Bildung wie von starker Vitalität, so wie sie selbst. Vor allem war er schön – »er war ihr körperliches Ideal«, sagt Waldman –, groß und gut gebaut, mit für einen Engländer selten schwarzen Haaren und dunklem Teint, mit langen schlanken Händen, wie sie selbst sie besaß.

Trotzdem lag in ihrer Bindung mehr als rein körperliche Anziehung; sie hätte sonst wohl kaum ein Leben lang gehalten.

Robert Dudley verstand mit Elisabeth umzugehen, mit dieser anspruchsvollen Frau und ihrer komplizierten Psyche. In ihrem unberechenbaren Temperament, ihren Stimmungswechseln, ihrem scharfen Intellekt und ihren königlichen Launen sah er für sich eine Herausforderung, die sich wohl irgendwie mit seinem Wesen ergänzte. Seine einfache Ehefrau konnte ihm so viel Schillerndes am allerwenigsten bieten.

Freilich war seine Beziehung zu ihr, der Königin, die seine Geliebte war, untrennbar mit Träumen von Größe, ehrgeizigen Plänen von der höchsten Stellung verbunden – womit er, so mag es ihm zunächst erschienen sein, vielleicht ganz selbstverständlich, nahtlos, kampflos das erreichen würde, wofür sein Vater und Großvater aufs Schafott gekommen waren.

Wenn Elisabeth die letzte Antwort auf die Frage, inwieweit er die Macht, die sie verkörperte, wirklich von ihr trennen konnte, auch nie wissen sollte, so war doch ein seelisch-geistiges Band zwischen ihnen seit den Tagen ihrer Towerhaft. Sie brauchte ihn, um ihre ständige königliche Maske abzulegen, um sich selbst wiederzufinden, um ganz Frau und seine Frau zu sein.

Vermutlich hat sie in den ersten Monaten dieser offen ausgelebten Liebe über keinerlei Konsequenzen nachgedacht, in diesem Frühsommer jedenfalls noch nicht. Robert Dudley war für sie die Verkörperung ihrer Freiheit, ihrer Jugend, die so vieles nachzuholen hatte, das Leben, pur und begehrenswert, in das sie sich genauso heftig stürzte wie in ihre endlich errungene Macht.

Cecil, der Staatsrat und die Parlamentsmitglieder runzelten die Stirn, die Höflinge und Diplomaten tuschelten.

Die Königin vernachlässigte ihre Regierungsgeschäfte, und es sieht wirklich so aus, als ob sie, wie de Feria vermerkte, in verliebter Lässigkeit ihm, Robert Dudley, dem Unerfahrenen und Staatsunkundigen, einen Teil der Geschäfte, der Entscheidungen zugetragen hätte.

Cecil, der erfahrene Staatsmann, und Dudley, der Günstling, waren sich von da an spinnefeind.

Cecil hatte im Moment tatsächlich andere Sorgen und hätte sich von Herzen gewünscht, daß seine Gebieterin an ihnen ihren gebührenden Anteil nähme. Statt dessen war sie Tag für Tag mit Dudley auf der Jagd und schlichtweg nicht auffindbar, wenn es darum ging, die anstehenden Probleme zu besprechen.

Das brennendste Problem hieß Frankreich. Bereits nach dem Tod von Maria Tudor hatte Heinrich II. von Frankreich, für den Elisabeth illegitim war, seine Schwiegertochter Maria Stuart zur Königin von England proklamiert.

Maria Stuart, neun Jahre jünger als Elisabeth, war als Tochter der in Schottland herrschenden Familie Guise von Geburt an Königin von Schottland. Sie war im Alter von sechs Jahren nach Frankreich gebracht und dort mit fünfzehn Jahren mit dem sechzehnjährigen Dauphin verheiratet worden. Seit Elisabeths Thronbesteigung führte Maria Stuart offen das englische Wappen, das sie in ihr eigenes aufgenommen hatte.

Am 10. Juli 1559 starb Heinrich II. Der Dauphin wurde König, doch der schwächliche Knabe war ein Werkzeug in den Händen der Familie Guise. Maria Stuarts Onkel von Guise regierten Frankreich, Maria von Guise war Regentin von Schottland. Sie führte in Schottland eine französische und katholische Politik, die den nationalgesinnten schottischen Adel und die protestantische Geistlichkeit unter Führung von John Knox, fortan die »Lords der Kongregation« genannt, zum Aufstand trieb.

Die Guisen, Frankreich, wollten nun aber nicht nur ihren Einfluß in Schottland wiederherstellen und die dortigen Aufständischen unter absolute Kontrolle bringen, sondern sie sannen auch darauf, ihre Ansprüche auf den englischen Thron durchzusetzen.

Cecil wußte schon, warum er seine Königin zur Heirat drängte. Wenn man schon nicht das Optimum einer politischen Partie durch Heirat mit einem einflußreichen Bündnispartner herausschlagen konnte, mußte zumindest die Thronfolge gesichert werden. Solange das nicht der Fall war, hing alles vom Leben der jungen Königin ab. Leben im 16. Jahrhundert, in dem große Seuchen noch mächtigen Einzug hielten und ganze Dörfer innerhalb weniger Tage dahinraffen konnten, war jedoch etwas weit Flüchtigeres als heute, wie sich auch bei Elisabeth noch zeigen sollte.

Die aber erging sich zum ersten- und wohl letztenmal in ihrem Leben in einer kurzen Zeit der Sorglosigkeit.

Robert Dudley, der Erste und Einzige... Sie konnte sich nicht enthalten, mit jedem über ihn zu sprechen, seine Vorzüge zu preisen, ob man es nun hören wollte oder nicht.

Vor allem mußte sie ihn sehen. Wenn sie ihn einmal nicht für sich alleine hatte, mußte sie ihn mit den Augen verschlingen, wenn er sich in seiner Stattlichkeit bei irgendeiner höfischen Sportart hervortat: beim Tennis, Fechten oder Wettbewerb mit Pfeil und Bogen. Bei so einer Gelegenheit schlich sie sich einmal, als Kammerjungfer verkleidet, hinter die Absperrung, um ihm beim Schießen zuzusehen. Zum Schluß gab sie sich lächelnd mit der Bemerkung zu erkennen, sie habe für ihn den Schlagbaum passiert, nun sei er ihr ganz verbunden.

Innerhalb kürzester Zeit war Dudley ein vermögender Mann. Neben seinem großzügigen Gehalt für seine Tätigkeit als Oberstallmeister beschenkte ihn Elisabeth überreich mit Gütern, Ländereien und Anwesen.

Sein kometenhafter Aufstieg, der nur durch die Gunst der Königin erfolgt war, schaffte ihm eine Unmenge Neider und Feinde am Hof. Die Angehörigen des alten Adels, als deren Repräsentant sich der Herzog von Norfolk sah, empfanden den Emporkömmling, seine Position sowie sein eitles, arrogantes Auftreten als persönlichen Affront.

Konflikte spitzten sich daher auf mehreren Ebenen zu. Von allen Seiten sah sich Elisabeth von ihnen umdrängt.

Sie diskreditierte sich bei den ausländischen Höfen, die langsam Erkundigungen über den Lebenswandel der Königin einholen ließen, wenn sie in Heiratsverhandlungen mit ihr standen.

Im August fiel Elisabeths alte Vertraute Kate Ashley vor ihrer Herrin auf die Knie und flehte sie an, an ihren Ruf zu denken und den üblen Gerüchten um Dudley ein Ende zu machen. Die Dame muß aus Elisabeths Kindertagen eine wirklich vertrauensvolle und fast mütterliche Stellung bei ihr eingenommen haben, daß sie sich diese Sprache leisten konnte und die Königin in diesem Dialog in eine Rechtfertigungshaltung verfiel.

Sie habe in diesem Leben, sagte sie, so viele Sorgen und so wenig Freude gehabt. Und wenn sie Robert Dudley ihre Gunst erweise, so sei es um seiner guten Eigenschaften willen. Es gebe nichts Unehrenhaftes zwischen ihnen. Schließlich verlaufe alles in Gegenwart ihrer Damen und Kammerzofen.

»Und wenn ich je den Wunsch zu so einem unehrenhaften Leben haben oder Vergnügen daran finden sollte – wovor Gott mich behüten möge – ich wüßte nicht, wer es mir verbieten könnte!«[17] schloß sie aufgewühlt und triumphierend.

Diese Stellungnahme bezeichnet zumindest eines: Was immer man Elisabeth in der Beurteilung nachsagen mochte, Heuchelei und eine gewisse Doppelmoral auf der einen Seite, auf der anderen mancherlei Skurrilitäten und psychische oder physische Verbildung, um ihr Verhalten zu erklären und ihr die »Virgin Queen« dennoch nicht abzusprechen, wie man es bevorzugt in unserem Jahrhundert tat – in dieser Äußerung zeigt sie sich ganz einfach frei und unkonventionell bis zum Äußersten, tief überzeugt von ihrem Recht auf Selbstbestimmung, in diesem Fall auf ihre Entfaltung als Frau. Wenn Könige sich Mätressen nehmen konnten, so konnte *sie* sich als

Königin Liebhaber nehmen. Dies grundsätzlich festzustellen, lag ihr am Herzen. Sie konnte nach außen nicht dazu stehen, und inwieweit sie es realisierte, ist eine andere Frage. Aber sie empfand ganz frech und ungehemmt ihr Recht darauf mit aufmüpfigem Trotz. Was sie damit implizierte, hätte man ihr vierhundert Jahre später sagen können.

Der Skandal

Unterdessen liefen die Unterhandlungen mit den Ehekandidaten auf dem Festland weiter.

Erik von Schweden, damals noch Kronprinz, schickte sich an, zwecks Besprechung der Hochzeitsvorbereitungen zum zweitenmal einen Gesandten nach England zu schicken, und Elisabeth schaffte es immerhin, seine Ankunft noch vier Monate, bis September, hinauszuzögern. Erik, der Elisabeth in der Zwischenzeit glühende lateinische Liebesbriefe schrieb, hatte sich entschlossen, seinen Bruder Johann von Finnland seiner Gesandtschaft an die Spitze zu stellen, doch als dieser im September mit seinem Gefolge in London erschien, gab es gleich mehrere Rivalitätsverhältnisse zwischen den Heiratsvermittlern: Der kaiserliche Gesandte von Wien, der Elisabeth die Erzherzöge ans Herz legen wollte, intrigierte heftig gegen Johann und den Schwedenprinzen, während Erik seinem Bruder nicht zu Unrecht vorwarf, dieser werbe selbst um Elisabeth. Johann mußte daraufhin den Schauplatz auf Geheiß Eriks verlassen.

Auch die Habsburger waren dabei, die Klauseln für den Heiratsvertrag aufzusetzen. Nach Ferdinand galt nun Karl, der Jüngere, als der Angemessenere. Elisabeths Stellungnahme hierzu war, sie werde nie einen Mann heiraten, den sie nicht gesehen habe – womit sie die Forderung aussprach, der Erzherzog möge sich gefälligst nach England begeben.

Ihr war klar, daß er das ohnehin nicht tun würde. Welche Blamage für das Heilige Römische Reich, wenn der fürstliche Bewerber nach erfolgter Begutachtung abgewiesen würde, weil die englische »Deborah« doch fand, daß sein Kopf zu groß wäre! Nein, das war doch unter aller habsburgischen Würde! Also mußten die Gesandten aus Wien und Madrid weiterhin ihr Glück in der Vermittlung versuchen.

Erik von Schweden seufzte weiter Liebesschwüre auf lateinisch und schickte Elisabeth fürstliche Geschenke, darunter kostbare Pelze. Elisabeth trug die Pelze und amüsierte sich über die »Barbaren« des Nordens.

Den Erzherzog hielt sie sich trotz eines relativ ablehnenden Antwortschreibens noch einige Jahre warm, indem sie immer wieder die Verhandlungen neu aufnahm und einschlafen ließ.

Im Grunde beherrschte der allzu offene Skandal um Robert Dudley das Hofleben. Lange bevor Elisabeth überhaupt ein Wort dazu gesagt hatte, war er als Ehekandidat in aller Munde, allerorts mit ausgesprochen säuerlichen Mienen.

Ein Emporkömmling, ein bürgerlicher Niemand, der Nachkomme dreier Generationen von Verrätern sollte den größten Fürsten der Christenheit vorgezogen werden?! Er selbst schien seiner Sache am Anfang sehr sicher, was wohl zu ersten Verstimmungen zwischen ihm und Elisabeth führte. Man hatte sich ihrer nicht sicher zu sein!

Seinem Sinn für Selbstdarstellung und seinem Ehrgeiz kam der Glanz, der ihn umgab, nur zu sehr entgegen. Er bewegte sich am Hof, seiner Wirkung und seines Einflusses gewiß, respektheischend und mit großer Selbstverständlichkeit, versuchte aber nie, sich mit der Hofgesellschaft und ihren ständischen Prärogativen zu arrangieren.

Einige begannen sich schon mit dem Gedanken abzufinden, daß Dudley ihr zukünftiger König sei, andere jedoch – und es war die Mehrzahl – wollten sich dem ganz und gar nicht fügen. Von geplanten Mordanschlägen auf ihn und sogar auf die Königin war die Rede, und jemand soll gefragt haben, ob

England so arm sei, daß sich niemand bestechen lasse, Dudley den Garaus zu machen.

Der Herzog von Norfolk ließ verlautbaren, Dudley werde nicht in seinem Bett sterben, wenn er sein anmaßendes Verhalten nicht einstelle.

Mit grimmiger Selbstzufriedenheit muß John Knox, der schottische Reformator und Wetterer gegen das »Weiberregiment«, diese Nachrichten aus England vernommen haben. Frauen, von Natur aus schwach und töricht ... Da saß nun eine Königin, die in ihrer Verliebtheit jeden Überblick verlor und die ihr Land ins Unglück stürzte, weil sie sich einen eitlen Nichtsnutz als Gemahl und Mitregenten aufhalste.

Er hätte sicher gern die Bestätigung seines Weltbilds gehabt.

Im November setzte Robert den Hof in Erstaunen, als er die Heiratsverhandlungen mit Erik von Schweden unterstützte. Zur gleichen Zeit tauchte aber auch erstmals das Gerücht auf, er verabreiche seiner Frau Gift, um damit das einzige wirkliche Hindernis zu Elisabeths Hand zu beseitigen.

Daß Amy krank war, wußte man – sie hatte offenbar Brustkrebs. Sollte man also nicht davon ausgegangen sein, daß sich das Problem Amy sowieso früher oder später durch natürlichen Tod lösen würde?

Dudley wolle sich von seiner Frau scheiden lassen, hieß es dagegen im März 1560, auch, daß er protzig verkündet habe, wenn er nächstes Jahr noch lebe, sei er in einer weit anderen Position als im Moment.

Dudley tarnte sich noch öfter damit, daß er die ausländischen Heiratsprojekte protegierte.

Die Gerüchte hatten auch außerhalb der Palastmauern längst konkrete Formen angenommen. Als beispielhaft für den angeknacksten Ruf der Königin im Volk wurden die »Enthüllungen« einer alten Frau aus Brentford angesehen, die als »Mutter Dowe« sich auf den Marktplatz des Örtchens gestellt und ausgeplaudert hatte, die Königin habe ein Kind von Lord Robert.

Man gab sich auffällig viel Mühe mit ihr und unterzog sie stundenlangen Verhören unter Ausschluß der Öffentlichkeit. Hinterher wurde sie anscheinend wieder freigelassen.

Ein anderes Gerücht war schon gleich zu Beginn der Affäre und im Kontext der Verhandlungen mit Wien geäußert worden: daß Elisabeth unfruchtbar sei.

Die Version hielt sich hartnäckig als Erklärungsmodell ihres für alle Welt unbegreiflichen Verhaltens, nicht zu heiraten; ebenso eine Variation davon: daß sie aufgrund einer Mißbildung unfähig zur körperlichen Vereinigung mit einem Mann sei.

Maria Stuart sprach dies Jahre später in einem Brief an Elisabeth aus, den Cecil seiner Herrin vorenthielt: »Man sagt, Ihr seid nicht wie andere Frauen«, heißt es da. Einige der Diplomaten versäumten es nicht, Elisabeths Ärzte über diese Dinge auszufragen und ihre Spione mit diesem Auftrag auszusenden, erhielten aber keine Bestätigung solcher Vermutungen.

Dabei zierte man sich auch nicht, die Wäscherinnen der Königin zu bestechen, um Informationen über die Regelmäßigkeit ihrer Monatsregel zu erhalten.

Aus gegebenem Anlaß erhielt ein weiterer Heiratskandidat erhöhte Aufmerksamkeit: Es war der schottische Graf Arran aus der Familie der Hamiltons, der, sofern Maria Stuart kinderlos sterben sollte, der nächste in der schottischen Thronfolge war.

In Schottland waren die protestantischen »Lords der Kongregation«, die gerade die katholische Regentin Maria von Guise abgesetzt hatten, nun drauf und dran, die französischen Truppen vollends aus dem Land zu jagen, wozu sie aber dringend Unterstützung von außen benötigten. Sie wandten sich an Elisabeth mit dem Argument, es sei schließlich auch sehr in ihrem Interesse, wenn die Franzosen in Schottland ihren Einfluß verlören, da diese ja auch Anspruch auf den englischen Thron erhöben. Falls die rebellischen Lords mit ihrer,

Elisabeths, Hilfe die Oberhand gewännen, sei nicht nur ihr eigener Thron gesichert, sondern an der Seite des Grafen von Arran locke ihr auch noch der schottische.

Cecil sah dies Unternehmen als einmalige Gelegenheit, aber Elisabeth zögerte. Sie wollte sich keineswegs offen auf die Seite der Aufständischen stellen. Es widersprach ihrem Grundsatz, sich, soweit es ging, neutral zu verhalten und keine offenen Bindungen einzugehen. Sie wollte den Bruch mit Frankreich nicht riskieren, indem sie den Friedensvertrag von Cateau-Cambrésis verletzte, der im April 1559 geschlossen worden war. Zudem hatte sie etwas gegen Rebellen und konnte sich mit dem glühenden Puritanismus der »Lords«, die gar zu dreist die monarchische Obergewalt entweihten, gar nicht identifizieren.

So unterstützte sie die Schotten unterderhand, schickte ihnen Geld und Truppen und tat nach außen hin, als wüßte sie von nichts. Es machte ihr immer Spaß, im Trüben zu fischen und das Feuer zu schüren, und auf diese Art sollte sie mehr als einmal von Rebellionen gegen andere Fürsten profitieren, die sie grundsätzlich eigentlich verabscheute. In Cecil hatte sie bei dieser Art Politik einen guten Verbündeten. Auch er war darauf spezialisiert, »den Stein zu werfen, ohne daß man die Hand sah, die ihn warf«. Aber Cecil wollte mehr handeln. Elisabeths ständiges Zögern, ihre unerträgliche Entscheidungsschwäche, die so oft ihre Handlungsfreiheit lähmte, brachte ihn manchmal zur Verzweiflung.

Zum Jahresende wurde es klar, daß man den offenen Krieg mit Frankreich kaum vermeiden konnte. Elisabeth blieb weiter in Deckung.

Als Maria von Guise Aufklärung bezüglich englischer Agitationen an der schottischen Grenze forderte und darüber, wie es denn anginge, daß die schottischen Soldaten mit englischen Münzen bezahlt würden, log Elisabeth hemmungslos. Sie könne sich das gar nicht erklären, erzählte sie dem französischen Gesandten, aber unloyale Untertanen gäbe es leider immer wieder, die dergleichen eigenmächtig unternähmen. Sie werde Untersuchungen darüber anstellen.

Cecil nahm alles, was unternommen wurde, auf sich und verzichtete in seiner Korrespondenz mit den Rebellenführern darauf, Elisabeths Namen zu erwähnen.

Elisabeths Hilfeleistungen erfolgten trotz allem zögernd und spärlich, und sie weigerte sich, die Sache bis zu Ende zu führen. Es gibt einen undatierten Brief Cecils an die Königin, in dem er ergebenst zum Ausdruck bringt, er könne es nicht mit seinem Gewissen vereinbaren, ihr bezüglich der Beseitigung der französischen Truppen aus Schottland einen anderen Rat zu geben, als er es getan habe, und er ersuche daher um Rücktritt, in der Bereitschaft, ihr bis zu seinem Lebensende beliebige andere Dienste zu leisten, »und sei es in Eurer Majestät Küche oder Garten«[18]. Elisabeth wird den Kopf darüber geschüttelt und gelächelt haben. Der Brief erhellt etwas über das Verhältnis Elisabeths zu ihrem Staatssekretär, der die Auseinandersetzung mit der Königin nicht scheute.

Ein offener Feldzug gegen die Franzosen... Elisabeth haßte den Krieg. Sie sah ihn als Verschwendung von Geld und Menschenleben, und mit dieser Haltung stand sie vor ihrem Parlament und in ihrem Jahrhundert sehr allein.

Dieser Krieg war zumindest nicht zu vermeiden.

Der »Krieg der Insignien« – dadurch zustande gekommen, daß Maria Stuart sich widerrechtlich des englischen Wappens bedient hatte – dauerte sechs Monate, dann waren die Franzosen besiegt. Maria von Guise starb fast im gleichen Moment, als ihre Sache verloren war.

Cecil – der zum Glück nicht Gärtner oder Küchenchef geworden war – machte sich im Sommer 1560 eigens nach Schottland auf, um die Friedensverhandlungen zu führen und einen Vertrag zu verfassen.

Der »Vertrag von Edinburgh« vom Juli 1560 war eine respektable diplomatische Leistung, an der Cecil den Hauptanteil trug. Der Vertrag forderte den Rückzug sämtlicher französi-

scher Truppen aus Schottland, während Maria Stuart und der
Dauphin dazu verpflichtet wurden, Elisabeths Thronrecht
anzuerkennen und auf ihre eigenen Ansprüche zu verzichten.
Maria Stuart sollte den Vertrag nie unterschreiben.

Für den Moment war der Vertrag auf alle Fälle ein bedeuten-
der Markstein zur Konsolidierung von Elisabeths Regentschaft und bedeutete zugleich eine empfindliche Schwächung
der katholischen Gegenseite.

Auch die schottischen Rebellen waren zufrieden. In schleimi-
gem Ton versicherte John Knox Elisabeth, er habe *sie* natürlich von seiner Beurteilung weiblicher Regenten immer ausgenommen.

Wenn jetzt noch die Heirat Elisabeths mit dem Grafen von
Arran zustande kommen würde, wäre das englisch-schottische
Bündnis unter protestantischen Vorzeichen komplett, und
man könnte in die Zukunft spekulieren... Cecil hatte das
schon lange im Sinn.

Er kehrte im August zurück an den Hof und erwartete berech-
tigtes Lob und berechtigten Lohn für seine diplomatischen
Verdienste. Aber er traf Elisabeth in nervlich ausgesprochen
schlechter Verfassung an. Sie tadelte Cecil völlig ungerecht-
fertigt, rechnete ihm vor, was sie der Feldzug gekostet hatte,
und ließ ihn zu guter Letzt noch die Kosten für seine Reise
selbst tragen.

Cecil war wie vor den Kopf gestoßen. Während seiner Abwesenheit schien er seinen Einfluß bei der Königin und seinen
Platz als erster Ratgeber vollkommen verloren zu haben, und
ihm war klar, wer dahintersteckte.

Dudley hatte immer gegen Cecil intrigiert, da er eifersüchtig
auf dessen politische Vertrauensposition war, die er neben der
emotionalen auch noch bei Elisabeth einnehmen wollte. Doch
Elisabeth trennte säuberlich das eine vom anderen. Wirkliche
politische Funktionen behielt sie Robert bis auf weiteres vor,
und sie hat von den Rivalitätsverhältnissen der Menschen, die
irgendeine Form von Einfluß in ihrer Regierung besaßen oder

ein persönliches Verhältnis zu ihr hatten, ihr Leben lang profitiert und sie bewußt gefördert.

Sie war wirklich angegriffen. Ihre Beziehung zu Robert hatte einen unerklärlichen, krisenhaften Höhepunkt erreicht. Es ist wohl kaum ein Zufall, daß dies geschah, während Cecil nicht da war, ihr besonnener Minister und Vertrauensmann, der ihr mit seinem Kalkül immer ihre politische Mission vor Augen hielt, nüchtern und leidenschaftslos, Cecil, ihr »Geist«, wie sie ihn nannte, der ruhende Pol all ihrer Unternehmungen.

Robert drängte sie zu einer Entscheidung – einer Entscheidung aber, die *er* wollte und die *er* als natürlich empfand. Sie dagegen schien zu wissen, daß sie nicht ewig die inneren Widersprüche ihrer Gefühle mit sich herumtragen konnte, daß sie für sich zu einer Lösung kommen mußte.

Sie liebte ihn, aber sie wollte sich ihm nicht ausliefern, ihm nicht ihr Leben in die Hände legen, genausowenig wie ihr Königreich. Solche Impulse hatte sie früh verloren, und aus gutem Grund. Sie brauchte ihre Reserven in sich selbst, und im Grunde wollte sie genau diesen Übergangszustand, in dem sie gar nichts entschied und alles offenließ, einen Zustand, der ihr in jeder Weise der angenehmste war.

Irgend etwas war geschehen. Dem Herzog von Norfolk gegenüber äußerte Elisabeth geheimnisvoll, sie werde wohl binnen sechs Monaten verheiratet sein, und gab sich den Anschein, als meine sie den Erzherzog.

Cecil kam zu der Überzeugung, daß sie Dudley hörig sei. Er tat das Ungeheuerliche und vertraute sich de Quadra an – von dem er immer annehmen mußte, er benutzte seine Informationen, um der gegenreformatorischen Sache Seiner Allerkatholischsten Majestät zu dienen, die nur daran interessiert sein konnte, Elisabeth in ein schlechtes Bild zu rücken.

Derjenige sei ein schlechter Seemann, sagte Cecil, der nicht rechtzeitig den sicheren Hafen ansteure, bevor der Sturm losbreche. Die Intimität der Königin mit Robert Dudley werde der Ruin des Landes sein, und die Heirat stehe unmittelbar bevor. Wenn doch nur jemand sie zur Vernunft bringen, sie warnen könne, zum Beispiel er, de Quadra, im Namen des spanischen Königs. Er selbst, Cecil, denke ernsthaft an Rücktritt, und wenn er damit riskiere, in den Tower geworfen zu werden.

Cecil habe hinzugefügt, daß Lord Robert plane, seine Frau zu töten, und daß diese entgegen allen Gerüchten gar nicht krank sei, sondern sich äußerst wohlbefinde und sich sehr vor Gift zu schützen wisse.

Zweimal soll Cecil in dieser Unterhaltung geseufzt haben: »Lord Robert wäre besser im Paradies als hier!«

Am 8. September wurde Amy Robsart mit gebrochenem Genick am Fuße einer Treppe in ihrem Haus Cumnor Hall gefunden.

Ein Aufschrei über ganz Europa: Mord! Was sonst?!

Elisabeth erreichte die Nachricht in Windsor, und sie veranlaßte sofort umfassende Untersuchungen und schickte Robert in sein Haus nach Kew, damit er dort den Verlauf der Untersuchungen abwartete.

Zum Zeitpunkt des Geschehens war Amy allein in Cumnor Hall gewesen, denn sie hatte am Morgen alle Dienstboten auf den benachbarten Jahrmarkt geschickt. Dies ließ auf Selbstmord schließen, wozu die arme Frau sicher allen Grund gehabt hätte. Aber auf diese Weise? Indem sie sich eine Treppe hinunterstürzte und damit mehr Gefahr lief, schwerverletzt zu überleben, als sich wirklich das Leben zu nehmen?!

Es wurde kein Gift in ihrem Körper gefunden und auch sonst keine Spuren, die auf gewaltsamen Tod schließen ließen. Aus den verängstigten Dienstboten bekam man nichts Schlüssiges heraus, außer daß die Lady verschiedentlich geäußert haben soll, Gott möge sie von ihrem erbärmlichen Leben erlösen.

Robert ließ sich in Kew von seinem Diener Thomas Blount schriftlich auf dem laufenden halten. Er markierte keine Trauer, die er nicht empfand, und war nur in aufgewühlter

Sorge über die Untersuchungsergebnisse und über seinen Ruf. Er wünschte sich, bei Elisabeth zu sein, und jammerte: »Mir ist, als erlebte ich das alles wie in einem Traum, und ich bin viel zu weit weg von dem Ort, wo ich hingehöre.«[19]

Das Ergebnis der Kommission lautete: Tod durch Unfall, doch damit war die Angelegenheit nicht glücklich erledigt. Keiner glaubte an den Tod durch Unfall. Die Feinde Dudleys und die katholischen Opponenten rieben sich die Hände. Das Volk war allerorts aufgebracht, und Throgmorton, der englische Botschafter in Paris, traute sich kaum noch auf die Straße.

»Die Leute sagen Dinge, die mir die Haare zu Berge stehen und meine Ohren glühen lassen«, schrieb er.

»Der eine lacht über uns, der andere droht uns, ein anderer beschimpft die Königin. Einige scheuen sich nicht zu sagen: Was ist das für eine Religion, in der ein Untertan seine Frau umbringt und die Fürstin ihm das nicht nur nachsieht, sondern auch noch bereit ist, ihn zu heiraten?«[20]

Amys Tod war zu lange vorausgesagt worden, als daß er jetzt der Welt nicht als Bestätigung diente.

Bestätigung wofür? Für das Bild von einer lüsternen und hemmungslosen Frau auf dem englischen Thron, die im Banne ihres skrupellosen Geliebten steht, von der Bastardkönigin und Ketzerin, Bestätigung für die Torheit des »Weiberregiments« und die verlotterte Moral der protestantischen Religion für die katholische Gegenseite.

Das Urteil der Geschichte geht rückblickend davon aus, daß Dudley seine Frau ganz sicher nicht hat umbringen lassen, aus dem einfachen Grund, weil es völlig unklug gewesen wäre.

Es sollte sich schließlich zeigen, daß die tote Amy ein viel größeres Hindernis auf dem Weg zu Roberts ersehntem Ziel war als die lebende, weil sein Ruf nach Amys mysteriösem Tod, wenn auch juristisch wiederhergestellt, so doch ruiniert war und es Elisabeth kaum noch riskieren konnte, ihn offiziell zu heiraten. Wenn man ihn töten würde? Wenn man sie vom

Thron stieß? Bei der universalfeindlichen Haltung gegen ihn
war dergleichen durchaus denkbar.

Mit dem Wissen der modernen Medizin des 20. Jahrhunderts
erst meint man, das Rätsel gelöst zu haben: Brustkrebs,
worunter Amy litt, kann im fortgeschrittenen Stadium zu einer
Wirbelsäulenfraktur führen.

Seit über Amys Tod das Ergebnis verkündet war, schenkte
Elisabeth Robert wieder ganz offen ihre Zuneigung und
demonstrierte damit, daß sie von seiner Unschuld überzeugt
war. Viele am Hof sahen dies als ein Präludium zur Bekannt-
gabe ihrer Heirat an.

De Quadra schrieb, Elisabeth sei auf dem besten Wege, sich
abends als Königin ins Bett zu legen und am nächsten Morgen
als einfache Lady Elizabeth an der Seite ihres Liebhabers zu
erwachen.

Maria Stuart lästerte in Frankreich:
»Die Königin von England heiratet ihren Pferdeknecht, der
seine Frau umgebracht hat, um Platz für sie zu machen.«[21]

In de Quadras Korrespondenz gibt es, was den Tod der Lady
Dudley betrifft, eine nicht geklärte Ungereimtheit: Am
11. September schickte er ein Schreiben nach Madrid, in dem
er berichtet, die Königin habe ihm am 7., also einen Tag vor
Amys Tod, bei einer Audienz eröffnet, »daß Lord Roberts
Frau tot ist oder so gut wie tot«, und sie soll den Spanier
dringend gebeten haben, nichts über die Sache zu sagen. In
einem Postscriptum fügt de Quadra (vermutlich am Absende-
tag, dem 11. September) hinzu, daß ihm Elisabeth auf italienisch gesagt habe: »Sie hat sich den Hals gebrochen.« (»Se ha
rotto il collo.«)[22]

Will man nicht davon ausgehen, daß es sich doch um ein
Mordkomplott gehandelt hatte, so wäre es möglich, daß de
Quadra absichtlich oder unabsichtlich die Chronologie ver-
schwimmen ließ oder überhaupt den Brief rein effekthei-
schend geschrieben hat. Er verfolgte eindeutig anti-englische
Interessen und war, wie man anderthalb Jahre später heraus-

finden sollte, in gegenreformatorische Intrigen verwickelt, weshalb man ihn als Botschafter ablösen ließ.

Elisabeths diplomatische Beziehungen zu Spanien waren allerdings auch von ihrer Seite äußerst zwielichtig, und in den kommenden Monaten spielte alles, was mit Robert Dudley zusammenhing, dabei eine entscheidende Rolle.

Im November machte eine Nachricht die Runde, die auch die Höfe auf dem Festland erreichte. Es hieß, Elisabeth und Robert hätten in aller Heimlichkeit im Londoner Haus des Earl of Pembroke geheiratet. Die Geschichte wurde als Gerücht abgetan, aber allen erschien dieser Ausgang nur folgerichtig.

Man nahm sich Unerhörtes heraus: Throgmorton, der bedrückte und beschämte Gesandte in Paris, schickte seinen Sekretär namens Jones nach England, und dieser hielt – es war etwa zu der Zeit, als das Gerücht über die heimliche Heirat aufkam – der Königin bei einer Audienz vor, wieviel Unglück die Familie Dudley schon über England gebracht habe. Darauf zählte er die von blindem Ehrgeiz getriebenen und verräterischen Machenschaften der Familie auf, von Edmund Dudley, Roberts Großvater unter Heinrich VII., über den Herzog von Northumberland bis zu Guildford Dudley, Roberts Bruder, der sich an der Seite der unglücklichen Lady Jane Grey für zehn Tage den englischen Thron erobert hatte. Kein Dudley sei ihrer würdig, so Jones, und sie, die Königin, solle sich nur einmal die Konsequenzen einer solchen Verbindung ausmalen.

Der engagierte und verdatterte Jones mußte in seinem Bericht dieser Unterredung kopfschüttelnd vermerken, wie Elisabeth an einer Stelle des Gesprächs »sich vor Lachen von einer Seite auf die andere drehte und sich die Hände vors Gesicht hielt.«[23] Sie habe aber elend ausgesehen, krank und leichenblaß.

Einige Interpreten pickten sich diese bizarre Szene Jahrhunderte später heraus, um ihre These zu stützen, Elisabeth sei nervenkrank gewesen und habe unter hysterischen Anfällen gelitten. Sie habe diese Anlage zur Hysterie von ihrer Mutter Anne Boleyn geerbt, die noch beim Anblick des Scharfrichters, der sie hinrichten sollte, in rasendes Gelächter ausgebrochen ist.

Bemerkenswert ist dabei die Tendenz der Historiker, alle schwachen und problematischen Wesenszüge Elisabeths – ihre Unausgeglichenheit, Gefallsucht und Reizbarkeit – auf ihre unselige Mutter zurückzuführen, ihre Stärken aber als Erbe des Vaters zu sehen, etwa ihren Mut und ihre Durchsetzungskraft als Züge ihres Herrschertums.

Es erübrigt sich fast zu sagen, daß dieser gewaltige Vater Heinrich VIII. auch seine zutiefst schwachen Punkte hatte, die eine selbstbewußte Frau nur zu leicht entblößen konnte, um in einem Akt der Vollstreckung des verletzten Herrscherwillens ihre Grenzübertretung mit dem Leben zu bezahlen.

Elisabeths überreizte Reaktion in der Gegenwart Jones' macht vielmehr deutlich, wie überfordert sie war, wie absurd sie ihre Lage und die Forderungen ihrer Außenwelt empfand. Die daran aus guten Gründen interessiert waren, verstanden bald gar nichts mehr an dieser wankelmütigen Frau, die zu ihrer Heirat und anderen Dingen jeden Tag ihre Meinung zu ändern schien.

Sie bekam etwas Verschlagenes und erotisch Suspektes. Die Art, wie sie lachte, sich bewegte, wie sie sich gehen ließ, um im nächsten Moment wieder in herrische Gesten und starre Würde zu verfallen, machte ihre Beobachter skeptisch, aber letzten Endes ratlos. Man wurde nicht schlau aus ihr, da man auch nicht zu unterscheiden vermochte, wann es Berechnung war, wie sie sich gab – und Elisabeth war eine Schauspielerin zur Erreichung ihrer Zwecke, wie sie die historische Weltbühne wohl selten gesehen hat –, und wann ihr Verhalten die Folge heftiger, für ihre Umwelt manchmal unverständlicher und oftmals leicht verworrener Impulse war. Die Frage bleibt offen, ob sie es selbst immer wußte.

Zu Beginn des Jahres 1561 begannen merkwürdige Unterhandlungen zwischen Robert Dudley und dem spanischen Botschafter. Dudley suchte de Quadra auf, um ihm den Vorschlag zu machen, falls Philipp II. für seine, Dudleys Heirat mit Elisabeth eintrete, verpflichte er sich, den katholischen Glauben in England wieder einzuführen und als Prinzgemahl spanische Interessen in England zu vertreten. Elisabeth selbst sei mit diesem Fortgang einverstanden und wolle sich schon lange von Cecils tyrannischem Einfluß befreien.

Die Gespräche zogen sich hin und liefen teilweise über Henry Sidney, Roberts Schwager und Ehemann seiner Lieblingsschwester Mary, zu der auch Elisabeth ein gutes Verhältnis hatte. Dies gab dem Ganzen eine vertrauensvolle Wahrscheinlichkeit, daß Elisabeth tatsächlich einverstanden war.

De Quadra war jedoch mißtrauisch, und Philipp forderte, als er von dem Handel hörte, nur: »Gebt es mir schriftlich – und mit *ihrer* Unterschrift!«

Der König von Spanien und sein Botschafter waren sich indessen, bei allem Mißtrauen, nur allzu sicher, daß Elisabeth niemals diese Ehe eingehen oder irgendwelche sonstigen entscheidenden Schritte vollziehen könne ohne ihr Einverständnis und den spanischen Segen. Seine zugleich selbstgefällige und tragische Beurteilung der Lage beschreibt de Quadra am 22. Januar:

»Ich bin mir sicher, daß sie es ohne die Einwilligung Eurer Majestät nicht wagen wird, die Heirat bekanntzugeben, und es könnte sein, daß sie sich, wenn sie sieht, daß sie diesbezüglich von Eurer Majestät nichts zu erwarten hat, in ein noch schlimmeres Unglück stürzt, um ihr Verlangen zu stillen, von dem sie so beherrscht wird, daß es für jede Person ein beachtlicher Fehler wäre, wie sehr erst für eine Frau ihres Standes!«[24]

Was würde Philipp veranlassen, wenn Elisabeth Dudley ohne sein Einverständnis heiratete? Die Invasion in England? Den Papst dazu bewegen, sie vom Thron zu stürzen? Er hätte keine Probleme gehabt, dies zu tun, wenn er es wollte.

Zugleich wiederholte de Quadra, was »die allgemeine Meinung« sowie »das Urteil einiger Ärzte« sei: Elisabeth sei sehr krank, und man glaube, sie könne keine Kinder bekommen – »obwohl es auch an denen nicht fehlt«, fügte er hinzu, »die behaupten, sie hätte bereits welche« (von Dudley). Dafür aber hätte er, de Quadra, keine Spur gefunden, und er glaube es nicht.[25]

Einen Monat später fand eine noch mysteriösere Unterredung statt, in der Elisabeth bei de Quadra in die Beichte ging (er war ein katholischer Priester). Das Rätselraten über den persönlichen Bereich ihres Lebens hätte sich den Historikern kommender Zeiten erübrigt, wenn de Quadra in seiner Korrespondenz in diplomatischer Funktion das Beichtgeheimnis gebrochen hätte. So aber berichtet er nur: »Nach langen Umwegen antwortete sie mir, daß sie mir beichten und mir ihr Geheimnis sagen wolle. Es kam dazu, daß sie kein Engel sei und es nicht leugne, eine Neigung zu Lord Robert zu haben, wegen der vielen guten Eigenschaften, die er besitze, daß sie sich aber noch nicht entschieden habe, ihn oder jemand anderen zu heiraten, obwohl ihr die Notwendigkeit, zu heiraten, jeden Tag deutlicher werde. Um die Meinung der Engländer zufriedenzustellen, sei es wohl angebracht für sie, einen Engländer zu heiraten, und sie fragte mich, was Eure Majestät wohl davon halten würde, wenn sie einen ihrer Diener heiratete wie etwa die Herzogin von Suffolk oder die von Somerset.«[26]

Die Beichte bleibt ein Geheimnis. Die Anspielung Elisabeths aber hatte den gezielten Effekt, die endgültige Stellungnahme Spaniens zur ihr und Robert zu provozieren.

Als Philipp sich schließlich in aller Form mit der Heirat einverstanden erklärte – vermutlich nebst der verlockenden Bedingungen, die angeklungen waren, wenn auch aus anderem Munde –, ließ Elisabeth sich nicht darauf ein.

Wer wollte da eigentlich was erreichen? Und welche spanische Politik trieb Elisabeth?

Hatte Robert sie übergangen und eigenmächtig gehandelt? Oder hatte sie ihn gezielt eingesetzt, um dem anmaßenden

»Bündnispartner« schuldbewußte Abhängigkeit vorzuschützen und dann zeichensetzend doch ihren eigenen Weg zu gehen?

Es ist so unvorstellbar wie nur irgend etwas, daß Elisabeth zu irgendeinem Zeitpunkt erwog, sich für den Katholizismus und spanische Interessen in England zu verkaufen.

Zwischen Elisabeth und Robert gab es nun heftige Auseinandersetzungen, denen genauso heftige Versöhnungen folgten. Robert wurde immer fordernder und ungeduldiger.

Schon um die Weihnachtszeit sollte ihm die Peerswürde verliehen werden – diese Erhebung wäre die Voraussetzung für ihn gewesen, der Gemahl der Königin zu werden –, doch Elisabeth hatte die Ernennung verschoben. Als man ihr nun das Dokument zum zweitenmal zur Unterzeichnung vorlegte, zerschnitt sie es mit ihrem Briefmesser und schnaubte, jemandem, dessen Familie seit drei Generationen Hochverräter aufzuweisen habe, gebühre dieser Titel nicht.

Als ein Höfling sie auf die mögliche Heirat ansprach, antwortete sie hochmütig, sie wolle sich doch nicht mit der Herzogin von Norfolk gleichmachen, indem man von ihrem Gatten als von »Mylord's Gnaden« spreche. Die Lösung sei einfach, meinte der Mann, sie könne Dudley den Königstitel verleihen. Das, sagte sie, würde sie niemals tun.

Manchmal wird Elisabeth sich ihre emotionale Freiheit zurückgewünscht haben, die es ihr ermöglicht hätte, ganz nüchtern und zweckbestimmt nach ihren selbstgebildeten Maximen zu handeln. Aber in bezug auf Robert konnte sie das nicht. Sie hatte Angst vor der Macht, die er über sie besaß, und sie wurde unerträglich, wenn sie sich dessen bewußt wurde.

Als Trumpf ihrer Auseinandersetzungen mußte sie immer wieder betonen – wie sie es später einmal in einem Streitgespräch auf den Punkt bringen sollte –, daß er *ihr* Geschöpf sei, *sie* ihn großgemacht habe und die Hand, die dies getan habe, ihn genauso beliebig wieder in den Staub stoßen könne. Nach solchen Entladungen floh er wütend auf einen seiner

Landsitze und schmollte. Das hielten weder er noch sie lange aus, und sie ließ ihn zurückholen, oder er kam nach kurzer Zeit von selbst wieder.

Eine Art Ultimatum stellte er ihr im März. Sie kokettierte wieder einmal gestisch mit Erik von Schweden, der inzwischen König war, und Robert bezeichnete Erik verächtlich als Schwachkopf. Welches Recht er habe, fuhr sie ihn an, derartig über Fürsten zu sprechen. Ob er es also richtig verstehe, daß sie den Gedanken aufgegeben habe, ihn zu heiraten?, entgegnete er. In diesem Falle sei er bereit, in spanischen Diensten in den nächstbesten Krieg zu ziehen.

Die schwedischen Verhandlungen verliefen wie immer im Sande, und Robert zog nicht in den Krieg.

»Lord Roberts letzte Mißstimmung«, schreibt de Quadra am 12. April, »hat sich dadurch bereinigen lassen, daß die Königin ihm Räume gegeben hat, die im obersten Stockwerk, genau neben ihren eigenen Gemächern liegen – weil sie gesünder sind als die, die er unten hatte.« Seinem trockenen Bericht fügt der Diplomat den noch trockeneren Kommentar hinzu: »Er ist überaus zufrieden.«[27]

Wie konnte sie mehr ausdrücken als mit dieser Geste?! Sie und Robert lebten zusammen, und sie hatte damit für sich ihre Lösung gefunden, ohne nach außen die Schritte zu vollziehen, die ihre Position verändert hätten. Definieren konnte sie diese Beziehung wohl nicht, doch dadurch blieb sie dehnbar für sie und die Welt.

Kurz bevor de Quadra von seinem Posten abberufen wurde, kam er noch in den Genuß, zur Mittsommernacht zu einer prächtigen Bootsfahrt auf der Themse eingeladen zu werden, die Robert für Elisabeth arrangiert hatte. Königin und Günstling holten den Gesandten ausgelassen in ihr Boot und witzelten herum – »sie benahmen sich«, hieß es, »mit diskreditierender Freiheit«. Da schlug Robert vor, de Quadra könne sie doch auf der Stelle trauen, worauf Elisabeth lachend bezweifelte, ob de Quadra dazu genug Englisch könne.

Armer de Quadra! Der Job war wahrhaftig kein Zucker-schlecken.

Maria Stuarts Rückkehr

Nur wenig später sollte Elisabeth auf ihrer Insel mit einer »Schwestern«-Königin gesegnet werden.

Der Dauphin von Frankreich war am 5. Dezember gestorben und hatte Maria Stuart mit achtzehn Jahren zur Königinwitwe gemacht. Da sie sich plötzlich in Frankreich um den Glanz ihrer Königswürde betrogen sah und auch mit ihrer Schwiegermutter Katharina von Medici, die für den nächsten ihrer schwächlichen Söhne das Zepter führte, nicht sonderlich gut auskam, entschloß sich Maria, in ihr verbliebenes Königreich Schottland zurückzukehren.

Elisabeth war von der Vorstellung gar nicht begeistert, künftig mit der katholischen Rivalin und Thronprätendentin auf der Insel zusammenleben zu müssen, aber sie mußte sich in die Umstände fügen, die von vornherein auf Konflikt angelegt waren.

Vor ihrer Abreise bat Maria Elisabeth der Form halber und sicher mit den besten Absichten, einen freundschaftlichen Kontakt einzuleiten, um einen Paß und um sicheres Geleit zur Durchreise durch englisches Hoheitsgebiet auf dem Seeweg nach Schottland. Elisabeth gab die bissige Antwort, sie würde ihr die Erlaubnis erst dann geben, wenn Maria endlich den Vertrag von Edinburgh unterzeichne. Hoheitsvoll und tief verärgert antwortete Maria Throgmorton, dem Gesandten Elisabeths in Paris, sie bereue nur, daß sie sich überhaupt herabgelassen habe, um Erlaubnis für etwas zu bitten, was sie überhaupt nicht nötig habe. So entschloß sie sich, auch ohne den Paß zu reisen. Elisabeth überlegte es sich wieder mal anders und schickte das Visum doch ab, aber es kam, wie zu erwarten war, einige Tage zu spät in Frankreich an.

Als die Schiffe Maria Stuarts den Kanal passierten, stießen sie auf eine Reihe englischer Schiffe, und es war äußerst unklar, ob diese ihr ehrenhaftes Geleit geben oder sie aufhalten sollten. Elisabeths Erklärung dafür war, es seien ja nur »zwei oder drei schmale Barken..., um gewisse Piraten abzufangen«.

Jedenfalls war die Grundlage, die die beiden sich für ihr zukünftiges Verhältnis legten, nicht gerade vielversprechend. Maria Stuart, Königin von ihrem sechsten Lebenstage an, verwöhnt und vertändelt von der Heiterkeit des französischen Hoflebens, fiel die Trennung von Frankreich sehr schwer. Im Alter von sechs Jahren hatte sie ihre Heimat verlassen und seither nicht wiedergesehen. Hätte sie gewußt, was in dem düsteren Schottland auf sie zukommen würde, wäre ihr der Abschied noch schwerer gefallen.

Sie soll an der Reling gestanden haben, bis auch der letzte Zipfel der französischen Küste am Horizont verschwunden war. »Adieu, ma France, chérie...!« schluchzte sie. Sie sollte es schwerhaben.

Am 19. August 1561 legte ihr Schiff in Leith an. Düstere Nebelwolken umhüllten die Küste; keine Eskorte und keine glänzende Begrüßung waren bei Maria Stuarts Ankunft zu sehen. Ein rauhes Land traf sie an nach der Hochkultur aller europäischen Fürstenhöfe in Paris.

Doch auch politisch war sie nur sehr bedingt willkommen. Nach dem Sieg der protestantischen »Lords« hatte Marias Stiefbruder, der uneheliche Sohn Jakobs V., in Schottland die Regentschaft übernommen und sich mit dem Rebellenführer Knox verständigt. James, der Earl of Murray, hielt es für angebracht, Maria gleich nahezulegen, sie möge zum Protestantismus konvertieren. Doch das lehnte sie ab.

Ein Land unter protestantischer Führung, durchrüttelt von den Machtkämpfen ehrgeiziger Adeliger und sich im ewigen Zwist befindlicher Clans, dazu karg und arm, für ihre Augen barbarisch-unzivilisiert, das war ihr Königreich, wie es Maria Stuart antraf.

Sie arrangierte sich mit Murray und gab sich in der Religionsfrage tolerant und einlenkend, obwohl sie selbst streng am
Katholizismus festhielt. Als sie fünf Tage nach ihrer Ankunft
in Edinburgh die Messe zelebrieren ließ, gab es jedoch den
ersten Eklat: Knox ließ die Kapelle stürmen, und Murray
mußte sich schützend vor den Eingang stellen.
Wütende Reden gegen den »Götzendienst« schwang Knox,
der verbissene Puritaner, künftig seinen Schäflein von der
Kanzel herunter. Als Maria ihn herbeizitierte, blieb er
unbeugsam und formulierte starke Thesen seiner Fürstin gegenüber. Maria war fassungslos.
Es gab auch einfach niemanden, der konfessionell und politisch auf ihrer Seite gestanden und der jungen, im Regieren völlig unerfahrenen Frau geholfen hätte, ihren Weg zu
finden. Von Anfang an befand sie sich in ihrem Reich inmit-
ten einer politischen und religiösen Gegnerschaft – was ihr
schon die Tatsache schonungslos klarmachte, daß ein einfa-
cher, aber fanatischer Volksredner sich zu ihrem Gegner aufspielte.
Maria konnte es sich daher gar nicht leisten, in ein offenes
Feindschaftsverhältnis mit Elisabeth zu treten, genausowenig,
wie diese es sich umgekehrt leisten konnte, Maria zu einem
Bündnis mit einer der katholischen Mächte gegen sich zu
provozieren. Man entschloß sich daher bis auf weiteres zur
guten Nachbarschaft.
Schon bald nach ihrer Ankunft in Schottland schickte Maria
ihren Sekretär, den gebildeten und englandfreundlichen Maitland of Lethington, als Gesandten nach England, um Elisabeth ihre friedvollen Absichten zu demonstrieren. Maria
erklärte ihre Position damit, daß es ihr gar nicht darum zu tun
sei, Elisabeths gegenwärtiges Thronrecht anzufechten. Sie
weigere sich nur, durch eine Ratifizierung des Vertrags von
Edinburgh jede Verbindung zum englischen Thron in der
Erbfolge zu verlieren. Als Urenkelin Heinrichs VII. sah sie
sich aber überaus erbberechtigt – was sie auch tatsächlich war.

Maitland machte Elisabeth in dem Zusammenhang den Vorschlag, Maria Stuart zu ihrer Nachfolgerin zu ernennen, doch
die verwies wieder zuerst auf den Vertrag von Edinburgh, den
Maria unterzeichnen solle, bevor man über alles Weitere
verhandeln könne. Sie, Elisabeth, sei ja durch Natur und
Geburt aufs engste mit ihrer »dear sister« (sie waren Cousi-
nen) verbunden und habe nie versucht, irgend etwas gegen
ihre Sicherheit und die ihres Reiches zu unternehmen – im
Gegensatz zu Maria, die dem Haß die Grundlage gab, indem
sie ihre, Elisabeths Legitimität anzweifelte. Auch das
stimmte.

Nun aber zu meinen, man könne den Streit beilegen und mit
Freundschaft untermauern, indem sie, die Königin von England, der Königin von Schottland das Nachfolgerecht ein-
räumte, erklärte sie als gefährliche Täuschung. Es würde wohl
eher der Ursprung von neuem Haß und gegenseitigem Mißtrauen sein.

Das eben machte die Zukunft Englands, womit Elisabeths
Berater ihr unaufhörlich in den Ohren lagen, so unsicher: daß
sie sich nicht nur weigerte, zu heiraten und einen Erben zu
gebären, sondern auch, einen Nachfolger zu ernennen.

Diese Weigerung hing mit den schlimmen Erfahrungen
zusammen, die Elisabeth als »zweite Person im Staate« unter
ihrer Schwester Maria gemacht hatte, als sie selbst als Alternative zu der bestehenden Regierung unentwegt zum Zentrum
von Intrigen geworden war.

Als Maitland nun das Stichwort »Nachfolge« ins Spiel brachte,
eröffnete sie:

»In welch großer Gefahr, meint Ihr, würde ich fortan leben,
wenn ich eine so mächtige Fürstin, mir so nahe, zu meiner
Nachfolgerin erklärte? Je stärker ich sie durch das Nachfolgerecht machte, das ich ihr verleihen würde, desto mehr nähme
ich mir selbst die Sicherheit.«

Nicht nur, daß Elisabeth bei dieser Gelegenheit aus ihrem so
früh abgeschlossenen Welt- und Menschenbild das immer

unreine und mißgünstige Verhältnis zwischen Menschen, die
der Macht nahestehen, anhand vieler Beispiele der Geschichte
erläuterte. Sie machte sich, so, wie sie sich äußerte, auch keine
Illusionen über den Opportunismus ihrer Untertanen.
»Ich bin sehr mit der Natur dieser Leute vertraut. Ich weiß,
wie leicht sie geneigt sind, Mißfallen an einem gegenwärtigen
Zustand zu finden. Ich weiß, mit welch flinken Augen sie auf
den Nachfolger starren. Ich weiß, daß es natürlich ist, wie es
heißt, die aufgehende Sonne der untergehenden vorzuzie-
hen.«[28]
Sie hat erlebt, wie die Ratten das sinkende Schiff verließen,
um sich bei ihr, der neuen Sonne, anzubiedern. Die meisten
dieser Ratten, so ist sie sich sicher, wären bereit, ihre Fahne
wieder nach der Gegenseite zu richten, sobald sie sich die
entsprechende Vergütung davon versprachen – »kein Fürst ist
reich genug, um den unersättlichen Schlund der Menschen zu
füllen«.
Sie hat aber auch erlebt, wie die Mächtigen oder die Prätendenten der Macht alle Skrupel verwandtschaftlicher und emo-
tionaler Bande über Bord warfen, um ihre Machtgier zu
stillen. Weil sie es am eigenen Leib erfahren hat, durchschaut
und hinterfragt Elisabeth alle menschlichen Bindungen, in
denen Macht eine Rolle spielt, und sie bezweifelt damit im
Grunde alle persönlichen Bindungen, die ein mit königlichem
Blut Geborener, ganz gewiß aber ein Fürst, in diesem Leben
eingehen kann. Solche Äußerungen erklären, warum Elisabeth Bindungen vermeidet, welcher Form auch immer.
Die Erfahrung der Geschichte zeige schließlich, so Elisabeth,
daß Fürsten Anlaß hätten, selbst auf ihre Kinder eifersüchtig
zu sein, die als Nachfolger ein Gegengewicht zu ihnen
bildeten.
Sie würde niemals einen Nachfolger ernennen und sich damit
selbst das Wasser abgraben. Sie konnte nur gut sein und
niemanden neben sich groß werden lassen, sich vielmehr frei
von allen Bindungen halten, ganz frei, »Virgin Queen« ...

Diese einsame Höhe wurde ihr aber im europäischen Kontext durch die Ankunft der Schottenkönigin empfindlich beschnitten. War Elisabeth bisher die begehrteste Heiratspartie in Europa, so mußte sie sich diese Stellung fortan mit Maria teilen. Dabei konnte Elisabeths Thron gefährlich ins Wanken geraten, wenn die katholische Maria die Ehe mit einem katholischen Fürsten einging. Bald waren Habsburg, Bourbon, Erik von Schweden sowie Don Carlos, der Infant von Spanien, im Gespräch, also auch Kandidaten, die bisher erfolglos um Elisabeth geworben hatten.

Elisabeth mußte sich im übrigen noch mit einer weiteren Verwandten herumärgern, die ihr gefährlich zu werden begann. Lady Catherine Grey, nach dem letzten Willen Heinrichs VIII. die nächste in der Thronfolge, hatte heimlich den Earl of Hertford, Somersets ältesten Sohn, geheiratet und erwartete ein Kind. Elisabeth war empört und warf beide in den Tower, wo Lady Catherine noch ein zweites Kind zur Welt brachte.

De Quadra sah in der Heirat ein Komplott, das Dudleys Feinde angezettelt hätten, als es schien, als ob Elisabeth ihn heiraten wollte.

Alle diese Belastungen griffen Elisabeth gesundheitlich an. Ihre Damen sprachen von Wassersucht, und de Quadra bemerkte: »Sie ist extrem dünn und hat die Farbe eines Leichnams.« Lady Willoughby, auch eine intrigante Verwandte mit Thronansprüchen, hatte dagegen nur eine Erklärung für Elisabeths Angegriffenheit: »Sie sieht aus, als hätte sie gerade das Wochenbett verlassen.« Gewisse Parteien warteten also nur darauf, daß Elisabeths Fehltritt mit Dudley endlich offenbar würde, um so schnell wie möglich das Ruder an sich zu reißen.

Elisabeth war niemals ganz frei von solchen Komplotten und Anfechtungen ihres Thronrechts – sie trug eben den Makel der zweifelhaften, für die Katholiken illegitimen Geburt, der sie angreifbar machte. Maria Stuart bildete, ob sie es wollte oder nicht, den Angelpunkt dieser Anfechtungen, denn sie war die katholische Alternative zu Elisabeth.

Zu Maitland sagte Elisabeth nun, eine so wichtige Angelegenheit wie die zwischen ihr und Maria könne man nicht über Mittelsleute austragen, sondern nur in einer persönlichen Zusammenkunft. Zu dieser Zusammenkunft sollte es nie kommen. Momentan wurde sie in der Folge der Ereignisse in Frankreich immer wieder verschoben. Am 1. März 1562 war dort erneut der Bürgerkrieg zwischen Katholiken und Hugenotten ausgebrochen. Als bekannt wurde, daß Spanien, Savoyen und andere die katholische Seite unterstützten, wurde Elisabeth dazu gedrängt, den Hugenotten unter Führung des Prinzen von Condé zu helfen. Unter diesen Umständen, stellte das Parlament geschlossen fest, sei das einvernehmliche Treffen zwischen ihr und Maria Stuart unmöglich, da man die Schottenkönigin zu eindeutig mit dem Hause Valois und katholischen Interessen gegen England identifizierte.

Maria weinte, als sie von dem abgesagten Treffen erfuhr, und befand sich in einem peinlichen Zwiespalt: Sie fühlte sich Frankreich verpflichtet, aber sie wollte auch ihr Einvernehmen mit Elisabeth nicht aufs Spiel setzen.

Elisabeth sollte ihre Einmischung in den französischen Religionskrieg, zu der sie sich von den Hugenotten und ihrem Staatsrat hatte überreden lassen, sowieso bald bereuen, denn die Aktion erwies sich als erbärmlicher Fehlschlag.

Im Oktober 1562 besetzten die englischen Truppen Le Havre. Doch nachdem Condé gefangengenommen und der Herzog von Guise ermordet worden war, machten die französischen Katholiken und die Hugenotten gemeinsam Front gegen die Engländer. Man hatte Elisabeth die Idee schmackhaft gemacht, daß sie bei dieser Gelegenheit auch Calais zurückerobern könne, und da das Ganze jetzt mit einem Religionskrieg sowieso nichts mehr zu tun hatte, hielten sich die englischen Truppen nur noch an dieses Ziel.

Da aber brach die Pest aus und dezimierte die Besatzung. Bald
starben fünfhundert Menschen pro Woche, schließlich hundert am Tag. Am 29. Juli war Le Havre von den Franzosen
eingekreist.

Schillerndes Geheimnis

Im Oktober hatte die Nachfolgefrage in England eine besondere Brisanz angenommen, denn Elisabeth war schwer
erkrankt. Sie fühlte sich nicht wohl und nahm ein Bad, in der
Hoffnung, daß es besser werde. Dann rannte sie störrisch nach
draußen, um sich Bewegung zu verschaffen, sank aber dann
mit einem heftigen Fieber nieder. Der deutsche Arzt, den man
hastig herbeigeholt hatte, eröffnete Elisabeth, als er sie sah:
»Ihr habt die Pocken«, doch da schmiß sie ihn hinaus.
Als ihr Zustand schlimmer wurde und sie sich bereits im Koma
befand, die Hofärzte aber keinen Rat mehr wußten, machte
man sich daran, Dr. Burcot zurückzuholen, der sich so leidlich
dazu überreden ließ, denn man hatte ihn in seiner Berufsehre
gekränkt. Das Kritische war, daß die Krankheit nicht richtig
zum Ausbruch kam, worauf Burcot die Königin in ein schar-
lachrotes Tuch wickelte, sie vors Kaminfeuer legte und ihr
einen Beruhigungstrank verabreichte. Ob es mit dieser Wun-
derheiler-Methode zusammenhing oder nicht, jedenfalls
zeichneten sich danach die ersten roten Flecken ab, und das
Fieber sank.
Als Elisabeth zeterte und jammerte, sie wolle nicht von den
gefürchteten Narben entstellt werden, gab Burcot ihr die
unwirsche Antwort, ob es ihr lieber sei, wenn die Pocken im
Körper blieben und das Herz töteten.
Mittlerweile debattierte der Staatsrat aufgeregt über die Nachfolge, denn man fürchtete das Ende. Lady Catherine Grey war
im Gespräch, der Earl of Huntingdon – nur Maria Stuart
scheint niemand vorgeschlagen zu haben (ein Beweis dafür,

wie geschlossen die protestantischen Reihen in Elisabeths Kabinett waren).

Fünf Stunden lang war die Königin vor Burcots Erscheinen bewußtlos gewesen, und als sie aus dem Koma erwachte, galten ihre ersten Worte Robert Dudley und England. Im Falle ihres Todes, verfügte sie, solle man Dudley mit einem entsprechenden Titel und einem Jahreseinkommen von zwanzigtausend Pfund zum Lordprotektor des Reiches ernennen. Sie liebe ihn und habe ihn immer geliebt, aber – wie Gott ihr Zeuge sei – nie sei etwas Unehrenhaftes zwischen ihnen geschehen. Dann wurde sie wieder bewußtlos.

In den Verfügungen ihres vermeintlich letzten Willens nahmen solche Bekenntnisse einen tragischen Tonfall an. Sie beschenkte ihre treuesten Diener und versäumte es auch nicht, den Kammerherrn, der in Roberts Zimmer schlief, mit einer Pension von fünfhundert Pfund zu versehen. Merkwürdig genug...!

Wie auch immer, es ging ihr bald besser, und sie überstand die Krankheit; erstaunlicherweise behielt sie auch so gut wie keine der befürchteten Narben zurück. Roberts Schwester Mary Sidney, die sie aufopfernd gepflegt hatte, steckte sich an und wurde von den Pocken so entstellt, daß sie darum bat, sich vom Hof ganz zurückziehen zu dürfen.

Robert erhielt fortan einen Sitz im Staatsrat, und um Eifersüchteleien vorzubeugen, gab Elisabeth dem Herzog von Norfolk die gleiche Position.

Ein Seufzer der Erleichterung ging übers Land: Die Königin lebte! Aber gleichzeitig mit dieser Erleichterung war auch das Bewußtsein zurückgekehrt, und zwar stärker denn je, daß die bestehende Regierung nur an dem dünnen Faden von Elisabeths Leben hing.

Im Januar 1563 legten daher Ober- und Unterhaus der Königin gemeinsam eine Petition vor, die ihr antrug, endlich zu heiraten.

Die Rede, die Elisabeth im Oberhaus verlesen ließ, war

wieder ein typisches Beispiel ihrer »Antworten, die keine
waren« (»answers – answerless«). Sie bezeichnete sich als
Mutter ihres Volkes, der das Wohl Englands mehr als alles
andere am Herzen liege. Sie sei mit ihrem Königreich verheiratet, der Krönungsring sei ihr Ehering.

»Ich gebe Euch allen die Versicherung, daß, wenn Ihr auch
nach meinem Tode noch viele Stiefmütter haben werdet, Ihr
doch nie eine bessere Mutter haben sollt, als ich Euch allen
sein will.«[29]

Im Unterhaus schlug sie dann einen heftigeren Ton an und
beschämte die Herren namentlich damit, sich in ihre persönlichen Angelegenheiten eingemischt zu haben und dabei so zu
tun, als sei es bei ihr mit dem Kinderkriegen fast schon zu spät.
Jedenfalls mußten sich die entnervten Lords und Commons
wieder damit begnügen, daß in Sachen Heirat der Königin
nichts geschah.

Wie aus ihrer Unterredung mit Maitland und ihrer Antwort-
rede auf die Heiratspetition herauszulesen ist, hat Elisabeth
immer nach einem übergeordneten Prinzip gesucht, für das sie
leben, ihre ganze Kraft einsetzen konnte und das über die
Veränderlichkeiten und über die Abgründe individueller Beziehungen hinausging. Als Ausweg aus ihrem persönlichen
Dilemma – diesem grundsätzlichen Mißtrauen in die menschlichen Gefühle, ihrer Angst vor der Entscheidung, ihrer Panik
vor dem unwiderruflichen Ausgang – fand Elisabeth eine
übergeordnete Lösung: als »Mutter« ihrem Land zu dienen,
England groß zu machen und sich damit aus dem Individuellen
ins Allgemeine auszuweiten.

Ihre Maxime, die sie auch auf den geliebten Robert anwandte,
dieses eisenharte: Vermische die Liebe nie mit der Macht!,
sollte sich am Gegenbeispiel ihrer »dear sister« Maria Stuart in
seiner ganzen Fatalität als klug und richtig erweisen.

Elisabeth hätte vermutlich sonst etwas darum gegeben, wenn
es ihr vergönnt gewesen wäre, in der Liebe wie in der Politik
die Konfrontation zu vermeiden und zeitlebens auf der Ebene

des Spiels und der diplomatischen Schachzüge verbleiben zu
können. Doch ganz so günstig legten sich ihr die Umstände
nicht, daß Entscheidungen und Kampfansage nie von ihr
gefordert worden wären.

Sie quälte sich damit. Cecils Verzweiflung darüber, daß sie
strategische und politische Entscheidungen wieder und wieder
zurücknahm, um sie neu zu treffen und erneut zu widerrufen,
ist durchaus vergleichbar mit Roberts Verwirrung über Jahre
hinweg, welchen Platz er eigentlich bei ihr einnahm und was er
zu erwarten hatte.

Aus den Erfahrungen und Ängsten ihrer Jugend – Seymour,
das Wyatt-Komplott – ist bei Elisabeth die tief verwurzelte
Furcht zurückgeblieben, mit einer einmal getroffenen Entscheidung die Konsequenzen für ein Leben zu setzen. Sie zog
es vor, das Vorgefundene zu lassen, wie es war, und damit zu
hantieren, weil ihr das nach allen Seiten Ausschlupfmög-
lichkeiten ließ. Die Ungewißheit bereitete ihr weniger Furcht
als die Vorstellung einer weitreichenden Entscheidung, die sie
zu treffen hatte und die in ihrem Innern gleichbedeutend
schien mit einer Entscheidung über Leben und Tod. Dieses
Denken war in ihr emotional programmiert, und sie überwand
es nie. Eigentlich stieß meistens nur der Strom der Ereignisse
sie vorwärts.

Die große Frage, inwieweit diese Einsichten, Prinzipien und
Ängste einen Einfluß auf Elisabeths Sexualität hatten, ist
besonders in unserem Jahrhundert mit großem Interesse ver-
folgt worden. Die Verbindung lag nur allzu nahe, daß die
Angst vor dem Selbstverlust bei ihr auch und gerade in diesem
Bereich dominierte und wie von einem Zentrum aus das
grundlegende Konfliktpotential und die Überreiztheit dieser
Frau bestimmte.

Lytton Strachey (1929) vertritt diese Auffassung, die darauf
hinausläuft, Elisabeths gestörte Sexualität als Folge der
psychischen Störungen ihrer Kindheit zu konstatieren.

»Ein tiefverwurzelter Widerwille gegen den kritischen Akt

geschlechtlicher Vereinigung« habe in ihr aller Wahrscheinlichkeit nach »einen Zustand hysterischer Konvulsion, der in
gewissen Fällen von empfindlichstem Schmerz begleitet ist«,
hervorgerufen.[30]

Stefan Zweig schließt sich 1951 in seiner Maria-Stuart-Biogra-
phie dieser Auffassung an, wenn er über Elisabeth schreibt:
»... dies bleibt gewiß, daß eine körperliche oder seelische
Hemmung sie in den geheimsten Zonen ihres Frauentums
verstört hat. Ein solches Mißgeschick muß das Wesen einer
Frau entscheidend bestimmen, und in diesem Geheimnis sind
alle anderen Geheimnisse ihres Charakters gleichsam im Kern
enthalten. Jenes Schillernde, Schwankende, Fahrige, Wetter-
wendische ihrer Nerven, das ihr Wesen ständig in ein zucken-
des Licht von Hysterie taucht, das Ungleichgewichtige, Unbe-
rechenbare ihrer Entschlüsse, dieses ewige Umschalten von
heiß auf kalt, von ja auf nein, all das Komödiantische, das
Raffinierte, das Hinterhältige und nicht zumindest jene
Koketterie, die ihrer staatsmännischen Würde die schlimmsten Streiche spielte, stammen aus dieser inneren Unsicherheit.«[31]

Elizabeth Jenkins (1961) beschränkt sich mehr aufs Konkrete
und geht darin noch weiter: In ihrem Unterbewußtsein, so
Jenkins, identifizierte Elisabeth den Sexualakt mit dem Tod.
»Ihre Mutter hatte das leidenschaftliche Begehren ihres
Vaters geweckt; solange es anhielt, war sie Königin, angebetet
und sicher – und Elisabeth verlangte die permanente Versicherung leidenschaftlicher Bewunderung von den Männern. Die
seelische Wunde in ihr hatte aber eine noch tiefer liegende
Konsequenz: Der Schrecken, besessen zu werden, hatte sich
in einen unüberwindlichen Widerstand verfestigt, der, obwohl
er ihr Geheimnis war, jede Phase ihres Lebens dominierte.«[32]

Niemand weiß, was das tragische Schicksal ihrer Mutter, das
sie nur vom Hörensagen kannte, sowie das Bild ihres Vaters in
Elisabeth ausgelöst haben. Sie bewunderte ihren Vater und
eiferte ihm nach. Der Mann, der zwei Ehefrauen aufs Schafott

gebracht und zwei in den Tod getrieben hatte, hat durch sein imposantes Auftreten und wohl auch seine flüchtigen Beweise väterlicher Liebe in den kurzen Phasen von Elisabeths offizieller Anerkennung die Bewunderung seiner Tochter geweckt. Von ihrer Mutter sprach Elisabeth dagegen nie, auch nicht von den Hintergründen ihres Schicksals aus zweiter oder dritter Hand.

Elisabeth hat die Stärken des Vaters verinnerlicht und seine Grausamkeit (gleichbedeutend mit dem Untergang der Mutter) verdrängt.

Jenkins' These einer sexuellen Sperre Elisabeths durch Verinnerlichung dieses Vater/Mutter-Bildes klingt dann einleuchtend, wenn man davon ausgeht, daß Elisabeths Beteuerungen ihrer Unschuld, selbst auf dem Höhepunkt ihrer Affäre mit Dudley, auf Wahrheit beruhen, und wenn man eine, wenn auch nicht-moralische Erklärung dazu einfordert.

Elisabeth konnte den Gedanken tief verwurzelt haben, der schließlich kulturell begründet ist und mannigfache Stigmata hervorbrachte: Solange du begehrt wirst, heben sie dich auf den Sockel. Sobald du dich »hingibst«, ist der Reiz und die Erhöhung weg, die zur Erniedrigung wird – so tief verwurzelt haben, daß sie aus dieser unbewußten Grunderfahrung ein Leben lang nur ausreizte, um sich »sicher« und begehrenswert zu halten. Manche ihrer späteren Schrullen und Ungereimtheiten in ihren Beziehungen zu Männern fände sich dadurch erhellt.

Auch waren die Eindrücke, die Elisabeth von der Rolle der Frau und ihrer gebärenden Funktion von Jugend an erhielt, genügend dazu angetan, sie davon abzuschrecken, diese selbst zu erfüllen, sich vielmehr in ihrer genitalen Funktionalität zu verweigern: Jane Seymours Qualen, die Qualen Catherine Parrs, die beide im Kindbett gestorben waren, das Elend Maria Tudors, die sich zwischen Krankheit und eingebildeten Schwangerschaften nach ihrem gleichgültigen Gatten verzehrt hatte, das Elend ihrer Mutter, als sie, Elisabeth, geboren wurde und nur ein Mädchen war, weshalb die Mutter in ihrer Gebärfunktion versagt hatte ... Es ließe sich mancherlei an erklärlichen Abneigungen finden.

Milton Waldmann charakterisiert Elisabeths Verhalten Robert gegenüber etwas dehnbarer als Konfliktverhalten zwischen der Hingabe der Geliebten und der Souveränität der Fürstin – ein Konflikt, der zweifellos gegeben war, wobei die »Geliebte« und die »Fürstin« polare Bedürfnisse Elisabeths zum Ausdruck brachten. Ob er jedoch so fundamental war, daß er sich als neurotische Zwangshandlung und Frigidität äußerte, ist eine andere Frage.

Was bei all diesen versuchten Beweisführungen von Elisabeths angeblicher sexueller Sperre aus moderner Sicht etwas wundernimmt, ist der ganz selbstverständliche Ausgangspunkt, eine Frau würde sich durch den sexuellen Vollzug dem Mann auf der ganzen Linie unterwerfen und man müßte ihr diese Unterwerfung regelrecht ansehen.

Elizabeth Jenkins' Folgerung, die Tatsache, daß Elisabeth Robert niemals totale Ergebenheit, die willige Unterwerfung unter seine Wünsche demonstriert habe, »was, für eine wie kurze Zeit auch immer, das normale Ergebnis vollständigen sexuellen Verkehrs gewesen wäre«[33], sei der Beweis dafür, daß dieser Verkehr niemals stattgefunden haben kann, klingt für ein heutiges Weiblichkeitsverständnis zum Glück etwas fragwürdig.

Waldman zeigt großen Witz und Common Sense, wenn er anführt, Elisabeth habe ja ebensogut als Fürstin ihn, den Untertan, ins Bett beordern können, worauf er zu gehorchen und dem Souverän Tribut zu zollen gehabt hätte.

Und dem Franzosen Lemmonier möchte man amüsiert zuzwinkern, wenn er sich in seiner 1947 veröffentlichten Biographie über Elisabeth darüber lustig macht, daß die puritanischen Engländer sich auch zu seiner Zeit noch lieber kopfschüttelnd abwenden als sich mit der Psychologie der illegitimen Liebe zu konfrontieren.

Daß Elisabeths Beziehung zu Robert Dudley, die dreißig Jahre, bis zu seinem Tod im Jahre 1588, dauerte, rein platonisch war, ist nach allem, was darüber vorliegt, in hohem Maße unwahrscheinlich. Nun sind mittlerweile noch andere Autoren zu der Feststellung gelangt, daß Erotik ein weiter Begriff ist, der nicht erst mit der Penetration beginnt und mit der Schwangerschaft endet. Die Frage psychische Sperre oder vernünftige Vorkehrung bleibt dann immer noch zu klären.

Verhütungsmittel im 16. Jahrhundert waren äußerst begrenzt und, über einen längeren Zeitraum angewendet, sicher nicht verläßlich. Abtreibungen wurden in scheußlichen Prozeduren stets am Rande der Lebensgefahr durchgeführt, und mehr als zwei im Leben konnte eine Frau in dieser Zeit wohl kaum überstehen.

Sterilität wäre eine weitere denkbare Erklärung, gegen die jedoch zum Beispiel die gegenteilige Überzeugung Cecils spricht, Elisabeths Minister *und* Vertrauensmann, der mit allen ihren Ärzten in Kontakt stand und es nie aufgegeben hat, seine Königin günstig zu verheiraten. Der berühmte »körperliche Mangel« ist aus diesem Grunde noch unwahrscheinlicher. Schon die Hofärzte Maria Tudors hätten diese Entdeckung gemacht, und damals gab es keinen Grund, die Geheimnisse der Prinzessin Elisabeth zu achten.

Eins bleibt zu bedenken: Robert Dudley war ein Mann von Welt, und er hatte eine erotische Beziehung zu Elisabeth. Wenn sie tatsächlich konvulsionsartige Ängste vor dem »Letzten« hatte, die sie auch mit ihm immer wieder an die Grenze brachten, wäre er nicht der Mann gewesen, sich mit strotzendem Selbstbewußtsein zwanzig Jahre lang in Illusionen zu wiegen.

Die Geschichte glaubt mehrheitlich mit den verschiedensten Erklärungsmodellen an Elisabeths »Virginity«.

Die romantische Literatur, die ihre Lebensgeschichte aufgreift, faßt Elisabeths Beziehung zu Robert nach dem Strickmuster mit Hollywood-Effekt – Entsagung, doch ein Mal . . . –

zusammen. Kaum etwas paßt weniger zu Elisabeth und Robert als Verzicht aus Sitte und Moral.

Daß Elisabeth ihre Intimität mit Dudley abstritt und das Gegenteil schwor, hat überhaupt nichts zu sagen. Elisabeth war keine aufrichtige Person, und Aufrichtigkeit war das letzte, was man von einem Renaissancefürsten erwartete.

Sich als »Virgin Queen« auszugeben, war ihre einzige Chance, ihre Unabhängigkeit zu wahren und sich gleichzeitig ein verehrungswürdiges Antlitz zu verleihen. Es blieb Elisabeth, da sie sich einmal entschlossen hatte, nicht zu heiraten, faktisch gar nichts anderes übrig, als den Mythos der Jungfräulichen Königin aufzubauen. Andernfalls hätte sie zugeben müssen, daß sie außereheliche Beziehungen zu Männern hatte, ohne an ihre Pflicht der Thronfolgeregelung zu denken – und das hätte sie sehr leicht den Thron kosten können.

Diese Art Doppelleben, diese hemmungslose Scheinheiligkeit sind ihr zuzutrauen. Sie wird es als politische Maßnahme nach machiavellistischem Ethos empfunden haben, wenn es so war, daß das Gegenteil ihrer Beteuerungen der Fall war.

Nicht lange nach Elisabeths dramatischem Schwur auf dem »Sterbebett« schwur seinerseits der französische Gesandte seinem spanischen Kollegen, daß er erfahren habe, und zwar von jemandem, der in der Position sei, dies zu wissen, »daß Lord Robert in der Silvesternacht mit der Königin geschlafen hat«.

Es gab auch andere Ansätze, Außenseiterpositionen in der Forschung, die nicht in den wissenschaftshistorischen Kanon aufgenommen worden sind. So bemüht sich ein Alfred Dodd, bezugnehmend auf die Untersuchungen der Gräfin von Kunow, nachzuweisen, daß Elisabeth Dudley 1560 – bei jener geheimnisvollen Zusammenkunft im Haus des Earl of Pembroke – heimlich geheiratet habe, da sie schwanger gewesen sei. Das Kind, so Dodd, dessen legitime Anerkennung sich Elisabeth habe offenhalten wollen, sei Francis Bacon, sein Bruder der spätere Earl of Essex. Dodds Buch ist abenteuer-

lich und absolut ungewöhnlich, und der bei allen anderen
Versionen unbefriedigte Leser kommt darin zumindest in den
vollen Genuß einer echten Sex-and-Crime-Story.

Wenn wir ihr Geheimnis auch nach vierhundert Jahren nicht
ergründen können, so wäre es doch zumindest im Sinne
Elisabeths und eine Aufgabe unserer Zeit, sie etwas differen-
zierter zu den traditionellen Kategorisierungen von »männlich« und »weiblich« und zu den gesellschaftlichen Rollenbil-
dern in Beziehung zu setzen, um kategorische Urteile wie,
sie sei als Frau »normal« oder »unnormal« gewesen, zu
vermeiden.

Elisabeth sollte noch einige Jahre weiter kokettieren und die
Welt in Erstaunen versetzen. »Robin« blieb an ihrer Seite...

MARIA STUART

Schottische Heiratsverhandlungen

Die Frage, wen die schottische Königin heiraten würde, beschäftigte Elisabeth in wachsendem Maße. Die Angst vor einem katholischen Bündnis, das Maria und einen einflußreichen Gatten dazu bringen könnte, ihr den Thron notfalls gewaltsam streitig zu machen, veranlaßte Elisabeth dazu, Marias Heiratsverhandlungen genau im Auge zu behalten.

Als sie herausbekam, daß Maria mit Philipp in Verbindung stand und ihre Erstwahl offenbar der spanische Infant Don Carlos war, wurde sie wütend und ließ Maria wissen, wenn sie eine solche Heirat eingehe, habe sie von ihr nichts mehr zu erwarten.

Maria antwortete, sie würde niemals etwas tun, was Elisabeth als Affront empfinden könnte, verhandelte aber weiterhin mit Spanien, Habsburg und dem französischen König. Daß sie in Wirklichkeit der Meinung war, Elisabeth ginge es überhaupt nichts an, wen sie heiratete, sagte sie nicht; sie ließ vielmehr anklingen, daß sie in der Frage ihrer Heirat gerne Elisabeths Interessen berücksichtigen wolle, wenn sie dafür das Nachfolgerecht von ihr zugesprochen bekäme. Als Elisabeth darauf wieder mit dem Vertrag von Edinburgh aufwartete, waren die Verhandlungen wieder an demselben Punkt wie am Anfang.

Bei allem süßlichen – und nicht selten süß-sauren – Ton, den die beiden Ladies austauschten, waren sie sich gegenseitig nicht geheuer. Sie mißtrauten sich mit gutem Recht, denn jede war der anderen eine potentielle Gefahr. Sobald eine von ihnen verheiratet war und einen leiblichen Erben hatte, hatte sie der anderen gegenüber die Trümpfe in der Hand, und die Waagschale der Konfessionen und der Machtverhältnisse auf der Insel konnte sich zu ihren Gunsten neigen.

Da Elisabeth aber selbst keineswegs vorhatte zu heiraten, war die Heirat Maria Stuarts für sie besonders prekär.

Am liebsten war es ihr, Maria würde einen englischen Adeligen heiraten, dessen Loyalität der englischen Krone gegenüber sie versichert sein konnte. Daß die stolze Maria, die in dem Bewußtsein aufgewachsen war, die Trägerin dreier Kronen zu sein und sich nur des größten Fürsten für würdig zu halten, die außerdem allen Widerständen und gegenteiligen Anträgen zum Trotz überzeugte Katholikin war, sich auf so einen Handel nicht einlassen würde, solange sie noch auf Besseres hoffen konnte, dürfte Elisabeth klargewesen sein.

Aber diese unglaubliche Frau machte der Rivalin einen noch ungeheureren Vorschlag: Zunächst sagte sie es durch die Blume, ließ es in ihren Gesprächen mit Maitland anklingen, um bei ihm vorzufühlen, und nannte schließlich offen den Namen desjenigen, den sie als Ehegatten für Maria Stuart vorgesehen hatte: Robert Dudley.

Maitland und der schottische Hof hielten das Angebot zunächst für einen schlechten Witz, und man wird es Maria erst unterbreitet haben, als man sicher sein konnte, daß Elisabeth den Vorschlag in der Tat und ausdrücklich gemacht hatte.

Maria bekam, als sie davon hörte, einen Wutanfall und empfand das Ganze als das, was es war: als gewaltige Beleidigung.

Dudley, der europaweit als der Liebhaber Elisabeths galt, der außerdem in dem Verdacht stand, seine Frau ermordet zu haben, und der als kleiner Adeliger mit einer höchst belasteten Familiengeschichte nach Elisabeths eigenen Aussagen zu geringen Standes für sie selbst war, jetzt der schottischen Königin anzubieten, war eine Kampfansage auf weibliche Art.

Elisabeth demonstrierte mit diesem Vorschlag nicht nur, daß sie Maria möglichst komplett die Macht beschneiden wollte, sondern daß Maria auch als Frau die »zweite Wahl« zu treffen hatte. Sie vermittelte ihr eben den Eindruck, ihr ihren abgelegten Liebhaber weiterzureichen, und setzte sie so in ihrer Hochwohlgeborenheit unerträglich herab.

Elisabeths Scharfsinn und ihre überdurchschnittliche Menschenkenntnis, Eigenschaften, aufgrund derer sie so erfolgreich taktieren konnte, standen immer in einem gewissen Kontrast zu dem, was sie über sich selbst wußte, über diesen gordischen Knoten ihrer komplizierten Gefühlswelt. Und so ist es ungeheuer schwierig, gerade in dieser bizarren Angelegenheit auseinanderzuhalten, was von ihr nervenlose Taktik, was der Ausdruck höchst abstruser Emotionen war.

Aus rein staatsmännischen Gesichtspunkten war die Idee außerordentlich klug: Dudley war Engländer, Protestant, ihr loyal ergeben und außerdem per se ohne Einfluß; er würde Maria die Richtung geben, von der Elisabeth profitieren würde. Mit ihrem so gebrachten »Opfer« könnte sie außerdem ihren Edelmut unter Beweis stellen und der Welt demonstrieren, daß alle Gerüchte über sie und Dudley und ihr Lotterleben falsch waren. Welchen besseren Beweis konnte sie dafür liefern?

Indem Maria ihren Vorschlag wutentbrannt ablehnte – was zu erwarten war –, würde es ihr andererseits ein leichtes sein, die Rivalin ins Unrecht zu setzen.

Doch Maria entfaltete ihren Zorn nur für sich. Nach außen ließ sie sich vorerst auf das Spiel ein, das Elisabeth eröffnet hatte.

Und so schickte sie im September 1564 ihren Gesandten Sir James Melville nach England, um offiziell die Heiratsverhandlungen wegen Dudley einzuleiten. In Wirklichkeit entsandte Maria den Mann mit ganz anderen Aufträgen: Er sollte den spanischen Gesandten darüber ausfragen, was Philipp bezüglich ihrer Heirat mit dem Infanten beabsichtige, und außerdem sollte er Erkundigungen über einen jungen Edelmann am englischen Hof einziehen, den Maria in Erwägung zog, wenn keine der glänzenden Verbindungen zustande kommen sollte. Sein Name war Henry Darnley, und er war als Urenkel Heinrichs VII. sowohl ein Cousin Marias als auch Elisabeths. Er hatte also Tudor-Blut in den Adern und besaß ein weitentferntes Anrecht auf den englischen Thron, war jedoch wie Maria katholisch und von schottischer Herkunft. Seine Familie lebte nur deshalb in dem protestantischen und toleranten England, weil der Earl of Lennox, Darnleys Vater, sich mit den Stuarts überworfen hatte und des Landes verwiesen worden war. Als Ausweichmöglichkeit war er also keine schlechte Partie.

Was wußte Elisabeth von dem Auftrag des schottischen Gesandten? Noch wichtiger: Was hatte sie vor?

Melville blieb neun Tage an Elisabeths Hof und lieferte später der Nachwelt in seinen Memoiren einen farbigen Bericht seiner illustren Erlebnisse. Er hatte während seines Aufenthalts Gelegenheit, Elisabeth in allen Facetten ihres Wesens zu erleben.

Zum ersten Treffen mit der Königin wurde er morgens um acht in ihren Garten beordert. Als man ihn dorthin brachte, traf er sie bei ihrem Morgenspaziergang an, das heißt, sie marschierte hektisch die Hecken entlang und gab sich, als sie den Gesandten sah, äußerst verärgert.

Ohne groß die Unterhaltung einzuleiten, beschwerte sie sich über den Tonfall in Marias letztem Brief, und sie fragte Melville schließlich auf den Kopf zu, ob Königin Maria sich entschieden habe, Robert Dudley zu heiraten oder nicht.

Melville, der durch seine weltgewandte und galante Art bei Elisabeth gleich einen Stein im Brett hatte, antwortete höflich, man müsse diese Angelegenheit wohl zwischen Vertretern beider Regierungen aushandeln. Elisabeth unterbrach den Gesandten und meinte, ihre vielgeliebte Schwester würde Robert Dudley vielleicht unterschätzen. Wenn sie ihn aber, den sie zu einem großen Edelmann erheben wolle, erst einmal gesehen hätte, mit all seinen Qualitäten, sei Maria sicher anderer Meinung.

»Ich schätze ihn als meinen Bruder und besten Freund«, sagte sie – und hier blickte sie sicher unschuldig und nachdenklich –, »den ich selbst geheiratet hätte, wenn ich je den Wunsch gehabt hätte, zu heiraten. Da ich aber entschieden bin, mein Leben in Jungfräulichkeit zu verbringen, wünsche ich sehr, daß wenigstens die Königin, meine liebe Schwester, ihn heiratet, da er am besten von allen geeignet ist, an ihrer Seite meine Nachfolge anzutreten.«[34]

Da Elisabeth offenbar Vergnügen an der Gesellschaft Melvilles fand, ließ sie ihn täglich zu sich kommen, manchmal sogar mehrmals am Tag.

Melville sprach dann auch über Elisabeth ein kenntnisreiches Urteil aus, auf das komischerweise noch niemand an ihrem Hof gekommen war: Als es wieder einmal um ihre eigene Heirat ging, zu der sie sich, wie sie mit verzweifeltem Augenaufschlag gestand, einfach noch nicht entschließen könne, sagte Melville:

»Ich weiß, was es damit auf sich hat, Madam, Ihr braucht es mir nicht zu sagen. Eure Majestät denkt, wenn Ihr verheiratet wärt, wärt Ihr nur Königin von England, so aber seid Ihr König und Königin zugleich. Ich weiß, Euer Temperament erträgt keinen Gebieter.«[35]

Einmal nahm sie ihn mit in ihr Schlafgemach, wo sich noch andere Mitglieder der Hofgesellschaft befanden, und öffnete ein kleines Kästchen neben ihrem Bett. Zunächst nahm sie ein Miniaturportrait Maria Stuarts heraus und küßte es zärtlich. Danach wickelte sie mit viel Geheimniskrämerei und schamhaftem Innehalten ein weiteres Portrait aus einer Papierhülle, auf die sie geschrieben hatte: »Mylord's Bildnis«. Melville erkannte darin das Portrait Robert Dudleys und sagte, daß es gut getroffen sei; ob er es Maria nach Schottland mitbringen dürfe? Oh, nein, entgegnete sie, sie könne es noch nicht entbehren, denn sie habe nur das eine. Wenn die Zeit aber gekommen sei und Maria sich auf ihren Vorschlag eingelassen habe, würde sie ihr alles geben, was ihr zustehe. Dudley befand sich zu diesem Zeitpunkt in einer anderen Ecke des Raumes im Gespräch mit Cecil.

Solange Melville da war, präsentierte sich Elisabeth – es gab nichts, das sie ausließ, um sich zu präsentieren.

Wenn sie mit ihren Sprachkenntnissen brillieren und die Konversation genußvoll in die Länge ziehen konnte, war Elisabeth immer in ihrem Element. Wenn sie dies aber noch damit verbinden konnte, jemandem als Frau zu imponieren, sprühte sie Funken. Stehend oder in Bewegung – denn lange sitzen konnte Elisabeth nie – entfaltete sie ihren Witz, ihren Geist, mit ausgeprägtem Händespiel und mit bewegter Mimik.

Hier mit Melville sprach sie französisch, mit dem venezianischen und dem spanischen Gesandten italienisch, mit den meisten übrigen Ausländern verständigte sie sich in den klassischen Sprachen Griechisch und Latein, in denen sie in der Lage war, improvisierte Reden zu halten. Sie verstand etwas Deutsch und war immer aufgeschlossen für den Erwerb neuer Sprachkenntnisse. Einmal machte sie sich die Mühe, portugiesische Dokumente selbst zu übersetzen, und mußte nur an einigen Stellen den spanischen Gesandten zu Hilfe bitten.

Ihre sprachliche Gewandtheit hatte den Vorteil, daß Elisabeth so gut wie nie einen Dolmetscher für ihre außenpolitischen Verhandlungen brauchte und fast alle Gespräche mit den ausländischen Gesandten selbst führen konnte. Das brachte ihr einen erheblichen Vorschuß an Souveränität.

Entzückt unterhielt sie sich also mit Melville über die Länder, die er bereist hatte, die Höfe, die er kannte, sowie die politischen Zustände dort.

Aber sie wollte auch alles über ihre Rivalin in Schottland wissen, die in dem Ruf stand, eine außergewöhnliche Schönheit zu sein, und die außerdem, wie es Elisabeth empfindlich bewußt gewesen sein dürfte, neun Jahre jünger war als sie selbst, nämlich gerade zweiundzwanzig.

Welche Sprachen Maria beherrsche, fragte sie Melville, und welche Bücher sie gelesen habe, ob sie musikalisch sei und körpertüchtig, wie sie ihre Zeit verbringe.

All diese Fragen waren auf einen unmittelbaren Vergleich mit ihr angelegt, und Elisabeth erwartete von dem Schotten nichts anderes, als daß er ihre Vortrefflichkeit in allen Dingen herausstellte zuungunsten Marias.

Und so staffelte Elisabeth die Ebenen ihrer Selbstdarstellung. Nachdem sie eine Probe ihrer sprachlichen Gewandtheit und ihrer Weltkenntnis geliefert hatte, prunkte sie mit ihrer Eleganz und zeigte sich Melville, der am französischen, italienischen und deutsch-habsburgischen Hof gelebt hatte, jeden Tag in einem anderen Kleid – nach italienischer, französischer, englischer Mode. Sie fragte ihn, welche Mode ihr am besten stehe, und Melville antwortete kundig, die italienische betone mit ihrem Farbenspiel am besten ihr rotes Haar und ihre weiße Haut.

Sie trug die Haare offen – »anscheinend naturgelockt«, wie Melville bemerkte – und offenbarte ein großzügiges Dekolleté – als »Jungfrau« durfte sie das...

Eines Abends wurde Melville in ein kleines Kabinett geführt, wo ihm verschwörerisch zugeflüstert wurde, er könne die Königin beim Musizieren beobachten, dürfe sich aber nicht zu erkennen geben, da sie sonst sofort das Spiel beenden würde. Elisabeth saß versunken am Spinett und sang eine melancholische Melodie zu ihrem Spiel. Melville zog den Vorhang beiseite, um sich zu versichern, daß es wirklich die Königin war, und als sie seiner gewahr wurde, gab sie sich aufgeschreckt und verschämt. Sie spiele nie vor Zuhörern, sondern nur für sich, um die Melancholie zu vertreiben. Melville brachte tiefe Bewunderung für ihre Musikalität zum Ausdruck.

Dann durfe er die Königin tanzen sehen – ein Terrain, auf dem sie wirklich kaum jemand am Hofe übertraf.

Zum Schluß wollte sie es genau wissen. Ob sie oder Maria den helleren Teint, die schöneren Haare besitze, besser tanze, musikalischer sei. Melville gab endlich zu, sie, Elisabeth, habe eine weißere Haut und einen eleganteren Tanzstil und spiele auch besser Spinett als Maria. Als er auf Elisabeths Frage, wer größer sei, sie oder Maria, antwortete, dies sei Maria, kommentierte Elisabeth: »Dann ist sie übergroß!«[36]

Sie brachte den armen Diplomaten noch mit der alles umfassenden Schlußfrage in Bedrängnis, welche von ihnen beiden nun die Schönere sei. Melville gab die geschickte, alles und nichtssagende Antwort, Elisabeth sei die schönste Königin in England, Maria sei die schönste Königin in Schottland. Mit dieser Antwort schien Elisabeth zufrieden zu sein.

Merkte diese kluge und überlegene Frau nicht, wie sie sich durch ein solches Verhalten und die Entblößung ihrer intimsten Eitelkeiten selbst herabsetzte?! Allerdings verfolgte sie ein ganz bestimmtes Ziel mit Melville, und sie wollte von sich und ihren Absichten einen ganz bestimmten Eindruck vermitteln.

Sie bestand darauf, daß er noch so lange am Hof blieb, um die Erhebung Dudleys zum Earl of Leicester mitzuerleben – angeblich wurde Dudley erhöht, um Marias als Gatte würdig zu sein. Zu diesem Anlaß nun wartete Elisabeth mit allem auf, was sie an schauspielerischen Leistungen zu bieten hatte.

Die Zeremonie fand in Westminster statt. Vor dem versammelten Adel kniete Robert Dudley vor Elisabeth, die auf dem Thron saß. Es war ein pathetischer Augenblick, als er da in Samt und Seide vor seiner Herrin kniete.

Elisabeth war ganz Königin. Sie erhob sich, während Cecil das Patent verlas, und legte Robert den Grafenmantel um die Schultern. Dabei unterbrach sie die gravitätische Stimmung, indem sie ihre Finger in Roberts Nacken gleiten ließ und ihn zärtlich kitzelte. Der ganze Hof und Melville hatten es gesehen, und sie *sollten* es sehen.

Dann wurde sie wieder feierlich. Sie ließ sich von Warwick das

Schwert überreichen, mit dem sie Robert an den Schultern berührte. Schließlich forderte sie ihn auf: »Erhebt Euch, Graf Leicester!«

Es war ein königlicher Titel, den er erhielt; die Ehren, die er mit sich brachte, konnten kaum noch überboten werden.

Melville hatte während der Zeremonie unmittelbar neben der Königin gestanden, und als die Prozession sich nun nach draußen bewegte, wandte sie sich an ihn und fragte ihn: »Nun, wie gefällt Euch unser neuer Graf Leicester?« Melville antwortete artig, wie überaus stattlich Robert in seiner Grafenrobe ausgesehen habe, doch da wies Elisabeth auf Henry Darnley, der das Staatsschwert vorantrug, und bemerkte mit vielsagendem Blick: »Und doch gefällt Euch dieser lange Junge da besser.«[37] Der so gewandte Melville hatte einiges zu tun, um seiner Überraschung Herr zu werden, woher Elisabeth von seinen Plänen wußte, war aber sofort mit der Antwort zur Stelle, keine Frau von Geist werde ein derartiges Milchgesicht dem männlichen Leicester vorziehen.

In der Folge tat Elisabeth alles, um den Eindruck zu erwecken, als wolle sie eine Verbindung Marias mit Darnley verhindern, tat aber gleichzeitig alles mögliche, um dieser Verbindung Vorschub zu leisten. Die Gräfin Lennox, Darnleys Mutter, arbeitete bereits seit geraumer Zeit auf diese Heirat hin, doch Maria hatte ja zunächst noch höhere Ziele. Da es ihr aber langsam klarwurde, daß von dem ewig abwartenden Philipp von Spanien in nächster Zeit keine Entscheidung ausgehen würde, und sich auch mit Frankreich und Habsburg nichts tat, wandte sie ihre Aufmerksamkeit mehr und mehr ihrem Vetter Darnley zu. Wie sehr aber erst, als sie Elisabeths Widerstand gegen ihr Interesse bemerkte! Darnleys Vater, Graf Lennox, hatte schon vor Melvilles Ankunft erreicht, daß er nach Schottland gehen durfte unter dem Vorwand, sich um seine verbliebenen Ländereien zu kümmern. Als Maria Elisabeth im Dezember bat, den Sohn nachreisen zu lassen, sagte Elisabeth erst sehr entschieden: »No!« Dann gab sie nach, und Darnley erreichte Edinburgh am 13. Februar. Den Rest konnte Elisabeth zumindest vermuten.

Leicester hatte sich die ganze Zeit als ihr absoluter Gewährsmann gezeigt. Vollkommen aufgelöst hatte er sogar nach Schottland geschrieben und auch zu Melville persönlich gesagt, er habe überhaupt nichts mit dieser Heiratssache zu tun, für die er da benutzt werden solle – von seinen Feinden und Cecils Anhängern, wie er sich ausdrückte, die ihn loswerden und nach Schottland verbannen wollten. Dann hat angeblich er Elisabeth dazu überredet, Darnley nach Schottland ziehen zu lassen.

Der junge Darnley, der gerade neunzehn war, hatte der englischen Königin versprechen müssen, binnen vier Wochen zurück nach England zu kommen, doch als er einmal bei der entzückenden Maria auf Schloß Holyrood weilte, dachte er gar nicht daran. Elisabeth befahl ihren Untertan unter Berufung auf seinen Lehnseid zurück, doch nichts geschah.

Da stellte sie Maria ein Ultimatum: Wenn sie sich bereit erklärte, Leicester zu heiraten, werde sie ihr Nachfolgerecht zumindest in Erwägung ziehen. Sie werde es »befürworten«, sagte sie, aber sie sagte es ihr keineswegs zu. Auf die Trotzreaktion ihrer jüngeren, emotionaleren und weniger verstiegenen Rivalin konnte sie in dem Moment zählen. Außerdem ist es sehr gut möglich, daß ihr ihre Berichterstatter längst hatten zukommen lassen, daß Maria sich in den hübschen Jüngling verliebt hatte.

Am 29. Juli 1565 läuteten in Edinburgh die Hochzeitsglocken. Darnley war am Vortag der Hochzeit von Maria zum König von Schottland proklamiert worden.

Es spricht einiges dafür, daß Elisabeth Maria trickreich in diese Ehe hineingetrieben hat und daß ihr Vorschlag, Maria solle ihren geliebten »Robin« heiraten, für diesen Zweck nichts als ein großer Bluff war. Gemessen an der ungeheuren

Eifersucht, die sie künftig an den Tag legte, sobald Robert eine hübsche Hofdame nur etwas länger anschaute, ist es schier unvorstellbar, daß sie je bereit gewesen wäre, ihn ihrer jungen und schönen Rivalin abzutreten, und wenn noch soviel staatsmännische Klugheit dahinterstand.

Andere Biographen führen Elisabeths abstruses Gefühlsleben ins Feld. Lemmonier meint, sie habe mit ihrem Vorschlag die Phantasie einer »Ménage à trois« impliziert: gemeinsame Hofhaltung, gemeinsame schottisch-englische Interessenverfolgung, gemeinsamer Liebhaber. Nach dem Muster der Verhältnisse im Haushalt ihrer Stiefmutter und Thomas Seymours habe sie eine pikante Vorliebe für Dreierbeziehungen gehabt.

Andere interpretieren Elisabeths Verhalten als momentanen Ausdruck perverser Selbstqualung oder der Lust an der monarchischen Allmacht dem Geliebten gegenüber, den sie zur Schachfigur erniedrigte. Wieder anderen ist ihr Verhalten der Beweis dafür, wie die politische Vernunft bei Elisabeth über ihre Gefühle stets den Sieg davontrug.

Darnley, das »Milchgesicht«, mußte Elisabeth auf jeden Fall weit ungefährlicher erscheinen als sämtliche Eisen, die Maria bislang begehrlichen Auges im Feuer hatte. Wenn Elisabeth es vermeiden konnte, daß sich Maria mit einem katholischen Fürsten vermählte, war ihre Hauptarbeit getan. Etwa um die Zeit dieser Heirat traf der französische Gesandte Elisabeth in ihren Gemächern beim Schachspielen an. Er machte die Bemerkung, das Spiel sei wie die menschlichen Angelegenheiten, man verliere einen Bauern, und es scheine erst nichts auszumachen, aber oft verliere man dann das Spiel in der Folge. »Ja«, antwortete Elisabeth, »Darnley ist nur ein Bauer, aber er kann schachmatt sein, wenn ich nicht aufpasse.«[38] Sie schätzte Darnley so ein, wie er war: unreif und charakterschwach; doch das Ausmaß, in dem er als Königsgatte versagen und Maria unglücklich machen sollte, konnte selbst Elisabeth mit ihrem Scharfsinn nicht ahnen.

Elisabeth hatte allen Grund und Vorwand, Maria ob ihrer Eigenmächtigkeit und Darnley ob seines Ungehorsams zu zürnen, und sie konnte die schottischen Beziehungen auf Eis legen.

»How to deserve a kingdom«

Durch Marias Heirat sah sich Elisabeth nun ihrerseits wieder gedrängt, in Heiratsverhandlungen zu treten, und sie wandte sich zunächst wieder an den Erzherzog. Diesmal durfte sich der kaiserliche Gesandte Adam Zwetkowitsch aus Wien mit ihr in Verhandlungsgesprächen ergehen.

Dann hatte Katharina von Medici noch einen Sohn zum Heiraten anzubieten, der allerdings erst fünfzehn Jahre alt war. Monsieur de Foix, der französische Gesandte in London, verfolgte den Plan mit großer Begeisterung, den Elisabeths Hofnarr als Komödienstoff aufgriff. Elisabeth selbst bemerkte in einem Anflug von Situationskomik, die Leute würden sagen, sie führe ihren Sohn zum Altar, wenn sie den Jungen heiratete. Da sie sich aber Frankreich gewogen halten wollte, schleppte sie die Verhandlungen um den kleinen König weiter.

Leicester hintertrieb beide Verhandlungen, um selbst wieder freies Spiel zu haben. Aber seine Position war so ungewiß wie nur je. Nicht nur, daß er sich mal wieder keinen Reim darauf machen konnte, wie ernst es Elisabeth mit ihren auswärtigen Heiratsverhandlungen, besonders den habsburgischen, war. Sie hatte auch noch einen Flirt mit Thomas Heneage angefangen, einem charmanten Höfling, den sie im Tanzsaal erspäht hatte. Darauf flirtete Leicester mit der Vicomtesse Hereford, Lettice Knollys, »eine der bestaussehenden Damen am Hof«[39].

Elisabeth schäumte. Sie schrie Robert an, und er fand nichts dabei, zurückzuschreien. Es war ein schier endloser Kampf...

Zumindest wußte er nun, daß er ihr nicht gleichgültig geworden war. Da sie das umgekehrt nie so genau wußte, brauchte sie ihre Inseln und Rettungsanker, ihre vielen hübschen Höflinge an ihrem Musenhof, die um sie wie um die Sonne kreisten und in Gedichten ihre Schönheit priesen. Wäre es doch alles nur ein Spiel!

Daß Leicester sich nun aber einfach die gleichen Freiheiten wie sie herausnahm, machte sie rasend. Er nahm sich einige Freiheiten heraus, wenn sie nicht aufpaßte, und die Tatsache, die sie ihn schon in dieser eindeutig abgegrenzten Beziehung, in der er im Grunde der Untertan war, ständig in seine Schranken weisen mußte, machte ihr immer wieder die Unmöglichkeit einer Ehe mit ihm deutlich, falls sie zu diesem Zeitpunkt überhaupt noch mit dem Gedanken spielte.

So hatte er schon seit längerem begonnen, sich am Hofe Anhänger zu schaffen, und das gleiche tat im Gegenzug der Herzog von Norfolk. Das Ganze ging so weit, daß die Dudley-Anhänger mit blauen Litzen, die Norfolk-Anhänger mit gelben versehen waren, beide Parteien jederzeit bereit zu spontanem Kleinkrieg. Elisabeth war außer sich und zog beide zur Rechenschaft.

Energisch führte Robert der Königin seine Protegés zu und wollte seinerseits Einfluß darauf nehmen, wen sie zu sich ließ und förderte. Er gab der Wache eigenmächtige Befehle, wer zu den Privatgemächern der Königin Einlaß erhielt und wer nicht, und als sie einmal mitbekam, wie er aus Eifersucht einem ihrer Günstlinge den Einlaß verwehrte, schrie sie ihn vor allen Höflingen an:

»Verflucht nochmal, Mylord! Ich war Euch wohlgesonnen. Aber meine Gunst ist nicht so auf Euch beschränkt, daß andere nicht daran teilhaben sollen, denn ich habe viele Diener, auf die ich meine Gunst verteile und nach Belieben verteilen werde. Wenn Ihr meint, hier regieren zu können, werde ich dafür sorgen, daß Ihr hier wegkommt. Hier gibt es nur eine Herrin und keinen Herrn!«[40]

Dann wieder rauschten sie verliebt durch den Tanzsaal, sie nannte ihn »sweet Robin«, und er küßte sie in aller Öffentlichkeit – »ohne dazu aufgefordert zu sein«[41], wie ein brüskierter Höfling bemerkte. Da er ungehinderten Zutritt zu ihrem Schlafgemach hatte, wurde er gelegentlich des Morgens gesehen, wie er Elisabeth beim Ankleiden den Unterrock reichte. Einmal kam gerade die Kammerzofe dazu, als er sie küßte, während sie im Bett lag.

Als *das* Zeichen eingespielter Intimität wurde es interpretiert – da es so ungehemmt in der Öffentlichkeit ausgetragen wurde –, als Robert einmal während eines Tennisspiels, in dem er – ausgerechnet! – gegen den Herzog von Norfolk spielte, zur Tribüne der Königin lief, ihr das spitzenverzierte Taschentuch aus der Hand nahm und sich damit den Schweiß aus dem Gesicht wischte. Er gab ihr das Taschentuch zurück, und sie nahm es lächelnd an sich. Norfolk hat seinen erklärten Erzfeind hinterher für diese Dreistigkeit gefordert.

Diese Geschichte demonstriert wie zahlreiche andere Elisabeths Stellung als weibliche Regentin. Jeder männliche Monarch hätte selbstverständlich seine Grenzen selbst gesetzt, in denen er mit seinen Untertanen, seinen Staatsdienern und seinen Favoriten verkehrte, und niemand hätte irgendeinen offenen Anstoß daran genommen oder sich veranlaßt gesehen, das monarchische Prärogativ zu verteidigen.

Ein männlicher Monarch hätte das einfach nicht nötig gehabt. Elisabeth hatte es ebenfalls nicht nötig, aber so waren die Wertungen. Sie nahm es hin, duldete es bis zu einem gewissen Grad und profitierte letztlich ganz bewußt von diesen männlichen Konfliktaustragungen in ihrem Namen, diesen Rivalenkämpfen, die die Planeten um sie, die Sonne, kämpften – selbst, wenn sie damit manchmal, nach unserer Sicht, die Autorität und die Selbstverantwortung abgesprochen bekam. Sie profitierte davon, denn es erhöhte sie nur noch mehr und machte sie, um die das alles gekämpft und ausgetragen wurde, unangreifbar, da die Ehrgeizigen und Machtbesessenen unter ihr mit sich genug zu tun hatten.

Dies waren die bequemen Seiten, die es für sie hatte, als Frau allein ein Land zu regieren und dieser Männerclique vorzustehen. Es hatte auch seine überaus belastenden Seiten. Sie mußte sich im Grunde unaufhörlich gegen die immanenten Vorurteile behaupten, die ihr diese Männerclique stillschweigend entgegenbrachte. Selbst ihr vortrefflicher Cecil, der den besten Einblick in ihre Kompetenzen hatte, äußerte einmal bei einem politischen Problem, es sei »zu schwer ergründbar für den Verstand einer Frau«[42].

Cecil, der Vortreffliche, machte sich im übrigen gerade daran, eine gewissenhafte Strichliste über Elisabeths Freier anzufertigen, in der er tabellarisch ihre Vor- und Nachteile aufführte. Elisabeth wandte sich von seiner Strichliste und seinen Ermahnungen ab und baute ihr Land auf.

Bereits im Winter 1561 hatte sie mit der Beratung des Kaufmanns Thomas Gresham die Münzreform durchgeführt. Auch hier kam Elisabeth ihre Gabe zugute, den richtigen Mann an die richtige Stelle zu setzen. Gresham war ein äußerst begabter und dabei uneigennütziger Finanzexperte, der die geniale Idee entwickelte, in London eine Börse nach Antwerpener Vorbild zu errichten. Die Börse, die seit 1571 »Royal Exchange« hieß, schuf eine ganz neue Basis für den englischen Geldmarkt und einen regen Austausch zwischen Industrie und Handel, Landwirtschaft und Grundbesitzern.

Als Elisabeth den Thron bestieg, war ihre Staatskasse leer. Unter den Bedingungen einer armen Monarchie den Handel aufzubauen und das Land zum Florieren zu bringen, erforderte also dreierlei: Sparsamkeit, gute Kalkulation und keine Kriege.

Elisabeth war als Monarchin so sparsam, daß an ihrem Namen in der Geschichte ewig der Ruf des Geizes haften blieb. Doch nur so kam sie mit ihren schlechten Ausgangsbedingungen voran.

Sie kürzte drastisch die Haushaltsausgaben – und zwar um die Hälfte ihrer Schwester Maria – und nahm ihr Leben lang den Rechenstift selbst in die Hand, meist in ihren zahlreichen schlaflosen Nächten.

Sie war der Meinung, unbedingt zahlungsfähig bleiben und auf vom Parlament zu bewilligende zusätzliche Gelder verzichten zu müssen. So hortete sie ihr regelmäßiges Einkommen von einer Viertelmillion Pfund im Jahr und bildete daraus ein kleines Kapital. Vor allem sah sie ängstlich darauf, daß sie in keinen Krieg getrieben wurde.

Den Schiffsbau voranzutreiben, war die erste Maßnahme für Handelsbeziehungen mit dem Festland. Elisabeth schuf aber auch eine gute Zusammenarbeit mit den Handwerkszünften und den Gilden der Kaufleute, die so weit ging, daß diese freiwillige Abgaben an den Staat entrichteten. Die Städte vergrößerten sich, und es entstanden neue und erweiterte Industriezweige, etwa Spitze, Seide und Tuchfabrikation. Metallindustrie und Kohleförderung wurden ausgebaut.

Um den Handel in ihrem Land voranzutreiben, entwickelte Elisabeth phantasievolle Gesetze. So durften die Engländer ausschließlich englische Filzhüte tragen, damit die Konkurrenz der französischen und niederländischen Hutmacher ausgeschaltet und das Filzgeschäft in England gefördert würde. Auch behielt man die katholischen Fischtage bei, aus dem ganz zweckdienlichen Grund, das Fischereigewerbe zu stärken.

Elisabeth nahm direkten Anteil an dem, was sich tat: Um zu sehen, wie der Schiffsbau voranging, begab sie sich selbst auf die Werften und ließ sich alles zeigen. Von den neuen Tuchgeweben, die unter der Anleitung niederländischer und französischer Emigranten hergestellt wurden, ließ sie sich Stoffproben bringen. Mit Begeisterung trug sie selbst die neuen Seidenstrümpfe, die Anfang der sechziger Jahre in England eingeführt worden waren.

Ein tatkräftiger und zukunftsfreudiger Geist entwickelte sich in Elisabeths England, das ganz auf den Erhalt und auf den Aufbau ausgerichtet war. Die Entwicklung von der feudalen Struktur hin zum Aufstieg der bürgerlichen Mittelklasse zeichnete sich im gleichen Maße ab, wie sich das Bewußtsein des einzelnen und seiner individuellen Leistung und Entfaltung gegen die feste ständische Ordnung des Mittelalters abzusetzen begann.

Elisabeth gab dieser Entwicklung von Anfang an Vorschub, indem sie »neue Männer« an den Hof holte, Universitätsgelehrte, Künstler, Weitgereiste, Menschen mit zukunftsorientierten und praktischen Ideen wie Thomas Gresham, und deshalb nicht selten den Unmut des alten Adels hervorrief. Jeder, der etwas Neues vorzustellen hatte, war ihr willkommen.

Ein bisher nicht gekanntes Nationalgefühl entzündete Elisabeth in England, weil sie selbst nichts als den Frieden und die Einheit ihres Landes wollte. Die da unter ihr in diesem Lande lebten, waren nicht, wie im übrigen Europa, Katholiken und Protestanten, sondern ausschließlich Engländer – und Elisabeth sah nicht ein, warum ein Katholik nicht gleichzeitg ein loyaler Untertan sein sollte. Alle sollten zu diesem Gemeinwesen beitragen, dessen Hüterin sie war.

»How to deserve a kingdom« (Wie man sich ein Königreich verdient), dieser Ausspruch Elisabeths hat sie, wie die Geschichte zu Recht feststellt, über das Selbstbild und das Ethos der Monarchen ihrer Zeit hinausgehoben. Sie ruhte sich nicht auf ihrem Gottesgnadentum und in dem Bewußtsein fürstlicher Selbstherrlichkeit aus, sondern empfand die Verbindung von Macht und Verantwortung, das Königsein als ständige Aufgabe und Herausforderung, als Dienst an einem Ganzen, einer Gemeinschaft. Das hing auch mit ihrem Schicksalsbegriff zusammen. Elisabeth war in ihre Stellung nicht hineingeboren worden, sondern sie hatte die Wechselfälle des Lebens erlebt und sich in ihnen bewährt. Das große Wagenrad der Zeit konnte sie täglich, stündlich wieder aus der Höhe abberufen – eine Gefahr, die nur zu sehr gegeben war –, und um davonzukommen, mußte sie sich an der Zeit bewähren. Diese Vorstellung vom *Leben im Verdienst* und im Verdienst um Gott hat sie vielleicht am stärksten mit dem Protestantismus verbunden.

Elisabeth sah sich als Königin eines Volkes, nicht eines Herrschaftsgebietes, und dieses Volk mußte sie sehen, damit es an sie glauben konnte. Jeden Sommer zog Elisabeth mit reichlich Aufwand durch die Lande, um sich sehen und feiern zu lassen. Diese Reise hatte gleichzeitig den Sinn, sie aus der schlechten Londoner Luft, die im Sommer unerträglich wurde, aufs Land hinauszuführen. Außerdem konnten während der Abwesenheit der Königin und eines beträchtlichen Teils ihres Hofstaats die Paläste gereinigt werden. Auch in einer Sänfte war dieses Reisen über zahllose Meilen holpriger Wege hinweg kein Vergnügen. Aber Elisabeth nahm es Jahr für Jahr auf sich.

Während der lange Reisezug sich langsam fortbewegte, stand das Volk am Wegesrand und empfing die Königin mit stürmischem Jubel. Elisabeth ließ oft anhalten, um sich für die Ehrenbezeigungen zu bedanken und mit dem einen oder anderen zu sprechen. Sie hatte eine ausgesprochene Begabung, in solchen flüchtigen Begegnungen eine Beziehung zu den einfachen Menschen herzustellen und auch dem Einfachsten das Gefühl zu geben, daß es ihr um sein Wohl gehe.

Wenn sie bei Hofempfängen in herrlichem Selbstgefühl prunkte, so nahm sie hier den Menschen die Befangenheit. Als bei einer ihrer Rundreisen der Stadtrichter von Warwick bei seiner Begrüßungsrede stotterte, hielt sie ihm die Hand zum Kuß hin und sagte:

»Kommt her, Stadtrichter! Man sagte mir, Ihr hättet Angst, mich anzusehen und frei zu mir zu sprechen. Aber Ihr habt bestimmt nicht soviel Angst vor mir wie ich vor Euch, und ich danke Euch dafür, mich an meine Pflicht erinnert zu haben.«[43]

Was ihren intellektuellen Neigungen besonders entgegenkam,

waren ihre Besuche der Universitäten Cambridge und Oxford. Mit Cambridge machte sie 1564 den Anfang. Die Begrüßung durch die Rektoren und Studenten, die im Innenhof von Heinrichs King's College versammelt waren, nahm sie im Sattel entgegen. »Vivat Regina!« riefen die Studenten im Chor, während sie in Reihen vor ihr knieten. Dann nahm sie die Huldigung der Universität von den Bakkalauri über die Magister bis hin zu den Doktoren entgegen.

Abends bot man ihr anregende Unterhaltung, Ansprachen, Theaterstücke und Disputationen in den klassischen Sprachen. Elisabeth geriet in sehnsüchtige Stimmung. Das wäre ein Leben für sie! Als man sie mit einer Posse, einer üblen Verunglimpfung des Katholizismus, unterhalten wollte, verließ sie allerdings mit Protest und Schimpf den Saal. Da kannten die Studiosi ihre Königin schlecht!

Sie gab sich schamhaft bescheiden, als ein wohlmeinender Redner die vielen Tugenden der Königin pries. Während er sprach, biß sie sich auf die Lippen und kaute an den Nägeln – bis der Redner zu dem Kapitel ihrer holden Jungfräulichkeit kam, da nämlich blickte sie auf und sagte: »Gott segne Euch, fahrt fort...!«[44]

Sie zierte sich erst sehr mit ihren Antwortreden in den klassischen Sprachen und begann mit: »Obwohl meine weibliche Bescheidenheit mich davon abhalten sollte, eine Rede in einer so großen Versammlung gebildeter Männer zu halten...«[45], hielt dann aber während ihres Aufenthalts zwei derart schwung- und gehaltvolle Reden in freiem Griechisch und Latein, daß sie ihre einleitenden Sätze Lügen strafte.

Elisabeth kokettierte immer dann mit »weiblichen« Schwächen und Tugenden – Schamhaftigkeit, Schüchternheit, Bescheidenheit –, wenn sie am Platz waren, um Effekte zu erzielen – obwohl gerade diese die letzten Eigenschaften waren, die sie auf sich anwenden konnte. Sie konnte sogar auf Kommando erröten.

In zahlreichen Zwischenstops logierte man während der Sommerreisen in den Häusern des höheren Adels, und das war eine zweifelhafte Ehre, denn nicht selten waren die Gastgeber hinterher nahe dem Bankrott. Wenn schließlich schon einmal die Königin zu Gast war, mußte man auch aufwarten, was das Zeug hielt, und sich mit seinen noblen Mitstreitern gegenseitig übertreffen. Reiche Bankette, Empfänge und Lustbarkeiten über mehrere Tage hinweg für die Königin und ihr Gefolge von mehreren hundert Personen aber waren nicht gerade wohlfeil – zumal es nicht selten vorkam, daß der Hausherr nach dem Besuch der Meute empfindliche Lücken in seinem Tafelsilber und anderen Kostbarkeiten feststellen mußte. Elisabeth dagegen freute sich darüber, daß sie während dieser Sommerwochen so herrlich viel Geld sparte, da sie so wenig für ihre Hofhaltung ausgeben mußte.

Wie bei allen offiziellen Anlässen war Leicester als Oberstallmeister stets an ihrer Seite. Er ritt in dem Reisezug unmittelbar hinter ihr und trug in seiner Funktion die Verantwortung für den Reiseverlauf. Ein Blick zur Seite, ein paar ausgetauschte Worte mit ihm, eine Bemerkung von ihm, die sie zum Lachen brachte, erleichterten ihr die Strapazen der Reise und ermüdender Zeremonien. Vor ihrem Volk aber war Elisabeth die Landesmutter, frei und von keinem fremden Einfluß geleitet, Good Old Harry's Tochter eben.

Das Disaster in Schottland

Wie anders waren die Verhältnisse in Edinburgh!
Unmittelbar nach Marias und Darnleys Hochzeit rebellierten die Lords der Kongregation unter der Anführung von Murray gegen die katholische Heirat. Elisabeth ergriff in ihrer unterirdischen Art die Gelegenheit beim Schopf und sagte Murray in aller Diskretion – indem er ihren Namen heraushielt – Unterstützung zu, doch als es soweit war, zögerte sie wie immer, da ihr Einschreiten den offenen Krieg bedeutet hätte.

Maria dagegen, frisch und unbedenklich, mit Entschlossenheit und »königlichem Freimut«, wie sie Schiller charakterisiert, stellte sich, ohne lange zu überlegen, an die Spitze ihrer Truppen, um den Aufstand niederzuschlagen. Die Pistolen im Gürtel, ritt sie neben Darnley über Sumpf- und Moorlandschaften der Armee voran, den Aufständischen entgegen.

Der Gegenschlag funktionierte – vor allem imponierte die Geste der Königin –, die Rebellen zerstreuten sich und liefen in Scharen zu Maria über. Nur Murray selbst mußte nach England flüchten. Selbst John Knox konnte nicht umhin, den Mut dieser Königin zu bewundern, die man in ihrer französischen Kultiviertheit unterschätzt hatte.

Um Elisabeth nicht in Verlegenheit zu bringen und selbst davonzukommen, ließ sich Murray in London auf das Schauspiel ein, das die englische Königin mit ihm zu ihrer Ehrenrettung einstudiert hatte.

Elisabeth gewährte gerade dem französischen Gesandten Audienz – vermutlich, um über ihre Ehe mit dem fünfzehnjährigen Karl IX. zu verhandeln –, als ihr die Ankunft des Grafen Murray gemeldet wurde. Was der Verräter bei ihr wolle, fragte Elisabeth in äußerstem Erstaunen. Nun, gut, sie lasse sich herab, ihn zu empfangen, da man somit vielleicht Aufklärung über die unerhörten Vorfälle in Schottland erhalte. Aber der französische Gesandte solle als Zeuge im Saal bleiben.

Tiefgebeugt und schwarzgekleidet kniete Murray vor ihr nieder. Als er sich in schottischer Sprache zu erklären begann, unterbrach Elisabeth ihn sofort, er solle gefälligst französisch sprechen, damit der Herr Gesandte nicht annehme, sie unterhalte Heimlichkeiten mit ihm und sei etwa an dem schändlichen Aufstand gegen ihre liebe Schwester beteiligt. Gehorsam entlastete Murray sie und brachte demütig zum Ausdruck, er allein habe den Aufstand, und zwar zur Verteidigung seines Lebens, angezettelt. Als Murray den Audienzsaal verließ, hatte sich Elisabeth als gute Regisseurin erwiesen.

Marias Triumph war nicht von Dauer. Wenn sie auch politisch – und das eigentlich zum erstenmal – die Zügel jetzt fest in der Hand hielt, begann doch, nur wenige Monate nach ihrer Hochzeit, das Drama ihres Privatlebens, das sie von einem Unglück ins andere jagte. Ihr Liebesglück mit Henry Darnley dauerte nur ein paar Monate. Danach begann sie sich mit dem Jüngling zu langweilen, der sich prahlerisch als König aufspielte und unter seiner kultivierten Hülle einen substanzlosen Charakter entblößte. Wie der englische Gesandte bald Elisabeth berichten konnte, verweigerte Maria ihrem Gatten jede Gemeinschaft von Tisch und Bett, nachdem sie ihn am Anfang ihrer Ehe mit liebevoller Hingabe, Ehren und Geschenken über alle Maßen bedacht hatte. Doch da hatte Darnley auch noch nicht sein haltloses Wesen gezeigt.

Darnley trank, Darnley bäumte sich mit Machtansprüchen gegen sie auf und wurde zusehends ungehaltener, als Maria ihrem Sekretär David Rizzio volles Vertauen in allen Regierungsangelegenheiten schenkte und ihn, den König, von den Entscheidungen ausschloß.

Der Italiener Rizzio, ein Sänger und Dichter, war ursprünglich mit dem Gefolge des Gesandten von Savoyen nach Schottland gekommen und am Hofe aufgenommen worden, weil unter den Musikanten noch ein Sänger fehlte. Seinen Aufstieg bis zum Sekretär der Königin verdankte er seinen Sprachkenntnissen und seinem wachen Verstand.

Allzu offensichtlich zentrierte Maria alles politische Vertrauen in ihn, und allzu offensichtlich demonstrierte sie ihre Verachtung gegen ihren königlichen Gemahl. Bald wurden die Münzen eingezogen, die sie und Henry im Doppelbild zeigten, und bald gelangte kein Staatspapier mehr in Darnleys Hände.

Darnley grölte herum und schwor Rache. Er suchte sich Anhänger bei den Lords, schloß sich, obwohl Katholik, der Kongregation an, und am 6. März 1566 ließ er vor den Augen der schwangeren Maria Rizzio erdolchen.

Die Annahme, Maria habe ein Verhältnis mit Rizzio gehabt –
noch Jahrzehnte später sprach die Welt davon, Marias Kind,
der spätere König Jakob VI., sei von Rizzio – entbehrt jeder
Grundlage, und auch Elisabeth glaubte es nicht. Sie beobachtete die Vorgänge in Schottland mit gemischten Gefühlen –
Genugtuung auf der einen, Betroffenheit auf der anderen
Seite (denn wie gut kannte sie nicht selbst die Verflechtungen
von Politik und Leidenschaft sowie die Abgründe, die sich
dahinter verbargen) und vor allem Ungewißheit darüber, wie
sich das, was jenseits des Borders geschah, auf ihre eigene
Regierung auswirken würde.

Maria zeigte, wie in allen Krisensituationen – in denen Elisabeth in Panik geriet und Entscheidungskämpfe mit sich selbst
ausfocht – äußerste Courage und rasche Entschlossenheit. Sie
nahm ihren schwächlichen Gatten, ihr so widerwärtig wie nur
je, noch in der Mordnacht für sich ein, überredete ihn, sich von
seinen Mitverschwörern loszusagen und sofort mit ihr zu
fliehen. Darnley – der sich in dem Glauben wiegte, wieder in
seine Rechte als König und Ehegatte eingesetzt zu werden –
tat alles, was sie wollte, und mit viel List gelang Maria, die im
fünften Monat schwanger war, die Flucht mit ihm von Schloß
Holyrood, das von den Rebellen umstellt war, nach Dun-
bar.

Die Hauptbeteiligten der aufständischen Lords flohen nach
England, und Darnley schwor nach Marias Anleitungen auf
dem Marktplatz von Edinburgh, bei seiner Königsehre, nichts
von dem Mordkomplott an Rizzio gewußt zu haben. Darauf
zog das Königspaar wieder in Schloß Holyrood ein.

Murray kam zurück und einigte sich mit Maria. Auch er hatte
Rizzio als Staatsfeind betrachtet, da er in ihm einen Agenten
der Gegenreformation sah, aber er war nicht an der Verschwörung gegen ihn beteiligt gewesen.

Maria, die von wilden Rachegefühlen gegen Darnley beherrscht war, hielt sich ihren Gatten gefügig, weil es vorerst
ihre einzige Möglichkeit war. Sie hatte zum zweitenmal die

Rebellion des schottischen Adels besiegt, aber wenn sie an der Macht bleiben wollte, mußte sie mit größter Taktik zu Werke gehen und vorerst offiziell mit Darnley als Königspaar auftreten. Eine Scheidung von Darnley – was sie sich gründlich überlegte – hätte die Legitimität des Kindes gefährdet, das sie erwartete.

Jakob von Schottland wurde am 19. Juni 1566 geboren. Elisabeth sandte herzliche Glückwünsche, übernahm sogar die Patenschaft und schickte ein goldenes Taufbecken dafür, daß sie die Einladung Marias, zur Taufe nach Edinburgh zu kommen, ausschlagen mußte.

Der Satz, den Elisabeth geäußert haben soll, als sie von der Geburt des schottischen Prinzen erfuhr – »Die Königin von Schottland hat einen gesunden Sohn geboren, und ich bin nur ein dürrer Ast«[46] –, wird mittlerweile als Anekdote betrachtet. Tatsache ist aber, daß ihren Parlamentariern, nachdem Maria einen Erben hatte, wieder einmal empfindlich bewußt wurde, daß ihre eigene Herrin immer noch keine Anstalten machte, ihre Dynastie zu sichern. Und so brachten sie ihr ihre vor drei Jahren formulierte Petition, da sie noch immer keine Antwort darauf hatten, in Erinnerung. In gemeinsamer Front traten der Staatsrat, Ober- und Unterhaus mit der dringenden Bitte vor die Königin, endlich zu heiraten. Das Unterhaus schlug sogar vor, die Bewilligung finanzieller Forderungen, die die Krone stellte, von einer baldigen Heirat der Königin abhängig zu machen.

Vor einer Gruppe von Abgeordneten hielt Elisabeth daraufhin eine feurige Rede unter Aufgebot aller monarchischen Autorität:

»Bin ich nicht in diesem Reich geboren? Entstammen meine Eltern irgendeinem fremden Land? Gibt es irgendeinen Grund, mir die Sorge um mein Land abzusprechen? Ist dies nicht mein Königreich? Wen habe ich unterdrückt? Wen habe ich übervorteilt zum Schaden anderer? Welchen Aufruhr habe ich in diesem Staat hervorgerufen, daß ich verdächtigt werde, mich um diesen Staat nicht zu kümmern? Wie habe ich bisher regiert? Selbst der Neid kann mir nichts vorwerfen. Ich brauche nicht viele Worte zu machen, denn meine Taten sprechen für mich.«[47]

Sie gebe ihr fürstliches Wort dafür, daß sie heirate, sobald es ihr möglich sei, »falls Gott nicht den, den ich zu heiraten gedenke oder mich selbst vorzeitig abberuft oder sonst etwas Unvorhersehbares geschehen läßt. Mehr kann ich nicht sagen, weil die andere Partei nicht anwesend ist, nur, daß ich hoffe, Kinder zu haben, denn sonst würde ich nie heiraten.«

Was die Ernennung eines Nachfolgers betreffe, schleuderte sie ihnen entgegen, so denke keiner an sie und ihre Sicherheit. Sie habe die Praktiken gegen sich unter ihrer Schwester erlebt, und einige der Verantwortlichen säßen heute noch in ihrem Unterhaus. In die Lage, in der sie sich damals befunden habe, solle aber ihr Nachfolger nicht kommen.

»Könige sind geneigt, die Philosophen zu verehren, und in meiner Vorstellung erhebe ich die sogar zu Engeln, die eine solche Reinheit in sich selbst besitzen, daß sie nicht danach trachten, die ersten zu sein, wenn sie die zweiten sind, und die zweiten zu sein, wenn sie die dritten sind.«

Zum Schluß unterstrich sie ihre absolute Unabhängigkeit:

»Was mich betrifft, so fürchte ich mich nicht vor dem Tod, denn alle Menschen sind sterblich, und wenn ich auch eine Frau bin, so habe ich doch so viel Mut, den mein Rang erfordert, wie nur je mein Vater hatte. Ich bin eure gesalbte Königin. Ich werde mich nie zu irgend etwas zwingen lassen. Ich danke Gott, mich mit solchen Qualitäten ausgestattet zu haben, daß ich, wenn ich im Unterrock aus meinem Reiche vertrieben würde, fähig wäre, an jedem Ort in der Christenheit zu leben.«[48]

Es war das endgültige fürstliche Wort. Von nun an erlaubte Elisabeth niemandem mehr, in der lästigen Heiratsfrage irgendeinen Druck auf sie auszuüben. Als die Unterhausmitglieder ihr ein Schreiben sandten, mit der Bitte, über ihre Rechte diskutieren zu dürfen, verzichtete Elisabeth kurzerhand auf ein Drittel dringend benötigten Geldes, das das Parlament ihr bewilligen sollte. Darauf war zumindest der Frieden wiederhergestellt, die Grundsatzdiskussion aber vertagt.

»... so viel Mut, wie nur je mein Vater hatte.« Der Makel ihres Geschlechts wird durch Familienerbe aufgewertet und mit der Behauptung besetzt, Elisabeth selbst weiche, was die Schwächen ihres Geschlechts anbelangt, von der Norm ab.

In Schottland kündigte sich mittlerweile ein Disaster an.

Es ist verblüffend, wie Maria Stuart mit ihrem bewegten Leben und ihrem tragischen Ende im nachhinein gerne als Märtyrerin verklärt wird. Wahrscheinlich liegt es an ihrer Weiblichkeit oder dem, was man darunter verstand, dieser Hingabe an Impulse und Leidenschaften, deren zerstörerische Konsequenzen eigentlich von vornherein klar waren. Maria Stuart war eine kluge und mutige Frau, die mit sehr aufrichtigen Prinzipien und fast schon religiösem Sendungsbewußtsein ihren Thron eingenommen hatte, die das Gebot der Stunde kannte und den offenen Kampf für ihre Prinzipien nicht scheute. Aber ihr fehlte der Blick für die Zusammenhänge, Handeln nach System, politisches Bewußtsein. Vor allem sah sie über ihre monarchische Gesalbtheit nicht hinaus. Während Elisabeth sich mit Geschicklichkeit und Klugheit durch jeden Anflug einer Opposition in ihrem Lande wand und alles tat, um die Einheit ihres Landes zu erhalten, notfalls mit List und Tücke und persönlichen Opfern – weil sie wußte, daß darauf ihr Erfolg basierte –, verteidigte Maria ausschließlich ihr fürstliches Vorrecht.

Elisabeths Verstiegenheit war ihr fremd, aber ebenso deren Verantwortungsgefühl. »Mit königlichem Freimut«, um Schiller noch einmal zu zitieren, kämpfte Maria – für sich, für die Unantastbarkeit der Monarchie, vielleicht noch für den

Katholizismus, aber nie für ihr Volk, als dessen Dienerin sich Elisabeth empfand, für dessen Wohl und Sicherheit Elisabeth jeder Winkelzug und jedes eigene Opfer recht war.

Maria war stolz und zum Herrschen nicht unbegabt – die rasche, instinktive Entscheidung lag ihr –, aber Männer, die in ihrem Umfeld einen Einfluß auf sie ausübten, hatten ein gar zu leichtes Spiel mit ihr. Sie unterwarf sich ohne Widerstand männlicher Autorität und war völlig in der Hand dessen, zu dem sie einmal Vertrauen gefaßt hatte.

Wenn Maria liebte – das würde heute jede Seite zugeben –, dann waren ihr ihre Ehre und ihre Königspflicht gleichgültig. Und während sie sich nun noch ihren Gatten gefügig hielt und darüber nachdachte, wie sie ihn loswerden könnte, war sie längst in höriger Leidenschaft zu dem Grafen Bothwell entbrannt. James Hepburn, Graf Bothwell, war einer der protestantischen Lords, aber er war ein Feind Murrays und ein Einzelkämpfer, der sich von den machtgierigen Fehden der Clans untereinander distanzierte.

Er war skrupellos und gewalttätig, der Vertreter eines rohen Menschenschlages in seiner schottischen Heimat. Von seinen Zeitgenossen wird er als fast abstoßend häßlich beschrieben, aber seine kraftstrotzende Männlichkeit, die brutale Energie, die von ihm ausging, hatte auf Frauen eine unwiderstehliche Anziehungskraft. Er nahm sich die Königin, so, wie er sich jede seiner Frauen auf den Durchgangsstationen seines auf Sieg und Beute ausgerichteten Lebens nahm – und Maria verfiel ihm.

Was für ein Weg von dem überzüchteten königlichen Knaben in Frankreich über den hübschen, rückgratlosen Darnley hin zu diesem Rohling...

Anfang 1567 war Maria schwanger von Bothwell, und sie überließ sich willig seinen Verfügungen. Die politische Vertrauensstellung, im Grunde die totale Entscheidungsgewalt hatte er bereits vorher gehabt, und Darnley fand sich in derselben Position wieder wie zu Zeiten Rizzios.

Nachdem Darnley schon fast soweit war, aus Schottland zu fliehen und Maria bei den ausländischen Höfen anzuschwärzen, wickelte Maria ihn wieder völlig ein und gab sich ganz als liebende Ehefrau. Als Darnley im Januar 1567 an den Pocken erkrankte, besuchte sie ihn in geheuchelter Sorge auf dem Schloß seines Vaters in Glasgow. Von dort führte sie den Genesenden am 9. Februar nach Edinburgh, jedoch nicht ins Schloß, sondern in ein kleines Haus namens Kirk o'Field außerhalb der Stadtmauern. Sie tat zunächst, als wolle sie ebenfalls in Kirk o'Field übernachten, bis ihr einfiel, daß sie ja zur Hochzeit einer ihrer Dienerinnen ins Schloß gehen wollte. Mit musizierendem Gefolge begab sie sich nach Holyrood, wo sie auch die Nacht verbrachte.

Eine riesige Explosion jagte in dieser Nacht Kirk o'Field in die Luft. Der König und sein Diener wurden mit blauen Gesichtern auf der Wiese vor dem Haus gefunden. Beide schienen in der Mordnacht Verdacht geschöpft und sich gewehrt zu haben.

Es besteht überhaupt kein Zweifel daran, daß Bothwell der Urheber des Mordanschlags und daß Maria in die Pläne eingeweiht war.

In der Nacht von Glasgow hat sie Bothwell aufgewühlte Briefe geschrieben, die später aus Bothwells Besitz entwendet und als Hauptbeweismittel in dem Prozeß gegen sie verwendet wurden. Man nannte sie die »Cascet-Letters«, die »Kassettenbriefe«.

Maria stellte den Mord als Anschlag auf das Leben des Königspaares dar, den sie nur durch das Hochzeitsfest im Schloß überlebt hätte.

Keine Hoftrauer, kein offizielles Begräbnis, auch keine Untersuchung des Tatorts... Dafür zeigte sich Maria ungeniert mit Bothwell in der Öffentlichkeit.

Die Bevölkerung von Edinburgh aber kannte den Mörder. Bothwells Konterfei war bald auf Plakaten an jeder Hausecke angeschlagen. Die ersten Rufe: »Verbrennt die Hure!«, waren in der Stadt zu hören, sobald Maria sich durch die Straßen begab.

Elisabeth konnte, was sich in Schottland zugetragen hatte, gar nicht glauben. Am 24. Februar 1567 schrieb sie Maria einen wohlmeinenden Brief, in dem sie ihre Erschütterung, aber auch ihre Sorge um die Frau zum Ausdruck brachte, die im Begriff war, sich selbst zu zerstören.

»Madame, meine Ohren waren wie betäubt und mein Herz erschrocken, als ich von dem abscheulichen Mord an Eurem Gatten und meinem Cousin hörte, daß ich kaum in der Lage bin, darüber zu schreiben. Doch ich kann nicht verhehlen, daß ich für Euch mehr Trauer empfinde als für ihn. Ich würde einer treuen Cousine und Freundin keinen Dienst erweisen, wenn ich nicht in Euch dringen würde, Eure Ehre zu bewahren und bei der Sühnung der Tat denen nicht durch die Finger zu sehen, die Euch, wie viele Leute sagen, diesen Gefallen getan haben. Ich rate Euch daher dringend an, Euch diese Angelegenheit zu Herzen zu nehmen, damit Ihr der Welt zeigen möget, welch edle Fürstin und ehrenhafte Frau Ihr seid. Ich schreibe mit so heftigen Worten, nicht aus Zweifel, sondern aus Zuneigung.«[49]

Allerdings gab Elisabeth bei allen Wirren und bei aller Betroffenheit die Hoffnung nicht auf, Maria werde nun endlich, in ihrer mißlichen Lage, den Vertrag von Edinburgh unterschreiben. Aber das war sicher das letzte, woran Maria im Moment dachte. Auf die Initiative des Grafen Lennox, Darnleys Vater, hin wurde Bothwell vor Gericht gestellt, doch die Gerichtsverhandlung gestaltete sich zur Farce. Bothwell erschien herausfordernd und mit siegesbewußten Gebärden vor den Richtern, so daß diese bald die Waffen streckten und ihn anstandslos freisprachen. In einer inszenierten »Entführung« ließ sich Maria in einem Waldstück zwischen Stirling und Edinburgh Bothwell von den Lords übergeben, und am 15. Mai 1567 heiratete sie ihn. In einer ähnlichen Farce wie seiner Gerichtsverhandlung hatte er sich vorher von seiner Frau scheiden lassen. Die Warnungen Elisabeths hatten nicht gefruchtet, auch nicht die des französischen Hofes einschließlich der Familie Guise, die gedroht hatte, sich von Maria abzuwenden, und auch nicht die ihrer engsten Berater und Freunde.

Was mag in Elisabeth vorgegangen sein, als sie diese Nachrichten empfing? Daß sie Verständnis für die Frau in Maria hatte und tief betroffen war, beweisen nicht nur ihre Briefe an sie, sondern auch ihr weiteres Verhalten.

Maria lebte ihre Torheiten aus, sie beging, was man an rein sinnlich gesteuerten Handlungen nur eingehen kann, und lebte den nahtlosen Übergang von Leidenschaft, Hörigkeit, Verbrechen, und ebenso drastisch wie diese Gefühlserfüllung erlebte sie die Erniedrigung und den absoluten Untergang. Elisabeth, die immer auch ein bißchen in der Position der Weisen war, die über den Erscheinungen und daher abseits steht, mußte erkennen, daß sie selbst mit ihren doppelten und dreifachen Absicherungen nicht zu einem Bruchteil dieser Selbstaufgabe fähig wäre, die Maria demonstrierte. Wie sicher und fest auf der Erde mag sie sich gefühlt haben, vielleicht aber auch neidisch auf das tragische Potential der anderen, die Unbedenklichkeit, dieses Leben in Sekunden.

In ihrem Brief vom 23. Juni versuchte sie, die Verirrte wieder auf den Boden zu holen.

»Madame, um offen mit Euch zu sein: Unsere Trauer war nicht gering darüber, daß bezüglich Eurer Heirat nicht der geringsten Überlegung stattgegeben wurde, so daß kein guter Freund in der Welt ihr fürsprechen könnte – und wenn ich anders sprechen würde, würde ich Euch betrügen. Denn wie konnte eine Eurer Ehre abträglichere Wahl getroffen werden, als in solcher Hast einen Untertan zu heiraten, der, neben anderen berüchtigten Mängeln, von der Öffentlichkeit des Mordes an Eurem seligen Gemahl beschuldigt wird, von der Verwicklung Eurer eigenen Person in einigen Angelegenheiten abgesehen, an die Wir nicht glauben. Aus Freundschaft zu Euch wie aus Blutsverwandtschaft zu Eurem seligen Gemahl können Wir nicht anders, als alles in Unserer Macht Stehende tun, um die gerechte Strafe an dem Mörder vollzogen zu sehen, um welchen Eurer Untertanen es sich auch immer handele, und sei er Euch noch so nahe. Wir sind entschlossen, Euch so schnell wie möglich einen Unserer treuen Diener zu senden, um Eure Lage zu erkunden und um gleichzeitig mit Eurem Adel und Euren Leuten zu verhandeln, um zu zeigen, daß es Euch nicht an Unserer Freundschaft und Macht mangeln soll, um Eure Ehre in Ruhe wiederherzustellen.«[50]

Elisabeth erklärte sich sogar bereit, Marias einjährigen Sohn nach England zu holen, um ihn in Sicherheit zu bringen und unter ihrem Einfluß zu erziehen.

Doch Maria hatte sich von ihrem Kind bereits verabschiedet und überließ sein weiteres Schicksal ihren Dienern. Den rebellierenden Lords gegen ihre Heirat mit dem Königsmörder setzte sie erneut Widerstand entgegen, und wieder ritt sie an vorderster Front den Truppen voran; wieder war sie schwanger. Doch als die beiden Truppen zusammenstießen, gab niemand auch nur einen Anstoß zum Kampf, denn Bothwell war ihnen das gegenseitige Niedermetzeln nicht wert. Ihre Leute gehorchten Maria nicht mehr, und die Sache war verloren.

Die letzten Bilder sind szenenhaft überliefert: Maria, Königin von Schottland, sitzt gebrochen in einem roten Bauernrock auf einem Stein. Die Truppenführer verständigen sich knapp und bündig: Maria wird unter ihrem Schutz nach Edinburgh zurückgebracht, dafür darf Bothwell fliehen. Maria ist einverstanden. Bothwell umarmt Maria kurz, wendet sich ab, steigt auf sein Pferd, verschwindet. Maria rechnete bestimmt damit, daß er zurückkäme, um sie, wohin auch immer, nachzuholen, doch er verschwand ganz, nach Dänemark, wo er 1573 in Gefangenschaft starb.

Marias Rückführung in die Hauptstadt war alles andere als ein ehrenvolles Geleit zu ihrem Schutz. Die Lords schützten sie gerade noch vor tätlichen Angriffen der hetzenden Bevölkerung, die »Hure«, »Gattenmörderin« und »Verbrennt die Hexe!« hinter ihr herrief, schienen sie aber recht genußvoll durch die Hauptstraße und durch die Menge zu führen.

In Edinburgh wurde Maria nicht ins Schloß gebracht, sondern in den kahlen Raum eines Stadthauses, vor dessen vergitterten Fenstern sich eine Menschenmenge drängte und sie mit Schmährufen bedachte. Maria verlor die Nerven. Sie zerkratzte sich das Gesicht, raufte sich die Haare, und schließlich riß sie sich das Kleid herunter, hängte sich mit entblößter Brust an die Gitterstäbe und schrie der Menge zu, sie solle sie aus ihrem Gefängnis befreien.

Bevor man sie in das Inselschloß Loch Leven in Gefangenschaft brachte, versuchte man Maria in dem kahlen Raum zur Abdankung zu überreden, doch sie weigerte sich. Sie kämpfte um so heftiger, als alles aussichtslos für sie geworden war.

In dem idyllisch gelegenen Loch Leven, wo sie irgendwann in diesem Sommer Bothwells Kind zur Welt brachte – über das Schicksal dieses Kindes ist nichts Sicheres bekannt –, unterschrieb Maria Stuart schließlich am 24. Juli die Abdankungsurkunde. Wenige Tage danach wurde ihr einjähriger Sohn als Jakob VI. zum König von Schottland gekrönt. Bis zur Volljährigkeit des Königs übernahm Murray die Regentschaft.

Elisabeth war empört. In völligem Alleingang – denn alle ihre Staatsräte waren auf der Seite der protestantischen Lords – schleuderte sie den Lords ihren offenen Protest entgegen. Welche Schuld Maria auch immer auf sich geladen hätte, es sei mit nichts zu entschuldigen, daß Untertanen ihre Königin gewaltsam ihrer Macht enthöben – von den erniedrigenden Einzelheiten, unter denen diese Entmachtung stattgefunden habe, ganz abgesehen. Das gesalbte, unantastbare Recht des Monarchen sah Elisabeth hier auf das Empfindlichste verletzt, und sie fühlte sich geradezu persönlich angegriffen.

In ungewohnter Deutlichkeit und Härte verkündete sie, sie werde Schottland den Krieg erklären, wenn Maria Stuart irgend etwas widerfahre. Sie versuchte zwischen den Parteien zu vermitteln, mit dem Ziel, Maria wieder in ihre Rechte einzusetzen.

Gleichzeitig mußte sie mit viel Fingerspitzengefühl zu verhindern versuchen, daß sich Frankreich in den Konflikt einschaltete. Wenn die französische Regierung in Schottland intervenierte, konnte diese, nachdem sie die Königin befreit hatte, auch noch in einem Zug Marias Thronansprüche in England geltend machen.

Aber erstens war Frankreich zu sehr mit seinen Religionskämpfen beschäftigt, und zweitens kam Elisabeth mit Katharina von Medici meistens zu einem Konsens – beide waren gleichermaßen undogmatisch und »politisch« orientiert und wußten ihre Vorteile unsentimental gegen die Nachteile abzuwägen.

Im Moment konnten sich Katharina und ihr Sohn, der König, gerade so gegen die Hugenotten behaupten. Elisabeth brachte Katharina ihr Bedauern über deren aufmüpfige Untertanen zum Ausdruck (dieselben, die sie noch vor sechs Jahren unterstützt hatte) und sprach ihr mit dem Solidaritätsgefühl aller regierenden Fürsten ins Gewissen, das ihrer beider Interessen sowie die der Schottenkönigin verband. Sie selbst freilich, betonte sie, könne sich auf die Treue ihrer eigenen Untertanen voll und ganz verlassen. Mit dem Ausdruck dieser Überzeugung warnte sie zugleich davor, die bestehenden Konflikte in Schottland und Frankreich nach England hineinzutragen und ihr Thronrecht anzugreifen.

Nach zehnmonatiger Gefangenschaft konnte Maria Stuart im Mai 1568 aus Loch Leven fliehen. Auf der ersten Station ihrer Flucht widerrief sie schriftlich ihre Abdankung und organisierte eine neue Armee gegen die Lords. Doch der Widerstand schlug fehl, und es blieb Maria nichts anderes mehr übrig, als aus ihrem Land zu fliehen und ihr Leben zu retten.

Am 16. Mai 1568 stieg sie aus einem Fischerboot und betrat in Workington, einer kleinen Hafenstadt, englischen Boden.

Verlegenheit und der Aufstand im Norden

Sie brachte Elisabeth mit diesem Schritt in äußerste Bedrängnis. Als königliche Kollegin und nicht zuletzt als Verwandte hatte sich Maria unter ihren Schutz gestellt, und sie appellierte an Elisabeths Solidarität und Unterstützung. Ganz selbstverständlich forderte Maria, am Hof empfangen zu werden und von Elisabeth Unterstützung gegen ihre rebellischen Untertanen zu erhalten. Elisabeths erster Impuls war auch – zum Entsetzen ihrer Räte –, Marias Bitten nachzukommen.

Aber die schottische Königin war ein zu heißes Eisen für sie, als daß sie spontanen solidarischen und mitmenschlichen Gefühlen hätte nachgeben können. Wenn sie Maria half, die protestantischen Rebellen niederzuschlagen, wendete sie sich gegen die Seite, auf die sie sich seit ihrer Thronbesteigung und im Zuge der äußeren Entwicklungen nun mehr und mehr gestellt hatte: den Protestantismus. Sie verteidigte damit kein Dogma, aber sie nahm damit ihre Position in den Machtverhältnissen der Zeit ein.

Von eben diesen Wirren in Marias Land und von Marias schwacher Position hatte sie ja schließlich bislang profitiert und die Gefahr für ihren eigenen Thron abgewendet. Maria nun dabei zu helfen, ein katholisches Bollwerk in Schottland zu errichten, war alles andere als in ihrem Interesse.

Sie in allen Ehren zu empfangen, die sich nach Elisabeths Interpretation nach wie vor für die rechtmäßige Königin von England hielt, kam zumindest einer offiziellen Anerkennung von Marias Nachfolgerecht gleich, und das zu vermeiden, hatte Elisabeth bekanntlich ihre Gründe. Auch würde diese Geste, wie Cecil hinzufügte, die Lords in Schottland eventuell dazu bewegen, ein erbarmungsloses Regiment ohne monarchische Reglementierung zu führen, da sie Elisabeths Interessen und Wohlwollen nun nicht mehr berücksichtigen mußten. Der Königin von Schottland in aller Freiheit das Gastrecht zu gewähren, war aber mindestens genauso prekär. Marias bloße

Anwesenheit entfachte in rasender Geschwindigkeit Unruhe unter Elisabeths katholischen Untertanen.

Maria und Elisabeth hatten sich beide nichts vorzuwerfen. So wie ein beträchtlicher Teil der schottischen Rebellen seit Jahren in Elisabeths Sold stand, hatte Maria seit Jahren eine katholische Partei in England gefördert. Die war nun ob Marias Ankunft höchst erfreut und zog in Strömen nach Schloß Carlisle – wo man die Königin als erstes untergebracht hatte –, um ihr zu huldigen.

Bis Mitte Juni befand sich Maria im katholischen Norden Englands, nahe dem Border, bis man sie, da man sah, wie sich die Dinge entwickelten, weiter ins Innere des Landes brachte. In Bolton Castle wurde ihr jeder Luxus eines Hoflebens mit kleinem Gefolge gestattet.

Elisabeth ließ sich überzeugen, daß eine ehrenvolle Haft Marias vorerst die ungefährlichste und beste Lösung war. Um diese Haft aber vor der Außenwelt zu rechtfertigen, mußte sie Marias ungeklärte Mitschuld an dem Mord ihres Gatten ins Feld führen – auch als Grund, warum sie sich weigerte, Maria zu empfangen. Währenddessen suchte Elisabeth fieberhaft nach einer Lösung, um Marias Wiedereinsetzung in ihre königlichen Rechte zu erwirken, ohne daß dies ihr selbst zum Nachteil gereichte. Für ihre Räte war Marias Wiedereinsetzung indiskutabel.

Maria, die nach ihrem ohne Zweifel unverantwortlichen Werdegang nicht einen Funken ihres Fürstenstolzes verloren hatte, vermischte die vertrauensvolle Demut, die sie Elisabeth entgegenbrachte, bald mit provozierenden Anspielungen. Ihr, Elisabeth, habe sie ja zum Teil den Aufruhr in ihrem Land zu verdanken, da diese die Rebellen unterstützt habe. Während sie nun in England gefangengehalten werde, sei sie in Europa zum Glück nicht ohne Freunde in ihrer gerechten Sache.

Elisabeth verteidigte Marias Königsrechte *als Prinzip,* womit sie auch ihre eigenen Rechte verteidigte. Der Person Maria versetzte sie gleichzeitig Nadelstiche. Als Maria sich beklagte, sie habe keine Kleider als die, die sie auf dem Leibe trage, schickte Elisabeth, die selbst mit Kleidern unermeßlich prunkte, ihr ziemlich abgetragene Stücke, die sie entweder aus ihrer eigenen prunkvollen Garderobe aussortiert oder ihrer Kammerzofe entliehen hatte. Das war eine ähnliche Beleidigung auf unterster weiblicher Ebene wie der anderen ihren Geliebten zur Ehe anzubieten.

Immer wieder warf Elisabeth Maria ihre unwiderrufliche Dummheit vor, den »Schurken« Bothwell geheiratet und damit alles Unglück heraufbeschworen zu haben. Sie konnte soviel Leichtsinn und Verantwortungslosigkeit, vor allem soviel Unterwerfung unter den Willen eines Mannes einfach nicht nachvollziehen, und sie hatte in bezug auf Männer, mit Verlaub, einen besseren Geschmack. Vielleicht trug zu ihrer Verachtung des urwüchsigen Bothwell auch bei, daß dieser einmal, lange vor seiner Affäre mit Maria, geäußert haben soll: »Maria und Elisabeth ergeben zusammen noch keine anständige Frau.« Damals war er am französischen Hof.

Wenn es Maria gelänge, sagte Elisabeth jetzt, sich von dem Verdacht der Mitschuld an Darnleys Ermordung freizumachen und sich Murrays Anklage zu stellen, werde sie von ihr in allen Ehren empfangen.

Sie erkenne keine irdischen Richter über sich an, erklärte Maria hastig. Nur Elisabeth selbst werde sie als Richterin anerkennen, nur in ihrer Gegenwart werde sie aussagen.

Als die katholischen Konspirateure auch in dem einsam gelegenen Bolton Castle mit den hohen Festungsmauern ein- und ausgingen, entschloß sich Elisabeth, eine Untersuchungskommission einzusetzen, die sich des Falles Maria gegen Murray annehmen sollte. Auf Marias Entrüstung hin, für die sie übrigens vollstes Verständnis hatte (seit wann es denn rechtens sei, daß Untertanen ihren Fürsten anklagten), erwiderte sie, das Ganze sei keine Gerichtsverhandlung im herkömmlichen Sinn. Man wolle nur die Parteien anhören und verzichte auf eine Urteilsverkündung.

Die Konferenz fand im Oktober in York statt. Maria hatte sich geweigert, persönlich zu erscheinen, und ließ sich von dem Bischof von Ross und Lord Herries vertreten. Murray, der als Ankläger auftrat, brachte als Beweismittel für Marias Mitschuld die »Kassettenbriefe« mit, doch sie wurden vorerst nicht dem Tribunal vorgeführt. Die »Kassettenbriefe«, die in einer silbernen Kassette in Bothwells Haus gefunden worden waren, sind eine Sammlung von Briefen und Sonetten, die Maria Bothwell angeblich vor Darnleys Ermordung geschrieben hat. Sie sind ein erschütterndes Zeugnis absoluter Hörigkeit, leidenschaftlich, selbstzerstörerisch und bei allem noch poetisch, in einem eigenwilligen französischen Stil geschrieben, der dem Marias sehr ähnelt. Ihre lustvolle Unterwerfung unter Bothwells Willen kommt darin zum Ausdruck und ihre Verachtung Darnleys. Wenn diese »Cascet-Letters« also echt waren, war Marias Schuld bewiesen.

Der Herzog von Norfolk, der der Kommission in der vermittelnden Funktion, die der englische Hof übernommen hatte, vorstand, hatte Abschriften der Briefe gesehen und war von ihrer Echtheit überzeugt.

Dennoch wurde die Konferenz von York vertagt, weil sich eine brodelnde und intrigante Atmosphäre unter den Parteien bildete. Norfolk selbst wurde dabei u. a. heimlich für die Idee eingewickelt, Maria Stuart zu heiraten, um auf diese Weise das schottische Problem zu lösen. Norfolk wurde es mulmig dabei, so gegen Elisabeth zu intrigieren, zumal er selbst von Marias Mordbeteiligung überzeugt war. Aber er hatte in Anbetracht der Idee unverhofft Blut geleckt. Fühlte er sich als vornehmster Herzog des Landes nicht immer schon von Elisabeth nicht angemessen gewürdigt?! Der dahergelaufene Dudley besaß mehr Vorrechte und Ehren als er...

Elisabeth verlegte die Konferenz instinktiv nach Westminster, um die Ereignisse vor ihren Augen zu haben. Murrays Seite trug ihr an, sie möge sich nach dem erbrachten Beweis von Marias Mitschuld zur Auslieferung Marias in die Hände der schottischen Lords verpflichten, doch das lehnte Elisabeth kategorisch ab.

Obwohl die Kassettenbriefe, die man allgemein für echt hielt, inzwischen vorgelegt worden waren, endete auch die West-minster-Konferenz ohne Ergebnis. Beiden Parteien könne nichts vorgeworfen werden, verkündete Elisabeth im Januar 1569. Die »Cascet-Letters«, die Maria für gefälscht erklärte, müßten weiteren Untersuchungen unterzogen werden. Dieser »Schiedspruch« entsprach wieder ganz Elisabeths verzögern-der Art.

Die Verhandlungsgrundlage war einfach durch und durch zweifelhaft: Der Schuldbeweis lag einhellig vor, aber die Angeklagte, eine entmachtete Königin, war überhaupt nicht vor dem Tribunal erschienen und die »Schiedsrichterin«, ihre königliche Rivalin, erkannte den Schuldbeweis nicht an, weil sie die Konsequenzen vermeiden wollte. Im übrigen war der Anklagepunkt für die Verhandlungsführer sowieso belanglos und diente der vermeintlichen Schiedsrichterin lediglich dazu, die Gefahr, die von der Angeklagten und Rivalin ausging – die eigentlichen Vorwürfe gegen Maria – in Schach zu halten.

Elisabeth kümmerte es politisch nicht, ob Maria Stuart eine Gattenmörderin war oder nicht. Es kümmerte sie aber sehr wohl, daß seit Maria im Land war, ihre eigenen katholischen Untertanen aufgewiegelt wurden und daß Maria mit katholi-schen Konspirateuren im Kontakt stand. Elisabeth hatte noch keinerlei Beweise dafür, aber Maria konspirierte schon seit geraumer Zeit mit Frankreich, Spanien und Habsburg und träumte davon, diese Mächte anläßlich ihrer Befreiung wie einen Ring um England zu schließen.

Hinzu kam, daß sich Elisabeths Lage in Europa zusehends kritisch entwickelte. In den spanisch besetzten Niederlanden wehrte sich die protestantische Bevölkerung gegen die Unter-drückung der Spanier. Der Herzog Alba war daher von Phi-lipp dazu ausersehen, die Aufständischen in einem straffen Regiment niederzustrecken.

Auf den Hilferuf der Niederländer an Elisabeth, sie offen zu unterstützen und sich damit zur Schutzpatronin des Protestantismus zu machen, ging Elisabeth nicht ein, sondern sie wirkte auch hier nur im Untergrund.

Es war nicht nur Zauderhaftigkeit, wenn sie sich so verhielt. Elisabeth sah sich einfach nicht dazu berufen, die Vorkämperin für den Protestantismus in Europa zu sein. Dazu war sie nicht fanatisch genug und noch nicht einmal konfessionell überzeugt. Sie handelte in den Verflechtungen der Glaubenskämpfe immer nur politisch. Jetzt unterstützte sie die Niederländer, weil sie damit den allmächtigen Arm Spaniens in ihrem Nachbarland niederhalten half, der sich auch ohne weiteres ihrer Insel bemächtigen konnte. Dies aber offen zu tun, konnte Philipp dazu bringen, ihr den Krieg zu erklären – seit Marias Gefangenschaft in England eine immer gegenwärtigere Gefahr. Philipp hatte bereits den englischen Gesandten in Madrid zurück nach England geschickt. So hielt sich Elisabeth in den Niederlanden an ihre alten Prinzipien: Unterstützung der Rebellen mit Truppen und Geld, nach außen hin Neutralität.

Als Alba jedoch die Niederländer mit einer blutigen Verfolgung heimsuchte, entschloß sie sich zu drastischeren Maßnahmen. Im Dezember 1568 beschlagnahmte sie erstmals eine große Ladung spanischen Goldes, die sich zur Besoldung von Albas Truppen auf dem Seeweg nach Brüssel befand. Die Besatzung des Schiffes hatte in englischen Häfen Zuflucht vor Piraten gesucht. Alba blockierte darauf den gesamten Handel mit England und konfiszierte den Vorrat an englischen Waren.

Philipp war entrüstet. Er ließ sich von Elisabeth, der Ketzerin, dem »teuflischen Weib«, das es wagte, Spaniens Vormachtstellung anzugreifen, nicht mehr mit geheuchelten diplomatischen Phrasen über ihre Absichten hinwegtäuschen.

Elisabeth hatte in den zehn Jahren ihrer Regentschaft an Selbstbewußtsein gewonnen. Mit der Grundlage, die sie sich wirtschaftlich und innenpolitisch geschaffen hatte, strebte sie hinaus auf die Weltmeere und nahm teil an den Abenteuern zur Eroberung der Neuen Welt. England war eine Seefahrernation. Mit ihren Seefahrern und Abenteurern, ihren Forschungs- und Handelsreisenden und sogar mit ihren Piraten wagte es Elisabeth durchaus, mit dem spanischen Weltreich zu konkurrieren, und diese Konfrontation auf hoher See führte gar manchesmal zu unangenehmen Zusammenstößen der beiden Nationen. Mit ihrem todsicheren Instinkt für das gerade noch Mögliche ahnte Elisabeth wohl immer, wie weit sie auch bei Philipp, diesem düsteren, weltabgewandten und pedantischen Monarchen, gehen konnte. Sie wußte, daß er, gründlich und langsam wie er war, auch nicht der offensivste aller Herrscher war, der den Konflikt suchte. Also hatte sie sich bisher manches herausnehmen können.

Seit Maria Stuart jedoch bei Elisabeth in England saß, hatte sich die Situation grundlegend geändert. Ihre Gefangenschaft, die in der Tat nicht sonderlich gerechtfertigt war, konnte der Vorwand für sämtliche katholischen Mächte Europas unter Spaniens Führung sein, Elisabeth endlich vom Thron zu stoßen. Eine Maßnahme wie die Konfiszierung des spanischen Goldes – bei der Elisabeth noch Witz zeigte, indem sie dem spanischen Gesandten erzählte, das Gold, das sie als Darlehen von Genueser Bankherren auf ihren Namen hatte überschreiben lassen, bevor es in Albas Hände gelangt war, sei bei ihr gut aufgehoben –, ein solcher Affront also führte sie jetzt an den Rand eines Krieges mit Spanien.

Maria betrachtete diese Entwicklungen mit heroischen Träumen. Während sie Elisabeth schrieb, sie solle sich der Treue ihrer Untertanen nur ja nicht zu sicher sein, ließ sie dem spanischen Gesandten die vollmundige Verkündigung zukommen:

»Wenn Euer Herr mir hilft, bin ich in drei Monaten Königin von England und lasse in allen Teilen des Landes die Messe lesen.«[51]

Maria war eine Romantikerin. Aber die Lage sah wirklich kritisch für Elisabeth aus: Im Zusammenhang mit der Heiratsintrige Norfolk und Maria Stuart bildete sich im Frühjahr/ Sommer 1569 ein Komplott zur Entmachtung Cecils heraus, der als Erster Staatssekretär und mit der hohen Vertrauensstellung, die er bei Elisabeth einnahm, den meisten Einfluß auf den Kurs hatte, den die Königin einschlug. Man verschwor sich jetzt gegen ihn, teils um seine starke Stellung zu unterminieren, teils wegen seiner kompromißlosen Haltung gegenüber Maria Stuart (Norfolk) und teils aus persönlichen Motiven (Leicester).

Elisabeth hat hinsichtlich der Heiratsintrige von Anfang an Lunte gerochen und Norfolk bereits im Dezember auf das kursierende Gerücht angesprochen. Als er sich nicht äußern wollte, hatte sie von sich aus gesagt, er werde die Idee doch nicht so voreilig abtun, wenn sie vielleicht sogar eine Möglichkeit sei, ihrem Land und ihrer Sicherheit zu dienen. Norfolks Antwort darauf war gewesen, er werde nie eine Frau heiraten, bei der er nachts nicht ruhig schlafen könne – eine Anspielung auf den Gattenmord.

Nun aber hatten all diese Pläne sehr konkrete Formen angenommen: Zuerst müßte Cecil gestürzt werden, dann würde es Leicester besorgen, Elisabeth von dem Heiratsplan zu überzeugen, um schließlich endlich, da der größte Gegner seiner Heirat mit Elisabeth beseitigt wäre, auch zu seinem Ziel zu kommen und Elisabeths Gemahl zu werden. Die beiden Erzfeinde Leicester und Norfolk müssen sich in dem Gedanken sehr gefallen haben, sich in gemeinsamer Aktion jeweils eine Krone zu erobern, und in diesem gemeinsamen Unternehmungsgeist vermochten sie über ihre Feindschaft großzügig hinwegzusehen.

Das Gefährliche an der Sache war, daß einige von denen, die in das Komplott verwickelt waren, noch viel weiter gehen wollten. Es waren katholische Adelige wie der Herzog von Northumberland und der Herzog von Westmoreland (deren

Herzogtümer im Norden lagen), die mit dem Streich gleich Elisabeth absetzen und Maria zur Königin von England proklamieren wollten.

Elisabeth war von steigender Unruhe gepackt und gab Norfolk ein zweites- und ein drittesmal Gelegenheit, sich ihr zu offenbaren. Norfolk war hin- und hergerissen, sah sich aber in die Angelegenheit schon zu tief verstrickt. Maria, die bei dem Plan von seiner kompletten Durchführung ausging, die also damit rechnete – wie sie dem spanischen Gesandten gesagt hatte –, an Norfolks Seite Königin von England zu werden, schrieb dem Herzog bereits zärtliche Liebesbriefe.

Da verlor Leicester, der das Ausmaß der Intrige zu überschauen begann, die Nerven und machte nicht mehr mit. In einem seiner Landsitze legte er sich krank ins Bett, und Elisabeth eilte sofort zu ihm, wie sie es immer tat, wenn er krank war. Dort gestand er ihr sämtliche Pläne, von denen er wußte.

Gerührt verzieh Elisabeth ihrem zerknirschten »Robin« die Heimlichkeiten, die er – sicher nur mit den besten Absichten – gegen sie unterhalten hatte, begriff aber schlagartig die Gefahr. Sie beorderte Norfolk, der sich auf sein Gut in sein Herzogtum zurückgezogen hatte, umgehend an den Hof. Als er auch auf ihre zweite Aufforderung nicht erschien, ließ sie ihn in den Tower bringen.

Mittlerweile hatten sich die Verschwörer im Norden zum Aufstand gerüstet, und nach Norfolks Verhaftung schlugen sie zu. Es war Anfang November. In Durham verwüsteten sie die Kathedrale, zerrissen die englische Bibel und ließen die Messe zelebrieren. Ähnliches geschah auch an anderen Orten. Als sich eine Abteilung der Truppe nach Tutbury bewegte, wo sich Maria Stuart mittlerweile aufhielt, wurde Maria schleunigst nach Coventry gebracht.

Die Gefolgsmannschaft der Grafen besetzte Schloß Barnard und die Hafenstadt Hartlepool, wo Alba mit spanischen Truppen und französischem Geld erwartet wurde. Doch beides stellte sich nicht ein, und die Rebellen wurden Mitte Dezember von Elisabeths Streitkräften geschlagen.

Als Elisabeth nachher daranging, die Strafe über die Rebellen zu verhängen, war sie erbarmungslos. In ihren Strafmaßnahmen ging sie über die Anträge des Parlaments noch weit hinaus. Vom ersten Tag ihrer Thronbesteigung an hatte sie den Andersgläubigen in ihrem Land jede Freiheit gegeben, ihren Glauben unbehelligt auszuüben und trotzdem der Krone zu dienen. Sie selbst zermürbte sich in ihrer Arbeit um den Frieden und die Sicherheit des Reiches und hätte es sich mehr als einmal leichter machen können.

Wenn Elisabeth in vielen Dingen milde war – für Hochverrat kannte sie keine Gnade. Über siebenhundert Beteiligte wurden nach der Rebellion im Norden hingerichtet, aber das Tragische war, daß die kleinen Gefolgsleute daran glauben mußten, während die Anführer größtenteils über die Grenze nach Schottland fliehen konnten. Diejenigen, die über Grundbesitz verfügten, konnten sich regelrecht freikaufen, indem sie ihre Güter der Krone überschreiben ließen und den Treueeid leisteten. Elisabeths Pragmatismus und ökonomisches Bewußtsein opferte eine Gewissenshandlung gern einer Aufbesserung ihrer Haushaltskasse.

Nun hatte sich also das Schlimmste ereignet, was Elisabeth sich vorstellen konnte: Bürgerkrieg. Man hatte die Flamme erstickt, aber ihr Glutherd, die schottische Königin, würde immer neue Flammen entzünden, solange sie sich in England aufhielte. Elisabeth machte daher immer wieder neue Versuche, Maria in Schottland wieder in ihre Rechte einzusetzen, obgleich jeder am englischen Hof dies für Wahnwitz erklärte.

Frankreich und Spanien forderten jetzt klar und deutlich Marias Freilassung. Im Januar 1570 wurde Murray in Schottland von Marias Anhängern ermordet. Elisabeth verhandelte trotzdem weiter mit Maria. Sie schlug als Bedingung ihrer Wiedereinsetzung Marias endgültigen Verzicht auf die englische Thronfolge vor. Dafür solle Jakob nach England gebracht und dort zum König erzogen werden.

In diesem Jahr 1570 sprach Papst Pius V. über Elisabeth den Bann aus. Mit seiner Exkommunikationsbulle entband er zugleich Elisabeths katholische Untertanen von ihrem Treueeid, was diese in einen gehörigen Gewissenskonflikt brachte. Sie hatten de facto nur noch die Wahl, sich entweder der Königin oder dem Papst zu verpflichten.

Elisabeths Traum vom friedlichen Nebeneinander der Konfessionen war zerschlagen. Ob sie es wollte oder nicht, sie mußte von nun an die Maßnahmen gegen die Katholiken verschärfen, die sich durch die päpstliche Bulle zur Opposition definiert sahen und folglich auch stärker zum Widerstand tendierten.

Im Sommer legte Norfolk ein schriftliches Geständnis ab, worauf er aus dem Tower entlassen und in seinem Stadtpalais unter Hausarrest gestellt wurde. Doch kaum aus dem Tower entlassen, geriet er in die Fänge des Ridolfi-Komplotts. Roberto Ridolfi war ein Bankier aus Florenz und ein Geheimagent des Papstes. Er spann gern Intrigen und war nun mit dem Plan unterwegs, Philipp von Spanien, Herzog Alba und den Papst in Norfolks und Marias Namen zu überreden, Elisabeth abzusetzen und Maria auf den englischen Thron zu erheben.

Der Papst hatte nichts dagegen, denn er erteilte jedem Mörder Elisabeths im voraus Dispens. Auch Philipp von Spanien ließ sich für den Plan gewinnen. Nur der geniale Herzog Alba, der den militärischen Schlag verrichten, mit zehntausend Mann in London einmarschieren und Elisabeth ermorden sollte, betrachtete das Unternehmen mit nüchterner Skepsis. Erst wenn die englischen Aufständischen von selbst erfolgreich seien, werde er sich überlegen, einzugreifen, sagte er.

Doch bevor irgend jemand eingreifen konnte, war der geschwätzige und unvorsichtige Ridolfi schon samt seinen Machenschaften enttarnt. Man fing chiffrierte Briefe von ihm ab, die er an Norfolk und andere Mitverschworene geschrieben hatte, und die näheren Einzelheiten erpreßte man ihm durch die Folter.

Als erstes wurde daraufhin der spanische Gesandte des Landes verwiesen. Norfolk, dem nun endlich der Hochverratsprozeß gemacht werden konnte, hatte nichts mehr zu seiner Verteidigung vorzubringen. Im Februar 1572 wurde er zum Tode verurteilt.

Aber Elisabeth traten die Schreckensbilder des Richtblocks wieder vor Augen – nur daß sie diesmal selbst das Todesurteil unterzeichnen mußte. Norfolk war ein Verwandter von ihr, ein Mann höchsten Ranges, den sie ihr halbes Leben gekannt hatte. Noch in der Nacht vor der Vollstreckung des Urteils widerrief sie den Befehl.

Aber ob es nun die Folge ihres Zögerns war oder nicht, im April wurde Elisabeth von heftigen Magenkoliken befallen, und es sah so aus, als ob sie vergiftet worden wäre. Die Anfälle wurden so schlimm, daß der Hof sich zum zweitenmal auf Trauer einstellte. Drei Tage und Nächte blieben Leicester und Cecil an ihrem Bett. Der Geliebte und der Minister (der einzige Minister übrigens, zu dem sie noch unbedingtes Vertrauen hatte) ... Elisabeth verstand es einfach, ihre Kräfte zu verteilen. Sie stützte sich auf festen Boden und behielt trotz allem den Überblick.

Als die Königin auch diesen Anschlag überlebt hatte, war Norfolks Hinrichtung nicht mehr hinauszuschieben. Am 2. Juni 1572 starb er durch das Beil des Henkers. Elisabeth kämpfte fürchterlich mit sich und brauchte Monate, um darüber hinwegzukommen.

Das Parlament forderte auch Marias Kopf, da es Marias Verstrickung in das Ridolfi-Komplott eindeutig bewiesen fand, aber davon wollte Elisabeth überhaupt nichts hören. Sie schrie jeden an, der ihr mit so einem empörenden Vorschlag kam. Also wurde zumindest überlegt, wie man Maria rechtlich zur Ruhe bringen und Elisabeth schützen könnte. Man verfaßte ein Gesetz, nach dem Maria endgültig von der Thronfolge ausgeschlossen worden wäre und jeder sich des Hochverrats schuldig gemacht hätte, der auch weiterhin ihre »Ansprüche« verteidigte. Maria selbst sollte vor ein ordentliches Gericht gestellt werden, sobald sie weitere Intrigen spinnen würde. Doch bevor dieses Gesetz beschlossen werden konnte, hatte Elisabeth auch schon wieder ihr Veto dagegen eingelegt, weil sie es zu eindeutig fand. Der Himmel wußte, was sie mit Maria anfangen sollte!

Elisabeth stand vor einem Scherbenhaufen zerschlagener Hoffnungen. Sie hatte einen Aufstand niedergeschlagen, ein Mordkomplott entlarvt und einen Anschlag überlebt. Aber wenn sie sich in ihren Reihen umsah, fiel es ihr schwer, noch jemanden auszumachen, dem sie voll und ganz vertrauen konnte.

Wie war das mit der aufgehenden Sonne und dem unersättlichen Rachen der Menschen?! Elisabeth hatte sich noch nie Illusionen gemacht. Aber jetzt drohte sogar das, wofür sie gekämpft hatte, wie eine Seifenblase zu zerplatzen. »Frieden und Sicherheit« war ihre Devise von allem Anfang an gewesen. Wie lange noch? Sie wolle kein Blutvergießen, hatte sie bei ihrer Thronbesteigung gesagt. Doch auch davor war sie nicht verschont geblieben. Hinzu kam die ständige Angst vor dem Meuchelmord. Cecil hatte Sicherheitsvorkehrungen zum Schutz von Elisabeths Leben festgelegt – keine Speise ohne Vorkoster, keine parfümierten Gegenstände, die die Königin entgegennimmt, keine Kleidungsstücke, die sie ohne eingehende Untersuchung anlegt... Wahrscheinlich konnte sie auch nicht mehr so glücklich und unbeschwert mit Robert durch die Wälder reiten, denn hinter jedem Baum konnte ein Mörder in Marias Auftrag lauern.

Elisabeth entwickelte in solchen Krisenzeiten all ihre nervösen Symptome zu einem klaren Bild. Sie hatte ihr Leben lang Schlafstörungen und litt unter Appetitlosigkeit und Störungen des Magen- Darmtraktes. Sie aß meistens zuwenig und war die meiste Zeit untergewichtig. Migräne- und Fieberanfälle warfen sie in Abständen nieder.

Ihrer äußeren Erscheinung begann sie zu dieser Zeit jenen schrillen Akzent zu verleihen, der ihr in der Nachwelt teils überzogen haften blieb. Sie begann ihre Haare zu färben, nachdem sie durch ihre Pockenerkrankung an Glanz verloren hatten. Im gleichen Maße, wie ihre Haare durch diese künstliche Farbe immer roter und greller wurden, schminkte sie ihr Gesicht immer blasser, denn auch ihr Alabasterteint war nicht mehr, was er einmal gewesen war. Sie benutzte dazu eine weiße Paste, die sie aus Eiweiß, pulverisierten Eierschalen und Mohnsamen anrührte. Ihre prunkvolle Kleidung, die weiten Reifröcke und hohen Halskrausen, die edlen Stoffe, die mit Perlen und Edelsteinen besetzt waren, ließen keine Wünsche mehr offen. Die Puritaner kritisierten dergleichen modische Extravaganzen, die die Königin zur bescheideneren Nachahmung vorführte.

Als Elisabeth etwa Mitte Dreißig war, ging sie zu einem niederländischen Alchimisten, um sich ein Elixier der ewigen Jugend zu besorgen. Dies war die einzige Illusion, die sie sich gestatten und erhalten wollte...

Was tat Elisabeth, nachdem sie Norfolks Todesurteil unterschrieben hatte? Was tat sie in den langen Nächten nach der Vollstreckung des Urteils, als die erste große Krise vorbei war? Irrte sie schlaflos durch ihre Gemächer? Saß sie bei Kerzenlicht in betäubender Arbeitswut über Stößen von Staatspapieren – oder lag sie schluchzend in Roberts Armen?

Zwischen den Mächten.
Elisabeths subtile Aussenpolitik

Tuchfühlung mit Frankreich, brodelnde Stimmung in Spanien

Als das Ridolfi-Komplott entlarvt war, schien es, als ob sich jahrelange Gewitterwolken entladen hätten. Dabei war die Gefahr noch lange nicht vorüber – nicht, solange das Problem Maria Stuart ungelöst war und die Bannbulle des Papstes noch wie ein Damoklesschwert über der Insel schwebte.

Zum Glück für Elisabeth fühlte sich Philipp von Spanien – der einzige, der wohl de facto in der Lage gewesen wäre, die Bulle zu vollstrecken – schon deshalb nicht zu offensiven Schritten gegen sie veranlaßt, weil er den Alleingang des Papstes mit der Bulle als Affront empfand. Auch war die Argumentation Pius' V. gegen Elisabeth ausgesprochen haltlos – vor allem in dem zentralen Punkt, daß sie sich als Protestantin anmaße, den Titel eines Oberhaupts der Kirche zu führen, da sie gerade dies aus Vorsicht vermieden hatte. In der Formulierung »Verteidigerin des Glaubens« hatte sie vielmehr einen nicht zuletzt diplomatischen Kompromiß gefunden, von dem sie glaubte, daß er die papistischen Gemüter nicht erhitzen würde.

Ihre Isolation wurde Elisabeth nun jedenfalls wieder empfindlich bewußt. Sich dabei auf den Weltmeeren zurückzuhalten, wo ihre »Merchant Adventurers«, ihre herrlichen Seefahrer, gerade die abenteuerlichsten Erfolge erzielten und auch ihren Anteil an Beute an der Eroberung der Neuen Welt haben wollten, die sie gütlich mit der Königin teilten, daran dachte Elisabeth nicht. Die Kriege ohne Kriegserklärung zwischen ihr und Philipp gingen auf hoher See weiter.

Während das Hauptinteresse des Seefahrers John Hawkins
auf dem Aufbau friedlicher Handelsbeziehungen gelegen
hatte, brachte sein zehn Jahre jüngerer Cousin Francis Drake
bei seinen Seefahrten einen glühenden Protestantismus mit ins
Spiel, einen kriegerischen Haß auf den Papismus, die Inquisition und die Anmaßung des spanischen Weltreichs. Nach dem
Ethos dieser kühnen Zeit ging Drake daher völlig unbedenklich vor, um den Spaniern einen Teil dessen wieder abzutrot-
zen, was diese aus ihren Kolonien erbeutet hatten. Man maß
eben seine Kräfte und war damit, je nach der Seite, der man
angehörte, Patriot oder Pirat.

Drake hatte herausgefunden, daß er sich auf die Landenge von
Panama konzentrieren mußte, die Lima auf der pazifischen
Seite und Nombre de Dios auf der atlantischen Seite verband.
Auf dieser Verbindungslinie nämlich transportierten Philipps
Schiffe peruanisches Silber sowie Gold aus Mexiko, und wenn
er von diesen Schätzen sein Teil abbekommen wollte, mußte
Drake Panama und den atlantischen Hafen Nombre de Dios
unter seine Kontrolle bringen. Als Vorbereitung zu seiner
großen Expedition, die 1572/73, höchstwahrscheinlich mit
Elisabeths Unterstützung und finanzieller Beteiligung, stattfand und die zur erfolgreichen Kaperfahrt werden sollte,
inspizierte er in den vorangehenden Jahren die Route, auf der
er Philipps Reichtum an seiner empfindlichsten Stelle zu
treffen gedachte.

Es waren nicht nur wirtschaftlich-praktische Erwägungen, die
Elisabeth dazu motivierten, sich an den Unternehmungen auf
den Meeren zu beteiligen. Sie wollte an der neuen Zeit
teilhaben und Englands aufkeimende Kräfte einsetzen. Die
Abenteuerlust kam in ihr hoch, wenn ihre Seefahrer sie in
ihrem Palast besuchten und ihr von den fernen Ländern
erzählten, die Schiffe voll erbeuteter Reichtümer und duften-
der exotischer Gewürze.

Englands Verhältnis zu Spanien, das durch die Ausweisung
des spanischen Gesandten nach dem gescheiterten Ridolfi-

Komplott bereits einen kritischen Punkt erreicht hatte, wurde durch diese Vorgänge nicht gerade begünstigt. Auch weiterhin stand Elisabeth zwischen Philipp und den Niederlanden, indem sie die protestantischen Rebellen gegen die spanische Herrschaft unterstützte – was sie mit den Erträgen aus Drakes Raubzügen finanzierte.

Da sie in diesen ganzen Wirren keinen einzigen Verbündeten hatte, griff Elisabeth einmal wieder zum letzten aller Mittel, und sie sprach vom Heiraten. Auch nach zwölf Jahren hatte sie keine Hemmungen, sich wieder an den Erzherzog zu wenden, doch der hatte inzwischen das Warten aufgegeben und die Herzogin von Bayern geheiratet, was Elisabeth doch sehr empörte. So schaute sie sich weiter in Europa um.

Seit Generationen englischer Könige war man es gewohnt, Spanien als Bündnispartner und Frankreich als Erbfeind zu betrachten. Angesichts ihrer schwelenden Konflikte mit Spanien hielt es Elisabeth nun für an der Zeit, von diesen Prinzipien abzugehen und die Verhältnisse umzukehren. So griff sie unverhofft Katharinas Angebot wieder auf, den Knaben Heinrich von Anjou zu ehelichen. In den folgenden Monaten erging man sich in einigen Verhandlungen, die aber letztlich daran scheiterten, daß der katholische Heinrich keinerlei religiöse Zugeständnisse machen wollte und auch nicht daran dachte, persönlich in England zu erscheinen, damit Elisabeth ihn begutachten könnte.

Als Iwan der Schreckliche vor Jahren um Elisabeths Hand geworben, Elisabeth aber dankend abgelehnt hatte, hatte der Tatarenfürst in Moskau einen Sturm vom Platz gefegt und gepoltert, Elisabeth sei nur eine arme Lady, die zu gehorchen habe, wenn ein großer Herrscher sie zur Ehe begehre.

Alles in allem ist festzustellen, daß durch sämtliche Skandalgeschichten, die seit Jahren um Elisabeth kursierten, daß durch den wüsten Ruf, der die »Jungfräuliche Königin« in Europa hinter vorgehaltener Hand begleitete, die Bewerber sich nicht zurückhalten ließen. Es schien gerade so, als würde sie dadurch nur immer interessanter. Offiziell machte man sich Sorgen um ihre Tugend und zog sorgfältige Erkundigungen darüber ein, aber inoffiziell leckte sich so mancher die Lippen und dachte wohl: Was für ein Weib!

Elisabeth wußte das, denn sie kannte nicht nur die Menschen, sondern auch sehr speziell die Männer. Instinktiv wußte sie von dem weiblichen Wunschbild der Männer, diesem irrealen Doppelwesen aus intakter Jungfrau und wilder Hetäre, und dieses Wunschbild machte sie sich als undurchschaubares Zwitterwesen ohne letzte Enthüllung zur Identität. Die Lust der Männer an der Enthüllung – um zu erfahren, ob sie nun das eine oder das andere sei, während sie sich illusionär wünschen, sie sei beides – machte sie sich überlegen zunutze. Wenn ihr Geliebter offiziell seine Gemächer neben ihren hatte und sie sich gleichzeitig sonntags in den Gottesdiensten als Stellvertreterin der Jungfrau Maria auf Erden feiern ließ, zollte Elisabeth nur diesem ambivalenten Wunschbild Tribut.

Daneben war ihr Hof ein Präsentierteller männlicher Gallionsfiguren. Er hatte die sehr spezifische Eigenschaft eines von einer Frau geführten Musenhofes, an dem sich die Musensöhne tummelten.

Für die rein politischen Ämter spielte das Aussehen eines Hofmanns natürlich keine größere Rolle. Aber da gab es noch die vielen repräsentativen Ämter, bei deren Verteilung das empfindsame Auge der Königin sehr wohl eine Rolle spielte. Dabei bildete sich ein Männertyp heraus – aus Elisabeths persönlicher Vorliebe – der so ziemlich dem Renaissance-Ideal des »Uomo universale« entsprach. Elisabeth mochte Männer von Welt, Galants und Abenteurer, gewiß keine Stubengelehrten. Von glänzendem Äußeren und selbstbewußtem Auftreten, mußte der Elisabethaner nicht nur Turniere streiten, reiten und Kriege führen können, sondern zugleich belesen, gebildet und welterfahren sein.

Wenn man Elisabeths Gefährten Robert Dudley auch meistens jede Substanz abgesprochen hat, da man ihn für oberflächlich und eitel hielt – erst in neuerer Zeit beginnt man, sich seiner Person biographisch zu widmen und das verzerrte und verhaßte Bild von ihm zurechtzurücken –, so entsprach er doch zweifellos diesem Bild und erfüllte alle Eigenschaften, die dazu notwendig waren; möglicherweise nahm es durch ihn erst seinen Ausgang. Er war ganz der Typ des »Grand Seigneur«, großspurig und weltlich, dem Luxus, den Genüssen zugetan. Er gab ein Vermögen für seine Kleider in den kostbarsten Verarbeitungen aus, und das Mobiliar seiner Häuser gehörte zum Aufwendigsten, was es zu seiner Zeit in England gab.

In der Zwischenzeit hatte Leicester sich ein bißchen selbständig gemacht. Er war Mitglied des Staatsrats und tendierte mehr und mehr zur puritanischen Opposition, aus der heraus er des öfteren eine der Königin gegenläufige Meinung vertrat. Auch entwickelte er sich zum Kunstmäzen und kulturellen Förderer.

Als reife und erfahrene Frau räumte Elisabeth ihrem »Rob« nicht mehr die Bedeutung als einziger Mann in ihrem Leben ein. Noch bewußter und geschickter als bisher verband sie die Ebenen von Politik und Liebe, höfischer Kultur und Diplomatie zur Sicherung ihrer souveränen Position, und gleichzeitig war es ein Ausdruck ihrer weiblichen Unabhängigkeit, wenn sie sich wechselnde Günstlinge hielt. Da war noch immer der hübsche Thomas Henaege, auf den Leicester schon seit Jahren eifersüchtig war. Auch der anmutige Edward de Vere, Earl of Oxford, gehörte zu Elisabeths ständigen Begleitern. Am ergebensten aber von allen war Christopher Hatton, der Rechtsgelehrte mit dem wunderbaren Tanzstil. Der leicht labile, zur Schwermut neigende und von Elisabeth offenbar tatsächlich lebenslang besessene Hatton brach in Tränen aus, wenn sie ihm ihre Gunst entzog und sich anderen zuwandte. Das rührte sie wahrscheinlich ungemein, und sie liebte ihn auf eigene Art. Bald kursierte das Gerücht, Hatton habe Leicester als Liebhaber der Königin abgelöst, ein Gerücht, das die intrigante Lady

Shrewsbury auch eifrigst am Gefängnishof Maria Stuarts verbreitete.

Hatton schrieb Elisabeth während seiner Abwesenheit vom Hof leidenschaftliche Briefe, die jedes gewohnte Maß überstiegen.

Als er ihr während einer Pestwelle einmal einen Ring mit magischen Kräften gegen ansteckende Krankheiten sandte, schrieb er, sie möge den Ring an einer Kette »zwischen Euren süßen Brüsten« tragen, »dem keuschen Nest beständiger Reinheit«[52]. Als Mensch der Gegenwart ist man da einfach etwas ratlos, was von solchen Äußerungen zu halten ist.

In ihrer Vorliebe für metaphorische Spitznamen nannte Elisabeth Leicester ihre »Augen«. Hatton nannte sie nun ihre »Augenlider«, während Oxford ihr »Eber« war. Aber auch in der politischen Riege setzte sie diese Angewohnheit fort, wo Cecil ihr »Geist« und Walsingham ihr »Mohr« war. So hatten sie alle ihre Funktion und die ihnen zugewiesene Sphäre.

Mit der Umkehrung der Rollen an einem weiblich geführten Hof fand auch eine geschlechtliche Wertumkehrung statt. Es schien hier eben, als ob man Karriere am Hof nur über den Tanzsaal und das Schlafzimmer der Königin machen könnte (was natürlich Unfug war), womit die Ehrgeizigen des Landes doch sehr vom persönlichen Wohlgefallen der Königin abhängig waren und weniger von hierarchischen Strukturen. Bezeichnend für diese Wertumkehrung ist die Tatsache – sie verführt geradezu zu einem breiten Grinsen –, daß Hatton, der ein begabter Jurist war, der später auch einen Sitz in Elisabeths Staatsrat bekam und 1587 bis zum Lord-Kanzler aufstieg, weder zu seinen Lebzeiten noch im historischen Rückblick angemessen in seinen Verdiensten gewürdigt wurde, weil Elisabeth ihn eben im Tanzsaal entdeckt hatte. »Hatton... tanzte«, sollte es fortan hauptsächlich heißen, oder »Hatton mit den schönen Waden«, egal, was er tat.

Das Kardinalklischee der Schönheit, die Kompetenz erst einmal ausschließt – zu allen Zeiten namentlich auf Frauen angewendet – fand hier eben Anwendung auf die Männer, die an den Marionettenfäden der Frau Königin tanzten.

So einfach war es nun leider nicht. Um den tief verwurzelten Unwillen ihres Hofes, sich von einer Frau regieren zu lassen, abzufangen, kultivierte Elisabeth männlich-burschikose Eigenschaften zur Unterstreichung ihrer Autorität. Sie fluchte und spuckte und führte eine handfeste Sprache. »God's death!« war ihr Lieblingsfluch, und wenn sie ihn ausrief, stampfte sie auf oder schlug mit der Faust auf den Tisch. Sie hörte sich Seemannszoten und schlüpfrige Scherze an, die man sich in den Schänken erzählte – sie bestand darauf, daß man sie ihr originalgetreu wiederholte –, ohne rot zu werden, und ihr Lachen war so frei und so verwegen wie nur je.

Bei aller Musikalität, Eleganz und Kultur dieser Frau überwog doch im Alltag ihre ungebremste Energie, ihr ungehemmtes, unkonventionelles Wesen. Sie hatte einen schnellen und hektischen Gang und mußte sich bei Paraden etc. sehr zusammennehmen, um gemessen zu schreiten. Sie trank das Bier aus großen Krügen und erlegte auch mal einen Hirsch, wenn es sein mußte. Von sich als Fürstin sprach sie bevorzugt in der Neutrumsform – sie nannte sich »Prince« und nicht »Queen« –, mit der unbewußten Absicht, die weibliche Identifikation zu vermeiden.

Elisabeth war nun Anfang Vierzig und hatte sich ungewöhnlich gut gehalten. In Wahrheit prunkte sie erst jetzt so richtig auf in ihrem weiblichen Selbstgefühl, als sie die Jugend bereits überschritten hatte und aus den Kunstgriffen ihres Privatlebens zur Vereinbarung mit ihrer staatlichen Rolle einen Mythos stilisierte.

Und dieser Mythos war immer noch Europas beste Heiratspartie! Es erwuchs aus dem gesamteuropäischen Zusammenhang, daß Elisabeth jetzt ganz massiv die Nähe zu Frankreich suchte. Ihre größte Angst mußte im Zuge ihrer Entfremdung von Spanien sein, daß sich Frankreich und Spanien gegen sie verbündeten, und um das abzuwenden, hielt sie die französische Regierung mit Heiratsgesprächen bei der Stange. Nachdem die Verhandlungen mit Anjou gescheitert waren, schlug Katharina von Medici Elisabeth ihren jüngsten Sohn, François von Alençon, zur Ehe vor. Der Altersunterschied zwischen den Ehekandidaten belief sich freilich auf über zwanzig Jahre, und auch, was sie sonst über ihren potentiellen Bräutigam hörte, versetzte Elisabeth nicht in Begeisterungsstürme. Denn auch die schmeichelhafteste Schilderung höfischer Abgesandter konnte ihn nicht anders darstellen, als er offensichtlich war: klein und krummbeinig, von nicht gerade harmonischem Antlitz und von Pockennarben leider sehr entstellt. Wortwörtlich schrieb der englische Gesandte in Paris:

»Die Pockennarben stellen keine große Entstellung seines Gesichts dar, denn sie sind mehr dick als tief oder groß. Einzig am stumpfen Ende seiner Nase sind sie groß und tief; wie sehr sie zum Mißfallen Anlaß geben, steht bei Gott, der das Herz des Betrachters rühren möge.«[53]

Außerdem, so fügte der Gesandte hinzu, werde in zwei bis drei Jahren der Bart die Pockennarben sicherlich verdecken. Elisabeth mag diese Beschreibung gelesen und in Gegenwart ihres Staatsrats die Augen verdreht haben. Himmel! Wofür man sich nicht alles opfern mußte! – während sie womöglich ihren immer noch herrlichen Leicester im Geiste neben dieses imaginäre Monster, diesen verunstalteten Gnom stellte, an den sie sich also diesmal verhökern sollte. Vielleicht würzte sie die Unterredung noch mit einer trockenen Bemerkung, wie sie angesichts solcher Verheißungen die Hochzeitsnacht kaum erwarten könne.

Doch, wie auch immer, sie machte Katharina starke Hoffnungen, daß es ihr mit dem Eheplan ernst sei. Dreist ließ sie anfragen, welche Entschädigung sie denn für das entstellte Gesicht ihres Bräutigams erwarten könne. Wie es zum Beispiel mit der Rückgabe von Calais bestellt sei, Englands letzter Bastion auf dem Festland, die unter Maria Tudor verlorengegangen war.

Tatsache war, daß der Siebzehnjährige im Gegensatz zu seinem bigotten Bruder Anjou zu jedem religiösen Kompromiß bereit war – einige seiner Landsleute sahen in ihm sogar einen Ketzer. Alençon war in Frankreich ein Unruhestifter, der mit den Hugenotten sympathisierte, sich von seinem Bruder und seiner Mutter unterdrückt fühlte und sich nichts so sehnlichst wünschte, wie ins Ausland zu gehen, um sich dort einen eigenen Herrschaftsbereich aufzubauen. Das Angebot kam ihm also gerade recht, und auch Katharina hatte das heftigste Interesse daran, den unbequemen Knaben abzuschieben.

Zunächst einmal kam aber im Verlauf dieser Verhandlungen der Vertrag von Blois zustande, der im April 1572 zwischen England und Frankreich abgeschlossen wurde. Beide Staaten erklärten sich darin im Falle eines Angriffs zu gegenseitiger Unterstützung bereit. Außerdem verpflichtete sich Frankreich, sich nicht mehr für Maria Stuart und deren »Thronansprüche« einzusetzen. Elisabeth war ausgesprochen erleichtert, daß ein so glücklicher Vertrag für sie zustande kommen konnte, noch bevor sie irgendwelche Schritte im Hinblick auf den krummbeinigen Alençon einleiten mußte, von dem sich alle vorstellten, er reiche der hochgewachsenen Lady Elisabeth nur bis an die Schultern. Der erste und wichtigste Erfolg war erzielt – ein Defensivbündnis gegen Spanien –, und Heiratsverhandlungen bis zur Unkenntlichkeit hinauszuzögern, darin hatte Elisabeth jetzt schließlich jahrelange Übung.

Ein welthistorisches Ereignis sollte im Hochsommer 1572 aber dem Heiratsunternehmen sowieso erst einmal einen Strich durch die Rechnung machen und auch die englisch-französische Allianz gefährden.

Elisabeth logierte auf ihrer Sommerrundreise gerade bei Leicester in Kenilworth – der Burg in Warwickshire, die sie ihm schon zu Beginn ihrer Regierungszeit geschenkt und die er mittlerweile zu einem Märchenbau ausgestaltet hatte –, als sie die Nachricht von der Bartholomäusnacht in Paris empfing. Anläßlich der Hochzeit des Hugenotten Heinrich von Navarra

und der katholischen Margarete von Valois waren Mitte
August sämtliche Angehörige des hugenottischen Adels nach
Paris gekommen, um an den Feierlichkeiten teilzunehmen.

Die Hochzeit war Zündstoff für das gespaltene Land, und
Katharina, die sich der wachsenden Macht der Hugenotten
sowieso kaum erwehren konnte, geriet vollends in Panik, als
der Hugenottenführer Coligny einen starken Einfluß auf den
rückgratlosen König Karl IX. auszuüben begann. Eindringlich
beschwor sie ihren Sohn, von dem Ketzer abzulassen, wieder
ihr zu gehorchen und ihren Befehl zu vollstrecken: Coligny
mußte ermordet werden! Der junge König war vor allem eins:
ein braver, willenloser Sohn, und so gab er den Befehl in
psychischer Bedrängnis. Der Mordanschlag, der zunächst
mißlang, gab das Signal zum Aufstand der Hugenotten.

Katharinas Blutbefehl sollte angeblich »nur« darauf abzielen,
sämtliche *Anführer* der Hugenotten zu töten, um ihnen in
einem umgekehrten Unternehmen gegen die Katholiken
zuvorzukommen, doch das Blutbad, das auf diesen Befehl hin
ausgelöst wurde, war von unvorstellbarem Grauen. Es wurden
schlichtweg alle Hugenotten in und um Paris getötet, die nicht
rechtzeitig die Flucht ergreifen konnten.

In der Nacht zum 24. August, dem Bartholomäustag, läuteten
die Glocken von Paris das Massaker ein, das von dem allgemeinen Ruf »Tod den Hugenotten!« begleitet wurde. Fünftausend Menschen wurden allein in der Hauptstadt nieder-
gemetzelt, darunter Frauen, Kinder und Säuglinge. Mit den
Ermordeten der umliegenden Provinzstädte waren es etwa
zehntausend Tote, die das Massaker an Opfern forderte.

Den französischen Gesandten, der Elisabeth sofort, noch auf
der Sommerreise, aufsuchen wollte, um sich zu erklären, ließ
Elisabeth erst mehrere Tage warten, um ihn dann äußerst
reserviert zu empfangen. Sie hatte Hoftrauer angeordnet und
war selbst schwarz gekleidet, als der Gesandte vor ihr
erschien. Ob die Nachricht, die sie vernommen habe, wahr sei,
fragte sie ihn tonlos. Als er sich erklären wollte und dabei

ausflüchtend immer wieder betonte, wie wertvoll für Frankreich auch weiterhin die Freundschaft Englands sei, schnitt sie ihm das Wort ab und entließ ihn.

Doch es sollte sich sehr bald zeigen, daß Elisabeth keineswegs die französische Allianz aufs Spiel setzen wollte und daß sie nach dem Ausdruck einer angemessenen Distanz durchaus zur Wiederaufnahme der freundschaftlich-diplomatischen Kontakte bereit war.

In einem Brief vom 28. September schrieb sie Walsingham nach Paris:

»Ihr mögt ihnen sagen, daß Wir Uns nicht einmischen, wenn eine angemessene Strafe über die Untertanen des Königs verhängt wird... Aber daß der König alle die aus seinem Reiche ausrottet, die der Religion angehören, zu welcher auch Wir Uns bekennen, und uns gleichzeitig zur Ehe mit seinem Bruder begehrt, muß Uns doch sehr abstoßend vorkommen, als Widerspruch in sich, besonders, da er sich in einem Edikt zur Religionsfreiheit bekannt hat.«[54]

Die Folgen der »Pariser Bluthochzeit« waren gewaltig. Während Katharina mit Siegermiene durch den Louvre stolzierte, der Papst Dankesmessen abhalten ließ und Philipp von Spanien ausrief, die Nachricht von der Bartholomäusnacht sei die freudigste seines Lebens, regte sich ein Sturm der Empörung im protestantischen Europa. Die Stimmung der Engländer war kriegerisch antikatholisch, und nicht wenige von ihnen waren bereit, sich nach Frankreich aufzumachen und ihren Glaubensbrüdern zu helfen. Flüchtlinge aus Frankreich landeten währenddessen zu Hunderten an den Südküsten Englands.

Auch wurde nun noch aggressiver als vorher der Kopf Maria Stuarts gefordert, die zwar für die Bartholomäusnacht gewiß nicht verantwortlich war, die aber nun geradezu als *das* höhnische Symbol jener Seite angesehen wurde, die das Morden veranlaßt hatte und für Elisabeths Reich eine stehende Gefahr war. Und gehörten schließlich Marias Verwandte von Guise nicht zu den eifrigsten Verfolgern der Hugenotten? Maria Stuarts Tod sollte der Vergeltungsschlag für die Bartholomäusnacht werden.

Mit dieser Forderung und ihrer übrigen unerbittlichen Haltung gegen Frankreich und die katholische Seite standen die Puritaner am englischen Hof auf der Seite der öffentlichen Meinung. Das Parlament hatte sich gerade vertagt, doch der Staatsrat – allen voran Leicester und Walsingham – versuchte die Königin entsprechend nach vorne zu treiben.

Aber Elisabeth teilte diese Meinung nicht. Zwar nahm sie das Gemetzel in Paris tatsächlich als Gelegenheit, Anstalten zu treffen, Maria Stuart an die schottische Regierung auszuliefern, wobei alles Weitere dem Regenten Mar überlassen werden sollte. Dieser ließ sich auch, wie erwartet, für den Plan gewinnen – die Bestechungsgelder, die er dafür forderte, ließen Elisabeth das Herz bluten. Aber erstens bekam Mar unerwartet einen Dolch in den Rücken, weshalb die Verhandlungen nicht zu Ende geführt werden konnten, und zweitens stellte sich von Anfang an heraus, daß die Schotten die Hinrichtung Marias nie ohne Elisabeths Beteiligung vollziehen würden. Und die Verantwortung für Marias Schicksal anderweitig abzutreten, war ja das, was Elisabeth wollte.

Elisabeth versuchte also schon ganz zweckmäßig, die Verbindung zwischen den Ereignissen in Paris und einer Lösung des Problems Maria Stuart herzustellen und in diesem Sinne von dem Hugenottenmord zu profitieren. Aber sie weigerte sich sowohl dagegen, ihre Politik den Katholiken gegenüber im eigenen Land zu verschärfen, als auch dagegen, Frankreich den Rücken zu kehren.

Ende des Jahres ging sie auf den Vorschlag des französischen Königs ein, die Patenschaft für seine kleine Tochter zu übernehmen, und sie schickte einen Vertreter zu der Zeremonie nach Paris. Im Frühjahr 1573 nahm sie auch die Heiratsverhandlungen mit Alençon wieder auf.

Damit gingen die Haltungen Elisabeths und weiter Teile ihres

Volkes bedenklich auseinander. Elisabeth, rein politisch gesinnt, war in der Lage, über ein religiöses Massaker wie die Bartholomäusnacht hinwegzusehen, wenn dieses Hinwegsehen nur ihren politischen Zwecken diente, während ihr Volk, das sowieso immer entschiedener protestantisch wurde und bereit, dem Papismus kriegerisch zu Leibe zu rücken, darin das größte Verbrechen seit der Kreuzigung sah.

Die Puritaner in Parlament und Staatsrat – die jetzt Maria Stuarts Kopf forderten sowie die Ausweisung des französischen Gesandten – setzten schon lange ihre eigenen Akzente und schienen bald den Rahmen ihrer parlamentarischen Rechte zu sprengen. Sie bildeten im Unterhaus die Opposition, mit der Elisabeth zusehends bei den alle paar Jahre einberufenen Parlamentssitzungen zu kämpfen hatte.

Heinrich VIII. hatte mit Ratgebern kurzen Prozeß gemacht, die ihm zu aufmüpfig wurden – meist endeten sie auf dem Schafott –, und Elisabeth wetterte oder seufzte oft, ihr Vater hätte sich dies oder jenes von seinen Ministern niemals bieten lassen. Dabei ist es ihr hoch anzurechnen, daß sie sich der Auseinandersetzung stellte und es nicht vermied, Männern hohe Positionen zu verleihen, die fähige Politiker waren, aber von ihrer Linie abwichen.

Taufpatin hin, Bräutigam her... Ihr Verhältnis zu Frankreich schien Elisabeth nun doch zu unsicher, als daß sie sich allein darauf stützen wollte. Deshalb nahm sie ihre diplomatischen Beziehungen mit Spanien wieder auf und schloß mit Philipp einen Handelsvertrag, in dem sie sich auch dafür verwahrte, keine Piratenaktionen gegen ihn zu unterhalten oder auch nur zu schützen. Papier ist geduldig...

Spanien und die niederländischen Rebellen

In den folgenden Jahren sollte es Elisabeths Strategie sein, Frankreich und Spanien gegeneinander auszuspielen. Im

Kreuzfeuer des europäischen Geschehens standen nach wie vor die Niederlande, denn dort wurden die Machtkämpfe der Zeit ausgetragen. Elisabeth war in dieses Geschehen voll involviert, denn sie stand wie immer zwischen den Mächten.

Bislang hatte sie die niederländischen Rebellen unterstützt, um die spanische Kontrolle über die Provinzen abzuhalten. Jetzt aber machte sich noch eine andere Gefahr bemerkbar: Das protestantische Frankreich unter Führung Heinrichs von Navarra machte Anstalten, ebenfalls die niederländischen Rebellen zu unterstützen, womit die Gefahr einer Annektierung der Niederlande durch die Franzosen gegeben war, falls ihnen mit den Aufständischen der Sieg gelänge. Schon in der Zeit vor der Bartholomäusnacht hatten Frankreichs Hugenotten den Plan erarbeitet, gemeinsam mit Wilhelm von Oranien, der in den Niederlanden für die Freiheit der Generalstaaten kämpfte, die Spanier zu schlagen und Alençon anstelle von Philipp als Herrscher der Niederlande einzusetzen. In solchen Plänen hatte Colignys Gefahrenpotential gelegen, weshalb die katholischen Valois die Register gegen ihn gezogen hatten.

Die gegenwärtige Gefahr aber war, daß Philipp mit einer totalen Kontrolle über die Niederlande sein schon lange geplantes »Unternehmen gegen England« von niederländischem Boden aus starten könnte, indem er die Häfen Flanderns und Seelands als Ausgangsbasis für die Invasion benutzte. Im Hinblick darauf war Elisabeth bereit, sich mit Philipp gegen die Franzosen zu verbünden, während sie ungeachtet der französischen Ambitionen in den Niederlanden ihre Allianz mit Frankreich über die Königinmutter und ihren kleinen Bräutigam weiterverfolgte.

Auf den ersten Blick war Elisabeths Taktik in dem ganzen Geschehen völlig undurchschaubar: Während sie mit der französischen Regierung kooperierte, unterstützte sie in Frankreich wieder heimlich die Hugenotten. Doch sobald sie mit ihrer Unterstützung für die Hugenotten wirklich etwas hätte ausrichten können, etwa um ihnen in der von ihnen belagerten

Meeresfestung La Rochelle zum gelungenen Aufstand zu verhelfen, zog sie die Unterstützung zurück.

Genauso verhielt sie sich den niederländischen Rebellen gegenüber. Wilhelm von Oranien, der sich immer wieder mit der Bitte um Hilfe an Elisabeth wandte, wußte nie, woran er mit ihr war, und Elisabeths Staatsräte, allen voran ihre engagierten Puritaner Francis Walsingham und Thomas Wilson, rauften sich die Haare angesichts der halben Sachen, die sie anbefahl. Sie verstanden nicht, warum die Königin so schwer zu bewegen war, sich wirklich für die protestantische Sache einzusetzen.

Aber wie immer war der Kräfteausgleich und davon abgeleitet die Sicherheit Englands weit eher in Elisabeths Interesse als missionarischer Eifer für den wahren Glauben. Zu Wilhelm von Oranien hatte sie sowieso ein gespaltenes Verhältnis, denn so bewunderungswürdig sein Freiheitskampf gegen Spanien auch war, so verachtete sie doch seine rebellische Aufmüpfigkeit. Mal unterstützte sie ihn also mit Truppen und Geld, dann wieder rümpfte sie die Nase und bezeichnete ihn als Rebellen. Daß er Calvinist war, brachte ihn ihr auch nicht unbedingt näher. Es war die ewig gleiche Crux mit den Rebellen fremder Herrscher, von denen Elisabeth profitierte, die sie aber per definitionem nicht ausstehen konnte.

Elisabeth schürte alle protestantischen Aufstände, verhalf ihnen aber nicht zum Sieg. Wenn sie die Hugenotten in Frankreich unterstützte, dann tat sie es auch, um das Gleichgewicht der Parteien in Frankreich aufrechtzuerhalten und den für sie gefährlichen Guisen, Maria Stuarts Verwandten, entgegenzusteuern. In den Niederlanden war ihr Anliegen ganz ähnlich, denn für die Sicherheit Englands erkannte sie es als das beste, wenn alle Parteien weiterkämpften, aber keine siegte.

Zur Zeit ihres Handelsvertrages mit Philipp war es ihr noch lieber, wenn Philipp zwar Herrscher der Niederlande blieb, der protestantische Adel unter Oranien aber so stark war, daß

Philipp die Niederlande nicht als Ausgangsbasis für sein
»Unternehmen England« nutzen konnte. Mit dieser Taktik
hielt sie außerdem die Franzosen aus den Niederlanden fern.
Weder die protestantischen Vorkämpfer anderer Länder, die
von Elisabeth Unterstützung erhofften, noch ihre in der Sache
des neuen Glaubens so engagierten Minister verstanden Elisabeths Haltung. Da die Königin eben auch tatsächlich unentwegt diese krankhafte Unentschlossenheit in den verschiedensten Fragen an den Tag legte – Geld verleihen ja oder nein,
Truppen schicken oder doch zurückhalten... –, wo es dann
vorkam, daß Entscheidungen innerhalb weniger Stunden drei-
mal widerrufen wurden, wenn es sein mußte auch mitten in der
Nacht, deuteten sie ihr Vorgehen insgesamt als weibliche
Wankelmütigkeit. Die taktische Linie darin ist derweil unver-
kennbar.

Außerdem ist nicht von der Hand zu weisen – die ewige
Problematik, bei Elisabeth Sein und Schein zu unterscheiden –, daß die Königin mit ihrer Unentschiedenheit auch sehr
bewußt Verwirrung stiftete. Sie setzte sie ein, um Handlungs-
spielraum zu haben und für ihre Gegner niemals kalkulierbar
zu werden. Auch bei ihren Ratgebern setzte Elisabeth diese
Methode der bewußten Unentschiedenheit offenbar gelegentlich ein, um die Oberhand in ihren Entscheidungen zu
behalten.

Es gab eben auch einen elementaren Unterschied zwischen
Elisabeths Einstellung zu der religiösen Auseinandersetzung
ihrer Zeit und der ihrer Staatsräte, die ihre Aufgabe als
Protestanten im Krieg der Konfessionen zusehends als Kampf
gegen die Mächte der Finsternis sahen. Walsingham hatte als
Botschafter die Bartholomäusnacht in Paris selbst miterlebt,
Wilson war in Rom gerade so dem Inquisitionsgericht entkom-
men, während Elisabeth, die mehr dem humanistischen Tole-
ranzgedanken des Erasmus anhing, nur aus zweiter Hand
erfuhr, was draußen vor sich ging; die meisten anderen natürlich auch.

Leicesters Motive für seine puritanische Haltung sind unklar, denn er hatte sich ja lange Zeit als Gewährsmann Philipps von Spanien gezeigt, von dem er sich Unterstützung für seine Heirat mit Elisabeth erhofft hatte. Man darf nur an sein Angebot an Philipp erinnern, er werde den Katholizismus in England wieder einführen, wenn Philipp sich für ihn als Prinzgemahl einsetze. Diese und ähnliche Verhaltensweisen waren es, die Leicester nicht ganz zu Unrecht den Ruf einbrachten, er sei gewissenlos und eitel, nur auf den eigenen Vorteil bedacht und drehe sich ansonsten nach dem Wind.

Cecil, der seit 1572 den Titel Lord Burghley trug, war Elisabeths liberalem Protestantismus noch am nächsten, doch auch ihm war ihr Ränkespiel in manchem unbegreiflich, und er kritisierte es für sich als Inkonsequenz. Er setzte sich für eine weitere Verständigung mit Spanien ein, während die puritanische Seite für ein festes Bündnis mit den niederländischen Rebellen und den Hugenotten in Frankreich eintrat, um den Kampf mit Spanien aufzunehmen.

Elisabeth sah nicht ein, warum sie nicht beides verfolgen sollte, um währenddessen die Querelen endlos an der Oberfläche brodeln zu lassen.

Es ging Elisabeth so lange gut, und sie fühlte sich in ihrer Aufgabe gehoben und im besten Sinn herausgefordert, wie sie das Regieren als geniales Schachspiel betrachten konnte, in dem außer dem Notwendigsten nichts weiter geschah, als daß sich die Figuren auf dem Brett etwas verschoben. Elisabeth war eine Meisterin in dieser Art von Diplomatie, in der sie mit allen Mitteln der Verstellung, des doppelten Spiels, der Lüge und der Halbzusagen die für andere vollkommen verwirrten Fäden in der Hand behielt. Doch sie reagierte panisch, wenn sie die Konsequenzen tragen mußte, wenn ein Ausgang abzusehen war, den sie ganz oder teilweise zu verantworten hatte. Menschen in ihrer Umgebung, die ihr Stellungnahmen oder Entscheidungen abringen wollten, bekamen ihren ganzen Zorn zu spüren.

Wenn es ganz schlimm wurde und die Staatsräte händeringend
durch die Vorzimmer liefen, weil die Königin wieder einmal
nichts entscheiden wollte und außerdem in einer Stimmung
war, in der sie mit Pantoffeln um sich warf und ihre Hofdamen
schlug, schickte man immer Leicester zu ihr. Zwar vertraute
sie Burghley politisch am meisten, und sie nahm, wenn überhaupt, fast nur seinen Rat an, aber Elisabeth und Leicester
trug eben diese emotionale Welle, die es ihm ermöglichte, in
ihren Krisen einen Weg zu ihr zu finden, sie zu beruhigen und
zu sich selbst zurückzuführen.

In diesem ganzen Knäuel von Machtverhältnissen in Europa
sollte das Zünglein an der Waage nach Elisabeths Meinung
nicht ausschlagen, damit sie nicht Stellung beziehen und einen
Krieg riskieren mußte.

Die englische Wirtschaft war seit Elisabeths Regierungsantritt
wunderbar gesundet. Wirtschaft und Handel blühten, die
Königin war zahlungsfähig und hatte ihre Schulden, das heißt,
die ihrer Schwester, fast vollständig getilgt.

Dagegen war Philipp nahe dem Staatsbankrott, denn sein viel
zu schnell gewachsenes Weltreich, das zu unüberschaubar und
voll innerer Gegensätze war, um vernünftig verwaltet werden
zu können, drohte an seiner Expansion zugrunde zu gehen.
Auch verschlang der Aufstand in den Niederlanden, den
Philipp schon so lange niederhalten mußte, Unmengen von
Geld.

Philipp ging daher dankbar auf Elisabeths Annäherungen ein,
denn das Handelsabkommen mit ihr konnte seiner kaputten
Wirtschaft nur nutzen. Zugleich war sich Elisabeth darüber im
klaren, daß er sich, und wenn er es noch so begehrlich im
Hinterkopf hatte, das »Unternehmen gegen England« zum
momentanen Zeitpunkt schlichtweg nicht leisten konnte. Sie
konnte also einigermaßen darauf bauen, daß der Scheinfrie-
den zwischen England und Spanien noch eine Weile gewahrt
blieb, wenn auch der neue Papst, Gregor XIII., eifrig gegen sie
wetterte und dabei mit Philipp einig war und wenn auch mit

Philipps Halbbruder Don Juan d' Austria ein neuer potentiel-
ler Befreier Maria Starts auftauchte, der von der englischen
Königskrone träumte.

Da lief Francis Drake, der von seiner großen Kaperfahrt
zurückkehrte, im August 1573, beladen mit spanischen Schätzen, in Plymouth ein und brachte die Königin, die gerade um
gute Beziehungen mit Spanien bemüht war, nicht wenig in
Verlegenheit. Aber sie wird ihn unterderhand glücklich ent-
lohnt und nur der allzu öffentlichen Begeisterung um ihn
Einhalt geboten haben.

Währenddessen wurde der kleine Alençon in Frankreich
immer aufsässiger. Er begab sich entschiedener auf die protestantische Seite, schloß sich mit Heinrich von Navarra zusammen und half heimlich den Hugenotten. Dafür wurde er im
März 1574 sogar im Louvre eingekerkert, was Elisabeth kaum
mehr als eine trockene Bemerkung an Katharina entlockte,
daß sie den Kleinen schon erst aus dem Kerker holen müsse,
bevor sie, die Königin von England, ihn heiraten könne.

Im gleichen Jahr, 1574, starb Karl IX. von Frankreich im Alter
von fünfundzwanzig Jahren. Er hatte die Bartholomäusnacht,
für die man ihn natürlich verantwortlich gemacht hatte, nie
verwunden, und die Gespenster des Massakers hatten ihn bis
in den Schlaf verfolgt. Nahtlos machte sich Katharina nach
seinem Tod daran, das Ruder auch im Namen ihres nächsten
Sohnes, Heinrich von Anjou, an sich zu reißen, der als Heinrich III. Frankreichs Thron bestieg.

Da Elisabeth zunächst nicht wußte, was sie von dem neuen
König zu erwarten hatte, hielt sie sich um so stärker an
Spanien.

Alba war schon im vergangenen Jahr aus den Niederlanden
abberufen und durch den gemäßigten Requesens ersetzt wor-
den. Elisabeth versuchte daraufhin, zwischen Requesens und
Wilhelm zu vermitteln, und sie sah gute Chancen für ihre
Vermittlungsversuche, da Philipp schon aus finanziellen
Schwierigkeiten zur Versöhnung bereit war. Ihn zermürbte

der Kampf in den Niederlanden genauso wie Elisabeth, die äußerst ungern ihr schönes Geld aus Drakes Piratenfahrten zu den niederländischen Rebellen fließen sah.

Die Voraussetzungen für Frieden in den Niederlanden waren also recht gut. Wilhelm von Oranien blieb allerdings skeptisch, da er befürchtete, die Katholiken in den südlichen Provinzen – von denen es nicht wenige gab – an Philipp und Requesens zu verlieren. Auch die katholischen Niederländer hatten sich nämlich an dem Aufstand gegen die spanische Schutzmacht beteiligt und auf Wilhelms Seite gekämpft – ein Beweis dafür, wie vordergründig die Religion in dieser Auseinandersetzung stellenweise war.

Doch noch bevor es zu endgültigen Einigungen kommen konnte, starb Requesens im Jahre 1576. Philipp entsandte Don Juan d' Austria als neuen Gouverneur in die Provinzen, den gefeierten Helden, der 1571 mit seinem spanischen Heer die Türken bei Lepanto vernichtend geschlagen hatte.

Maria Stuart brannte schon darauf, von ihm befreit und erobert zu werden. Doch die Dinge schienen einen völlig anderen Verlauf zu nehmen, denn Philipp, nach wie vor zur Versöhnung bereit, schickte Don Juan mit dem Auftrag in die Niederlande, die Friedensverhandlungen einzuleiten.

Gerade zu der Zeit geschah es, daß die spanischen Soldaten, die lange keinen Sold erhalten hatten, Antwerpen plünderten, und zwar noch während Don Juan auf dem Weg in die Niederlande war. Die schrecklichen Meutereien der Soldaten führten dazu, daß die niederländischen Provinzen sich in einem Bündnis vereinigten, so daß Don Juan das Land bei seiner Ankunft in heftigem Aufruhr vorfand. In der »Pazifikation von Gent« hatten die Generalstaaten mit den Provinzen einen Friedensvertrag geschlossen und Wilhelm von Oranien zum Obersten Statthalter ernannt.

Und nun entschloß sich Elisabeth zu raschem Handeln. Hatte sie bisher noch auf spanischer Seite gestanden und sämtliche Hilferufe der Niederländer zurückgewiesen – ein Clinch mit

Die Eltern Elisabeths I.:
Heinrich VIII. von Eng-
land und Anne Boleyn (1, 2)

Maria I. die Katholische,
die »Blutige«, Königin von
England 1553–58,
Tochter Heinrichs VIII.
und Katharinas
von Aragon (3)

MARIE STVART
REYNE D'ESCOSSE

Maria Stuart, Königin von
Schottland, Gegenspielerin
Elisabeths I. (4)

Elisabeth I., Königin von England 1558–1603. Das Sieb in ihrer Hand symbolisiert ihre Jungfräulichkeit. (Eine legendäre römische Vestalin trug in einem Sieb Wasser vom Tiber zu den Tempeln, um ihre Reinheit zu beweisen) (5)

Der Befehl zur Hinrichtung Maria Stuarts aus dem Jahr 1587,
den Elisabeth erst nach langem Zögern unterschrieb (Auszug, 6)

Die großen Gegenspieler Elisabeths I. auf dem Festland: Philipp II., König von Spanien 1555–98 (7), und Heinrich von Navarra, König von Frankreich 1589–1610 (8)

John Knox, schottischer
Reformator, heftiger
Kritiker Elisabeths I. (9)

William Cecil, Baron von
Burghley, Schatzkanzler
und engster Berater der
Königin (10)

Königliche Abenteuerer,
Entdecker für England,
Piraten der Königin:
Sir Francis Drake (11) und
Sir Walter Raleigh (12)

Günstlinge und Berater der »jungfräulichen Königin«: Robert Dudley, Earl of Leicester, stand dem Herzen Elisabeths I. bis zu seinem Tode in hohem Alter nahe (13)

Robert Devereux, Earl of Essex, verlor durch Hochmut und Machtstreben die Gunst der Königin und endete auf dem Schafott (14)

Wilhelm über die Seegeusen, die in den niederländischen Gewässern englischen Kaufleuten ihren Handel erschwerten, tat ein übriges –, so ging sie jetzt unumwunden auf Wilhelms Ersuche um Unterstützung ein. Sie wandte sich sehr energisch an Spanien und drohte sogar, sie werde die Generalstaaten der Niederlande mit Truppen und Geld unterstützen, wenn Philipp und Don Juan sich nicht bereit zeigten, die Pazifikation anzuerkennen – in Wirklichkeit hatte sie den Aufständischen schon gleich ein Darlehen von zwanzigtausend Pfund gegeben und weitere zehntausend versprochen. Mit dieser Drohung erreichte sie, daß Don Juan d' Austria die Pazifikation tatsächlich anerkannte und in seinem »Ewigen Edikt« bestätigte.

Doch leider war den Niederlanden kein ewiger Friede beschert. Zwar zogen die spanischen Truppen tatsächlich bis auf ein kleines Grundkontingent ab – auf dem Landweg über Flandern, worauf Elisabeth, die Don Juans geheime Invasionspläne ahnte, äußersten Wert gelegt hatte; auf dem Seeweg hätten sie schließlich England gefährlich nahe kommen können –, doch Don Juan hatte sich nur pro forma und aus der Not auf den Vertrag eingelassen und verfolgte im stillen seine Pläne weiter. Zwischen ihm und Wilhelm gab es keinerlei Zusammenarbeit. Statt dessen ließ Don Juan neue spanische Truppen in die Niederlande kommen, um die Aufständischen niederzuschlagen. Er plante sein »Unternehmen gegen England«, für das er sich rüstete, mit dem Beistand des Papstes und Frankreichs.

Elisabeth tat, was sie konnte, um Wilhelms Sache zu unterstützen, ohne daß es zum offenen Konflikt mit Spanien käme. Was ihr dabei zu Hilfe kam, war, daß Philipp seinem heldenhaften und romantischen Halbbruder Don Juan gründlich mißtraute und daß er sich selbst diesem Krieg zum momentanen Zeitpunkt keineswegs gewachsen fühlte.

Elisabeth suchte weiter den Kontakt zu Spanien und setzte sich bei Philipp für die Niederländer ein, die, wie sie ihm schrieb, keine Rebellen seien, sondern sich nur Glaubensfreiheit und ein weniger straffes Regiment von Spanien wünschten. Das gleiche schrieb sie an Frankreich im Hinblick auf die Hugenotten, und sie meinte wirklich, damit der protestantischen Sache mehr zu dienen, als wenn sie sich auf den offenen Krieg einließe, zu dem sie Leicester und Walsingham drängten. Letztere verzweifelten darüber, daß die Königin die Gefahr offensichtlich nicht sah, die von ihren Feinden ausging und die man nur mit aggressiver Unterstützung der Gegenseite abwehren könne.

Unter finanziellen Einsätzen, die weit über ihre Verhältnisse gingen, warb Elisabeth deutsche und Schweizer Söldner für die Niederlande an, aber sie hielt ihren diplomatischen Kontakt mit Spanien. Sie mußte Frankreich genauso fürchten wie den kühnen Don Juan, jenes Frankreich, in dem Maria Stuarts Verwandte von Guise die Heilige Liga vorantrieben.

Anfang 1578 schickte Philipp nach sieben Jahren wieder einen Gesandten nach London, der Spaniens friedvolle Absichten zum Ausdruck bringen sollte.

Wilhelm von Oranien wandte sich in seiner Bitte um offene Unterstützung für den entscheidenden Schlag ein letztes Mal vergeblich an Elisabeth, die heilfroh war, es sich gerade wieder nicht mit Spanien verscherzt zu haben. In seiner Verzweiflung wandte sich Wilhelm daraufhin nach Frankreich, und das war der Zeitpunkt, als Alençon die politische Bühne betrat.

Alençon

Die südlichen Provinzen der Niederlande, die überwiegend katholisch waren, baten Alençon um Hilfe. Für seinen Einsatz sollte er den Titel »Verteidiger der belgischen Freiheit gegen den spanischen Tyrannen« tragen. Seit sein Bruder Heinrich König von Frankreich war, hatte Alençon dessen Titel Anjou geerbt, doch er soll hier weiter Alençon genannt werden, um Verwechslungen zu vermeiden.

Elisabeth konnte erst nicht einschätzen, was bei diesen niederländischen Aktionen Frankreichs von der offiziellen französischen Regierung ausging und was Alençon auf eigene Faust tat. Aber bald wurde ihr klar, daß sie den kleinen Herzog, der in Frankreich nur querschoß und sich in Opposition zu dem König und seiner Mutter befand, auf ihre Seite ziehen konnte, um somit auch seine Transaktionen in den Niederlanden unter Kontrolle zu kriegen. Also verfolgte sie wieder das Heiratsprojekt.

Alençon war überglücklich. Schon gingen ihm die Mittel aus, um seine Pläne als »Verteidiger der Freiheit« zu realisieren, und Elisabeth konnte und würde ihm helfen. England war für ihn der Inbegriff der Freiheit, wo er sich fern vom bigotten Hof seines Bruders und seiner Mutter verwirklichen könnte. Und dann war da diese herrliche Frau, von der er gehört hatte, sie sei sehr frei und kühn, der Liebe zugetan.

Die wunderbarsten Pläne verbanden sich Alençon mit England und der englischen Königin, der er wieder heiße Liebesbriefe schrieb in der Hoffnung, sie würde ihn endlich erhören. Er war ein jugendlicher Heißsporn – mittlerweile dreiundzwanzig –, und er hatte einen frustrierenden familiären Hintergrund, in dem man ihm nur die Hände band.

Elisabeth war jetzt fünfundvierzig, und bei den Erörterungen um die französische Heirat stellten sich ihre Räte auch die Frage, ob die Königin überhaupt noch Kinder bekommen könne. Doch der königliche Leibarzt bejahte die Frage, und auch Burghley, der offenbar alles wußte, ging ganz einfach davon aus.

Sie hatte sich eine erstaunliche Jugendlichkeit im Aussehen erhalten, und Elisabeth wußte, daß dies ein Triumph war, der die Aussicht barg, den Mythos, den sie um sich pflegte, noch einige Zeit erhalten zu können.

Es ist möglich, daß sie in dieser Zeit wirklich Überlegungen der Art hatte, wie sehr ein Bündnis durch Heirat und ein leiblicher Erbe sie in gefährlichen Zeiten wie diesen absichern würde. England war ein Strohhalm im Wind, den jede feindliche Macht umblasen konnte, falls es ihr in den Sinn kam.

Vielleicht schmerzte sie auch das Bewußtsein, daß es bald zu spät sein werde, um ein Kind zu bekommen – falls es das nicht schon war.

Man schob ihr schon seit vielen Jahren Bastardkinder unter. Es ging sogar das Gerücht, sie benutze ihre ausgedehnten Sommerreisen – wo sie nicht so sehr unter Beobachtung stand wie am Hof –, um Leicesters Kinder zur Welt zu bringen. Die Zahl dieser Kinder variierte in den unterschiedlichsten Versionen – mal waren es zwei oder drei, in dem Bericht des venezianischen Gesandten in Spanien waren es dagegen sogar dreizehn –, und genauso variierten die Versionen, was mit diesen Kindern geschah. Oft hieß es, sie würden ins Ausland gebracht, ohne jemals von ihrer Herkunft zu erfahren.

Ende der sechziger Jahre war ein Parlamentsbeschluß zur Regelung der Thronfolge – gegen Maria Stuarts Ansprüche – gefaßt worden, in dem es hieß, die Thronfolge beschränke sich auf die »natürlichen Nachkommen Ihrer Majestät« – eine Formulierung, die großen Aufruhr, Klatsch und Gelächter hervorrief, denn »natürliche Nachkommen« waren nichts anderes als Bastarde. Man vermutete sogar, daß Leicester die Formulierung dieses Parlamentsbeschlusses in seinem Interesse beeinflußt habe. Ein Dudley-Bastard auf dem englischen Thron war aber das letzte, was man sich vorzustellen wagte.

Es ist schwer auszumachen, welchen Belastungen die Beziehung zwischen Elisabeth und Robert ausgesetzt war. Elisabeth hielt Robert ständig in der Hoffnung, daß sie ihn doch noch heiraten würde, wenn erst die Zeit es gebiete, wenn erst Gras über die Sache mit Amys Tod gewachsen sei... Und diese Hoffnung, seinen und Elisabeths Sohn als nächsten König auf dem Thron Englands zu sehen, machte allen Ehrgeiz seines Leben aus.

Elisabeth mußte in dieser Liebe gegen ihn und seine Ambitionen, gegen sich selbst und gegen eine in dieser Sache feindliche
Außenwelt kämpfen, und es wird Zeiten gegeben haben, als es
beide kaum ertragen konnten; die Süffisanz der Diplomaten,
klatschende Höflinge, die heimlichen Nächte, falls es sie gab,
mit akribischer Planung und bestochenen Dienern, immer in
Angst vor Enthüllung und Verrat...

In den letzten Jahren verfolgte Robert auch mehr und mehr
die Sorge um den Fortbestand seiner Familie, da er keine
Kinder hatte, die seinen Namen weitertragen würden. Trotz
und gerade wegen der verräterischen Vergangenheit der Dudleys (es war noch nicht lange her, daß in England nur ein
Gentleman genannt werden konnte, wer in der Familie mindestens einen Angehörigen aufzuweisen hatte, der wegen Hochverrats exekutiert worden war) gehörte zu Roberts hervorste-
chendsten Eigenschaften ungebrochener Familienstolz, der
ihm von seinem ehrgeizigen Vater Northumberland vermittelt
worden war. Es durfte einfach nicht sein, daß er eines Tages
starb, ohne einen Sohn zu haben – zumal auch sein Bruder
Ambrose keine männlichen Nachkommen hatte und die Dudleys somit Gefahr liefen, auszusterben. Ganz abgesehen
davon, wie Elisabeth darauf reagiert hätte, hätte er aber
niemals anderweitig geheiratet, solange es eine noch so
geringe Hoffnung auf Elisabeths Hand gab.

Leicester hatte zweifellos zahlreiche Affären am Hof. Er
war eine blendende Erscheinung und stolzierte, wenn Elisabeth nicht dabei war, überall herum wie der König. Er
hatte eine üppige Lebensführung, die meistens über seine
Verhältnisse ging. Wahrscheinlich wußte Elisabeth von den
meisten seiner Eskapaden, und sie tolerierte sie wohl auch,
so wie er die ihren tolerieren mußte. Irgendwie wußte sie
wohl auch, daß er sich für manche Demütigung, die er von
ihr erfuhr, schadlos halten mußte, denn bei all ihren Eitelkeiten und majestätischen Schrullen war sie eine Frau von
Welt.

Aber wehe, was er tat, war mehr als eine Möglichkeit, sich abzureagieren!

Aus Leicesters Affäre mit Douglas Sheffield ging 1574 ein Sohn hervor, zu dem er sich wohl oder übel auch bekannte. Das Peinliche war nur, daß die Lady behauptete, Leicester habe sie im Jahr davor, als sie schwanger war, heimlich geheiratet, was Leicester entschieden bestritt. Die Wahrheit wurde nie herausgefunden, doch Elisabeth verzieh Robert auch das.

Was sollte sie machen? Ihn in den Tower werfen? Es sollte noch eine Gelegenheit geben, bei der sie das ums Haar getan hätte.

Im Sommer 1575 bot Leicester der Königin in Kenilworth einen prächtigen Aufenthalt, der zur Legende werden sollte. Er verschuldete sich über die Maßen, um ihr mit Festen und Maskenspielen, Theater, Tanz, Musik und Feuerwerk über drei Wochen ein Schauspiel zu bieten, das sie vielleicht doch noch dazu bringen könnte, zu kapitulieren und in die Ehe mit ihm einzuwilligen.

Als Elisabeth in dem ungewöhnlich heißen Juli dieses Jahres bei Anbruch der Nacht mit ihrem Hofstaat den Burggraben passierte, erklangen die Fanfaren, und ein prächtiges Feuerwerk erhellte den Himmel. Robert ließ für die Dauer ihres Aufenthalts die Uhren anhalten, damit der Märchentraum komplett war. Der Dichter George Gascoigne faßte das Schauspiel von dem königlichen Aufenthalt in Kenilworth in dem lebendigen Bericht »Die fürstlichen Vergnügungen in Kenilworth« zusammen. Manches von der Atmosphäre dieser Tage ging später in Shakespeares »Sommernachstraum« ein, wo Elisabeth in Hippolytta, der Königin der Amazonen, verewigt ist.

Jeden Tag gab es ein großes Programm in Kenilworth – Bärenhatzen, Turniere, Schauspiele im großen Stil... wonach der Königin gerade zumute war –, und der Rahmen dafür war exzeptionell. Die Parkanlagen waren nach Leicesters genauen

Anleitungen erstellt worden, denn er interessierte sich auch sehr für Gartenbauarchitektur. In einem der künstlichen Seen schwamm eine »Herrin des Sees« mit ihren Nymphen und begrüßte die Königin huldvoll. Überall traf sie auf mythologische Gestalten, Feen und Waldgeister, die vor ihr Verse deklamierten.

Die Innenräume von Kenilworth waren von königlicher Pracht. Leicester hatte extra einen Gebäudetrakt für Elisabeth bauen lassen, in dem sie bei ihren Besuchen logieren konnte.

»Rob« war der ewig Werbende, und das war gut so. Es gefährdete die Liebe zwischen ihnen nicht, da sie sich nie einem normalen Prozeß aussetzten, in dem nach dem Höhepunkt träge Gewißheit, nach der Gewißheit Übersättigung und danach das Ende käme.

Daß es so bleiben würde, wußte Robert 1578, als er Lettice Knollys heiratete. Die schöne Lady Essex war eine Cousine Elisabeths und mittlerweile Witwe. Die Affäre zwischen ihr und Leicester bestand mit Abständen seit einigen Jahren, und als sie schwanger war, nahmen beide dies zum Anlaß, zu heiraten. Es fanden zwei Trauungen statt, und beide waren heimlich, ohne Wissen der Königin. In Erinnerung an die unglückliche Douglas Sheffield hatte Lettices Vater auf einer zweiten Trauung mit Zeugen und in seinem Beisein bestanden.

Von alldem hatte Elisabeth aber keine Ahnung, als sie im gleichen Jahr ihre Heiratsverhandlungen mit Alençon wiederaufnahm. Politisch war ihr momentan das Glück gewogen, denn bevor Don Juan d'Austria von den Niederlanden aus sein »Unternehmen gegen England«, dem er schon so gefährlich nahe war, starten konnte, war er im Oktober gestorben.

Um die Weihnachtszeit schickte Alençon seinen Freund und Garderobenmeister Jean Simier als Liebesboten nach England. Bei dieser Wahl hatte der Herzog großen Instinkt bewiesen, denn Simier war ein französischer Galan der allerersten

Sorte, der Elisabeth gründlich den Kopf verdrehte. Der dunkelhaarige Franzose besaß genau die richtige Mischung von anspruchsvoller Unterhaltung, Galanterie und erotischer Schlüpfrigkeit, die Elisabeth entzückte und die sie jetzt brauchte. Nach den Sorgen und existentiellen Bedrohungen der letzten Jahre blühte sie in seiner Gegenwart auf.

Schon bald nach seiner Ankunft wollte Elisabeth Simiers Gesellschaft nicht mehr missen. Er säuselte ihr Alençons Versicherungen absoluter Liebe und andere Verheißungen ins Ohr, machte ihr die gewagtesten Komplimente und forderte sie in diesem Gebaren heraus, wie es noch keiner ihrer heimischen Höflinge, die ja auch keine Stoffel waren, gewagt hatte.

Er stahl ihre Nachthaube und andere Trophäen aus ihrem Schlafgemach, um sie seinem Herrn als Liebespfand zu schikken, und Elisabeth lachte und taumelte, während Leicester und Hatton vor Eifersucht vergingen und die Puritaner, die sowieso gegen die französische Heirat waren, empört die Brauen hoben.

Elisabeth wirkte seit Simiers Ankunft derart verjüngt und verändert – wie ihre Umgebung geschlossen feststellte –, daß man munkelte, der Franzose führe sie sehr ausführlich in die Raffinessen französischer Liebeskunst ein, damit sie die Waffen strecke und kritiklos von ihm zu Alençon überginge.

Allein und unbeobachtet waren sie in diesen Wochen und Monaten mehr als genug. Hinter verschlossenen Türen hörte man ihr Lachen und seine gedämpfte französische Rede.

Dabei schienen beide ganz zu vergessen, daß der eigentliche Werbende Alençon war, der zu Hause in Paris ungeduldig auf den Stand der Dinge wartete. Aber Elisabeth hatte noch gar keine Lust, den verführerischen Simier, den sie wegen seines Namens zärtlich ihren »Affen« (frz. »singe« = »Affe«) nannte, zu entlassen. Unter dem Vorwand, immer neue Einzelheiten des Heiratsvertrags besprechen zu müssen, erfreute sie sich seiner Gesellschaft länger als geplant.

Was Alençon anging, so blieb Elisabeth bei ihrer Einstellung, daß sie ihn erst sehen müsse, bevor sie sich entschließen könne, ihn zu heiraten – und diese Ansicht Face to Face konnte allerdings ein Problem werden nach allem, was über ihn bekannt war. So ist es verständlich, daß sie es damit nicht eilig hatte.

Als sie dem Herzog schließlich einen Paß zur Einreise nach England schickte, seine Ankunft also beschlossene Sache war, weinte Hatton, und Leicester legte sich in Wanstead krank ins Bett. Das war immer seine Art, seinen Protest auszudrücken. Elisabeth brachte es nicht über sich, Robert dort einfach liegen zu lassen, und sie machte sich auf zu ihm, um sich zu versichern, daß er nicht ernsthaft krank war, sondern nur, wie sie sich schon gedacht hatte, schmollte.

Aber das versöhnte ihn auch nicht, wenn er daran dachte, daß er sie bald an den Franzosen verlieren würde, nachdem sie bereits von seinem Herold eingewickelt worden war. Während Simiers weiteren Aufenthalts spielte er den gekränkten Liebhaber und gefiel sich sehr in seinem Selbstmitleid. Er behauptete sogar, Simier benutze Liebestränke, um Elisabeth in Alençon verliebt zu machen.

Bei öffentlichen Auftritten mußte er dennoch die Form wahren. Eine Bootsfahrt auf der Themse zu Ehren des französischen Gastes brachte die ergötzliche Konstellation mit sich, daß Elisabeth, Simier, Hatton und Leicester gemeinsam in der königlichen Barke saßen, wobei jeder der Herren gute Miene zum bösen Spiel machen mußte und Elisabeth sich sicher im Geheimen königlich amüsierte.

Bei dieser Bootsfahrt geschah es, daß ein Schuß auf die Barke losging. Der Bootsmann wurde schwer verwundet, und Elisabeth ließ ihn mit ihrem Schal verbinden. Aber alle vermuteten, daß der Schuß Simier gegolten habe.

Als kurze Zeit darauf ein Attentat eindeutig auf den Franzosen verübt wurde – bei dem ihm nichts geschah –, war sich Simier sicher, daß Leicester hinter den Anschlägen steckte. Er rächte sich, indem er Elisabeth von Leicesters Heirat erzählte – von der anscheinend mittlerweile jeder am Hof wußte, außer der Königin.

Es war ein furchtbarer Schlag für Elisabeth. Sie schloß sich in ihren Gemächern ein und kam lange nicht zum Vorschein. Dann tobte und schrie sie, sie werde Leicester in den Tower sperren. Das konnte Graf Sussex verhindern, der den Mut faßte und zu ihr hinging. Er konnte Leicester zwar ebensowenig ausstehen wie die meisten seiner Kollegen, aber er wollte verhindern, daß Elisabeth sich durch eine so unangemessene Maßnahme vor den Augen der Welt selbst entwürdigte.

Sussex war einer der vernünftigsten und unvoreingenommensten Männer am Hofe, ein Mann mit gesundem Menschenverstand, der schon 1561, als es auf dem Höhepunkt der Affäre um die Heirat zwischen Elisabeth und Leicester gegangen war, gegen das allgemeine Wettern gesagt hatte, wenn die Königin jemanden lieben wolle, dann solle man sie doch lieben lassen, wen sie wolle, wenn aus der Verbindung nur der ersehnte Thronerbe hervorgehe – nach dem Motto: »Omnes eius sensus titillarentur.«[55] («Alle ihre Sinne sollen vor Begierde entbrennen.«) Hätte es damals noch andere solcher Stimmen gegeben oder hätte man auf ihn gehört, dann wäre vielleicht alles anders gekommen.

Vielleicht lief alles, was sie mit Robert erlebt hatte, noch einmal vor Elisabeths Augen ab. Zu spät! Zu spät! Gab es überhaupt etwas zur richtigen Zeit?

Leicester blieb drei Tage in einem Turm in Greenwich Park gefangen, während er offiziell eine Kur machte. Dann durfte er in sein Haus in Wanstead ziehen, doch er blieb vorerst vom Hof verbannt. Lettice, Countess of Leicester, sollte von Elisabeth nie wieder anders als »die Wölfin« tituliert werden, und sie durfte ihr nicht mehr vor die Augen treten. Empörend fand Elisabeth an der ganzen Sache auch, daß Leicester sich am eifrigsten von allen gegen ihre Heirat mit Alençon ausgesprochen hatte, sowohl im Staatsrat als auch privat in seiner eifersüchtigen Rolle, während er selbst heimlich verheiratet war und sie verraten hatte. So jedenfalls empfand sie seine Heirat, als Verrat.

Ihre verletzten Gefühle ließen sie nun aber das französische Heiratsprojekt noch stärker vorantreiben. Sie betäubte sich mit vorbereitender Geschäftigkeit und aufgeregter Neugier, wie auch immer sie diesem Besuch wirklich entgegensah.

Am 17. August 1579 traf Alençon inkognito in Greenwich ein, um persönlich um die Königin zu werben. Da sie sich auf das Schlimmste gefaßt gemacht hatte, war Elisabeth bei seinem Anblick angenehm überrascht, denn er war weit weniger häßlich, als man ihn ihr beschrieben hatte. Er war vielleicht kein Adonis, aber er war auch nicht unansehnlich, und er besaß eben den typisch französischen Charme.

Außerdem entzückten sie seine Jugend und sein Ungestüm. Jedenfalls ließ sie sich zum gegenwärtigen Zeitpunkt gerne auf das Spiel ein, das ihr da aus so vielen Gründen zu spielen auferlegt war. Tatsache war, daß die beiden sich von Anfang an gut verstanden. Elisabeths junger Verehrer hatte Esprit, Humor und frische Ideen, und was die Religion anging, so hatten sie und er in ihrer Grundeinstellung mehr Gemeinsamkeiten, als sie nach außen hin zugeben durften. Denn als Präsumptiverbe der französischen Krone mußte Alençon natürlich katholisch bleiben.

Es ist gut möglich, daß er sich ihr in seinem Überschwang auch bald darüber anvertraute, wie es ihm bisher in seinen familiären Verhältnissen ergangen war. Da mußte sie ein beinahe mütterliches Mitgefühl und solidarische Empfindungen haben! Elisabeth hatte selbst nie die Stütze eines familiären Hintergrunds kennengelernt. Für junge Menschen mit Idealen, die gegen ihre restriktive Umwelt aufbegehrten, hatte sie schon aufgrund der Erfahrungen ihrer eigenen Jugend ein natürliches Verständnis.

In den folgenden dreizehn Tagen, die Alençon am Hof verbrachte, bemühte sich Elisabeth, ein weit ersichtliches Liebesgepländel mit ihm anzustimmen, von dem sehr schwer zu sagen ist, was reine Diplomatie, was ein Kunstgriff zur Überwindung von Leicesters »Untreue« war und inwieweit sie tatsächlich Gefühle zu dem Franzosen mit einbrachte. Ohne jeden Zweifel sind im Rahmen dieses diplomatischen Schauspiels Elisabeths verletzte Gefühle wegen Leicester von entscheidender Bedeutung und der Grund dafür, warum sie diese Rolle der verliebten Königin Alençon und aller Welt, vielleicht auch sich selbst gegenüber so überzeugend spielen konnte.

Niemand außer ihren engsten Ratgebern und Simier sollte von Alençons Besuch etwas wissen. Doch Elisabeth konnte und wollte vielleicht nicht verhindern, daß der spanische Gesandte Bernardino de Mendoza von dem heimlichen Besuch erfuhr und es an Philipp weiterleitete. Nun denn! Sollte Philipp nur ihren geplanten Heiratsbund mit Frankreich vor Augen geführt bekommen, bevor er wieder unverschämt wurde und die Säbel rasseln ließ!

Alençon war Elisabeths »Frosch«, und sie genoß seine Gesellschaft und stürmische Werbung; jedenfalls tat sie so, und das nicht schlecht.

Als er Ende des Monats nach Frankreich zurückkehrte, hatte sie ihm ewige Liebe geschworen. Noch auf der Reise schrieb er ihr vier Briefe aus Dover und drei aus Boulogne, während er sich, wie er schrieb, die Tränen vom Gesicht wische, die ihm ohne Unterbrechung aus den Augen strömten. Nur der Gedanke an ein baldiges Wiedersehen könne ihn trösten.

Indessen war England im Aufruhr: Die überwiegende Mehrheit des englischen Volkes war gegen die französische Heirat, mit der es eine zweite Bartholomäusnacht heraufbeschworen sah. Es sah darin eine Verbeugung vor den Guisen und den Papisten, und es empfand die geplante Heirat als Verrat an der protestantischen Religion und an Englands Unabhängigkeit. Aber so heftig der Widerstand aus konfessionellen und politischen Motiven war, spielten auch noch andere Gefühle dabei eine Rolle. Zwar wollte das englische Volk Elisabeth immer verheiratet sehen, aber es hatte sich in all den Jahren eben auch an seine Jungfräuliche Königin gewöhnt, und es schien nun einen potentiellen Ehemann als Eindringling zu empfinden. Er störte das reine Verhältnis zwischen ihm, dem Volk, und ihr, der Jungfräulichen Königin, und was sich regte, war so etwas wie eine kollektive Eifersucht.

Den Gefühlen des Volkes gab noch im selben August, als Alençon in England weilte, der protestantische Landedelmann John Stubbs in einem Pamphlet Ausdruck, das er in London drucken und veröffentlichen ließ. Es trug den Titel: »Die Aufdeckung eines gähnenden Abgrunds, der England mittels einer neuen französischen Heirat zu verschlingen droht, wenn Gott der Herr das Aufgebot nicht dadurch verhindert, daß er Ihre Majestät erkennen läßt, daß sie eine sträfliche Sünde damit beginge« – womit alles gesagt ist. Stubbs bezeichnete Alençon als »die alte Schlange selbst, die in Menschengestalt wieder auftauchte, um die englische Eva zu verführen und das englische Paradies zu zerstören«.

So gut also hatte Elisabeths Publicity die letzten zwanzig Jahre gewirkt, zu gut, schien es...

Durch den katholischen Valois, so Stubbs, werde die Messe in England wieder eingeführt und Gottes Wort mißachtet.

Mit Grauen dachte man an die Ehe Maria Tudors mit Philipp von Spanien zurück. England wollte keinen ausländischen Fremdherrscher mehr! *Eine* traumatische Erfahrung dieser Art innerhalb einer Generation war genug.

Außerdem setzte man Frankreich und den französischen Hof mit der Lasterhöhle schlechthin gleich. Alençon galt als der Sprößling zweier dekadenter Geschlechter – der Valois und der Medici. Er habe die Syphilis, schrieb Stubbs, als Folge eines ausschweifenden Lebens, und er werde Elisabeth sowie ihre gemeinsamen Kinder mit der verruchten Krankheit anstecken.

Das Schlimmste aber, was Stubbs in seiner Schrift zum Aus-

druck bringen konnte – und was ihm wohl auch als Majestäts-
beleidigung zum Verhängnis wurde – war, daß er behauptete,
die Königin sei schon zu alt, um noch einen gesunden Erben zu
gebären, weshalb die Heirat sowieso als sinnlos anzusehen sei.
Auch bei dieser Überlegung fühlte man sich traumatisch an
Maria Tudor und ihre eingebildeten Schwangerschaften erinnert.

Als Reaktion auf die Flugschrift wurde vom Hof eine Proklamation erlassen, in der die Politik der Königin und die französische Freundschaft verteidigt wurden. Gegen Stubbs und
seinen Verleger William Page schlug das Gesetz grausam zu:
Beide wurden zum Verlust der rechten Hand verurteilt.

Bei der Vollstreckung des Urteils kam es zu einem peinlichen
Zwischenfall. Stubbs hob, nachdem man ihm die Hand abge-
hackt hatte, mit der linken seinen Hut und rief: »Gott schütze
die Königin!« Dann fiel er in Ohnmacht und mußte weggetra-
gen werden. Page gab sich noch heroischer, indem er seinen
blutenden Armstumpf hob und rief: »Hier lasse ich die Hand
eines treuen Engländers zurück!«[56] Die Menschenmenge, die
der Urteilsvollstreckung beiwohnte, schwieg betreten.

Die Kritiker der französischen Heirat, die mit ihrer Stellungnahme der Bevölkerung aus der Seele sprachen, waren – das
zeigte diese peinliche Szene – keine Oppositionellen, Revoluz-
zer oder potentielle Verräter. Es waren Patrioten, die Elisabeth treu ergeben waren, sich aber herausnahmen, ihre bevor-
stehende Heirat zu kritisieren.

Elisabeth, die zutiefst in ihrer weiblichen Eitelkeit verletzt war
– wurde sie doch dargestellt wie ein unfruchtbares Einsatz-
pfand, mit dem sowieso kein Handel mehr zu treiben war –,
differenzierte jedoch die Haltung solcher Kritiker nicht und
behandelte sie nun wie die größten Verräter.

Indem sie ihrem Volk jahrelang gezeigt hatte, wie wichtig es
ihr war, daß es hinter ihr stand, indem sie auf seine Bedürfnisse einging und seine Nähe suchte, mußte sie in Zeiten wie
diesen auch hinnehmen, daß dieses Volk Ansprüche stellte

und Einspruch erhob, kurz: eine Eigendynamik entwickelt
hatte, die, wenn sie aufbrach, Elisabeth zutiefst beunruhigte.
Es mußte ihr dann scheinen, als ob sie die Geister nicht mehr
meistern könnte, die sie rief.

Elisabeth war tolerant und ließ fähige Menschen gewähren –
ob sie sie mochte oder nicht, ob sie ihrer Meinung war oder
nicht –, aber sie wollte sich als absolute Herrscherin niemals in
Frage gestellt sehen. Sah sie plötzlich ihre Autorität untergra-
ben, so neigte sie zu panischen Überreaktionen, wofür Stubbs'
Strafe ebenso Zeugnis liefert wie die Behandlung der Aufständischen nach der Rebellion des Nordens.

Mit ihrer Bestrafung wollte Elisabeth natürlich auch die Franzosen für die ihnen zugefügte Beleidigung entschädigen und
Signale für eine gemeinsame Zukunft setzen.

Tatsache war, daß Elisabeth mit der Verhängung dieser grau-
samen Strafe in ihrer durch das französische Heiratsprojekt
sowieso schon angeknacksten Beliebtheit einen Tiefpunkt
erreicht hatte.

Plötzlich mahnte sie die Zeit, sie, die am liebsten alles bis ins
Unendliche aufgeschoben hätte. Stubbs Hinweis auf ihr fort-
geschrittenes Alter – sie war sechsundvierzig – hatte Elisabeth
vor Augen geführt, daß ihre Zeit als »jungfräuliche Braut«
begrenzt war. Die Illusion der ewigen Jugend hatte ihre
biologischen Grenzen, die man zwar kosmetisch eindämmen
konnte, die sie aber ihren strahlenden Platz auf dem Heirats-
markt Europas in ziemlich absehbarer Zeit räumen lassen
würden.

Daß Leicester eine andere Frau heiratete, hätte Elisabeth zu
jedem Zeitpunkt abgrundtief verletzt. Aber wie sehr erst jetzt,
auf der Schwelle dieser Jahre, als man ihr noch erbarmungslos
das Stundenglas vorhielt!

Leicester war wieder in seine Ämter eingesetzt, doch Elisabeth weigerte sich lange, ihn zu empfangen.

Nüchterne Politiker wie Burghley konnten die Bedeutung
nicht ermessen, die Leicesters Heirat für Elisabeth hatte. Was

hatte er denn schließlich schon verbrochen, außer daß er die Königin um Erlaubnis hätte fragen können, bevor er heiratete?! Viel wichtiger erschien dem Minister, sich des weiteren mit der Gebärfähigkeit der Königin zu beschäftigen, um alle Aspekte der geplanten französischen Heirat eingehend zu bedenken.

Ausnahmsweise, so ist anzunehmen, *spielte* Elisabeth nicht nur die Unentschlossene in einer Heiratsfrage, sondern sie war wirklich hin- und hergerissen. Die Sanduhr lief ab, und sie mußte sich an Leicester rächen. Man sah ihm langsam seine Jahre an, und das war ihr Trumpf gegen ihn. Sie würde einen Jüngeren heiraten, einen sehr viel Jüngeren sogar. Er war zwar keine Schönheit, aber es reichte, um Robert seinen Mangel an Jugend ersichtlich zu machen. Sie konnte ihm bei dieser Gelegenheit auch wieder deutlich machen, welchen geringen Standes er gegenüber einem Bewerber fürstlichen Geblüts für sie war. Vielleicht wollte sie auch wirklich ein Kind, vielleicht bekam sie plötzlich Angst vor der Einsamkeit des Alters.

Jedenfalls entschloß sich Elisabeth zu dem für sie sehr ungewöhnlichen Schritt, ihrem Staatsrat die Entscheidung über ihre Heirat mit Alençon aufzutragen. Sollten sie gefälligst auch die Verantwortung für diese endgültige Maßnahme tragen, bei der es, einmal getroffen, kein Zurück mehr gab!

Aber der Staatsrat tat ihr diesen Gefallen nicht. Zwar debattierten die Mitglieder am 7. Oktober von acht Uhr morgens bis sieben Uhr abends darüber, doch als es zur Abstimmung kam, waren fünf Räte für die Heirat und sieben dagegen, darunter auch Leicester und Hatton.

Beide begaben sich nachher in einer Abordnung zur Königin, um ihr das Ergebnis mitzuteilen, das die endgültige Entscheidung offenließ. Die Königin möge zuerst sagen, welche Entscheidung sie bevorzuge. Da brach Elisabeth, die eine eindeutige Zustimmung erwartet hatte, vor den Ministern in Tränen aus und schluchzte, keiner könne ihren Wunsch verstehen, daß sie heiraten und Kinder haben wolle.

Diese Reaktion macht nun wieder etwas stutzig, weil sie nach allem, was man über Elisabeth weiß, eine Spur zu dick aufgetragen scheint.

Der Staatsrat war über ihre Reaktion erschrocken und fügte am nächsten Tag eilends hinzu, er werde die Heirat selbstverständlich einstimmig befürworten, wenn die Königin zu dieser Entscheidung geneigt sei. Aber da hatte Elisabeth schon Grund und Vorwand genug, die heikle Frage wieder einmal offenzulassen, da, wie sie Simier mit einem Ausdruck des Bedauerns erklärte, zu viel Widerstand ihr diese Entscheidung erschwere, die sie leider nicht allein treffen könne.

So vergingen weitere zwei Jahre, bis sie ihren »Frosch« Alençon zu einem letzten Tête-à-Tête wiedersah. In der Zwischenzeit konnte sie Spanien mit mancherlei Gesten einschüchtern, indem sie mit ihrem französischen Heiratsbündnis kokettierte.

Leicester und Hatton, die gegen die Heirat gestimmt und daher das Ergebnis nachhaltig beeinflußt hatten, bekamen Elisabeths ganzen Zorn zu spüren. Auf Leicester hatte sie einen richtiggehenden Haß. Er hatte heimlich geheiratet, während er ihr die Ehe nicht gönnte und versuchte, diese zu hintertreiben. So sah sie es, so und nicht anders.

Leicester war niedergeschlagen und schrieb im Oktober einen erstaunlich offenen Brief an Burghley:

»... Ich erfahre durch meinen Bruder Warwick, daß Euer Lordschaft Ihre Majestät in der gleichen Verbitterung gegen mich angetroffen hat, die andere mir schon mitgeteilt haben. Ich muß gestehen, es bedrückt mich nicht wenig, der ich ihr zwanzig Jahre lang so treu und sorgsam gedient habe. Euer Lordschaft ist Zeuge, meine ich, daß ich ihr, ihrem Reich und ihrer Krone unbedingt gedient und daß ich nicht mehr nach meinem eigenen Vorteil als nach ihrer Ehre getrachtet habe ... Ich hatte immer einen ehrenhaften Sinn in all meinen Handlungen, soweit es in meinen Fähigkeiten stand (was mit

Bescheidenheit ausgesprochen sei), ihr in meiner bescheidenen Berufung zu dienen. Entsprechend war es aber auch nie sklavisch entwürdigend, ungleich und unangemessen, wie wir verbunden waren. Aber da ich mich Jahr um Jahr mehr zum Leibeigenen gemacht habe, solange noch der Schimmer einer Hoffnung blieb, und wie Euer Lordschaft selbst weiß, die Hoffnung aufgegeben habe, da ich durch offene und auch private Erklärungen davon entbunden bin, scheint es mir mehr als hart, daß so eine Gelegenheit für derartigen Verdruß herhält ...

Was sie angeht, so mangelt es mir nicht an dem Gedenken, was ich ihr gewesen bin und ihr in Ehrerbietung immer sein werde. Sie mag vielleicht denken, daß sie ihr Wohlwollen verschenkt hat. Aber ich kann sagen, ich habe meine Freiheit und meine Jugend verloren und all mein Glück in sie gelegt; und, Mylord, jetzt, da ich eine Abrechnung mit der Welt gemacht habe, werden mir Euer Lordschaft wenig geben für den Rest meiner zwanzig Jahre Dienst.«[57]

Minnedienst und Königsdienst... Der Brief ist ein seltenes Zeugnis, um Einblick in Roberts Schicksal an Elisabeths Seite zu erhalten, das die meisten als rein ehrgeizig ausgerichtet abgetan haben; ein wenig Einblick in sein verzehrendes Warten und Hoffen, die Ungewißheit, in der sie ihn zeitlebens ließ – bis sich sein Stolz aufbäumte und ihn das begehen ließ, was ihn alles kosten konnte.

Er war *ihr* Geschöpf – das wußte er nur zu gut. Sie konnte ihm aus Rache alles wieder nehmen, was sie ihm gegeben hatte, und damit wären nicht nur seine irdischen Güter, sondern auch sein Name und jeder Rest von Ehre dahin. Seine Feinde standen schon blutwitternd bereit.

Verbannung, Ächtung, schlimmstenfalls den Richtblock ... Nicht mehr und nicht weniger hatte Robert riskiert, als er die schöne Lettice zur Frau nahm. Aber Lettice hatte ihm inzwischen einen Sohn geboren, der seinen Namen tragen würde. Elisabeth, die in dieser Zeit unerträglich wurde, fühlte sich von aller Welt verlassen. Nur die Liebesbriefe, die sie immer noch mit Alençon austauschte, konnten sie ein wenig trösten. Sie und der kleine Herzog galten als verlobt, und den nächsten Schritt stellte sie ihm vielversprechend in Aussicht.

Zunächst freilich sollte er in den Niederlanden den Kopf für sie hinhalten – was er mit Begeisterung tat, denn er wollte gern den jungen Helden spielen, um Elisabeth als höchsten Preis zu erringen.

Nach dem Tod Don Juans hatte der Prinz von Parma die spanische Herrschaft in den Niederlanden übernommen und in nur wenigen Monaten die südlichen wallonischen Provinzen zurückerobert. Daraufhin sagten sich die Aufständischen von Philipp los und boten Alençon die Herrschaft über die Niederlande an.

Oraniens größte Hoffnung war die Verbindung zwischen Elisabeth und Alençon, mit deren gemeinsamer und offener Hilfe der Aufstand gegen Spanien endlich erfolgreich beendet werden könnte. Doch da hoffte er wie immer vergebens, denn von Elisabeth die Aufgabe ihrer Deckung zu erwarten und den eindeutigen Schritt einer Heirat, war einfach zuviel des guten Glaubens.

Ein anderes Problem war für Elisabeth mittlerweile Irland. Seit vierhundert Jahren waren die englischen Könige die Lehnsherren Irlands gewesen, bis sich Heinrich VIII. sogar zum »König von Irland« ernannt hatte. Aber in dem Land herrschte Chaos. Weder an Machtstrukturen noch im Bereich der Konfession gab es in Irland irgendeine Durchgängigkeit. Manche Gebiete waren noch heidnisch geprägt, andere katholisch, und die meisten Gegenden waren beherrscht von Anarchie, Stammeskriegen und Rivalitäten der Clans. Dadurch wurde Irland zu einem günstigen Terrain für Englands Feinde, die sich die mangelnde Kontrolle des englischen Stammlandes zunutze machten und Unruhe schürten. Katholische Missionare taten ihr übriges, um die Stimmung gegen die englische Krone aufzuheizen.

Seit 1578 landeten wiederholt päpstliche Truppen mit spanischer Beteiligung in Irland. Elisabeth beobachtete das, doch sie schwieg, weil sie ahnte, daß sie diese Entdeckung dereinst noch als schlagendes Argument gegen Philipp verwenden würde können, falls es ihm wieder einmal einfallen sollte, sich wegen Drakes Plünderungen zu empören.

Und der Moment kam.

Elisabeth spielt mit dem Feuer

Es war ein großer Moment für die Geschichte der englischen Seefahrt, als Francis Drake im Spätsommer 1581 von seiner Weltumsegelung zurückkam, der ersten durch einen Engländer, der zweiten überhaupt nach der von Magellan, dem Portugiesen, die vierzig Jahre zurücklag.

Als die Nachricht nach London gelangte, war es mitten in der Nacht, und Elisabeth soll aus dem Bett gesprungen sein und ihren Staatsrat zusammengerufen haben. Die Nachricht verbreitete sich wie ein Lauffeuer und entfachte Begeisterungsstürme.

Drakes Schiffe waren, wie immer, hochbeladen mit geplünderten spanischen Schätzen, und es war jetzt höchst gefährlich für die Königin, in diesem Zusammenhang den patriotischen Enthusiasmus zur Feier der Weltumsegelung offiziell anzustimmen. Manch einer hätte es verständlich gefunden, wenn sie in dem Moment zur Vermeidung eines Krieges mit Spanien Drake geopfert hätte.

Aber Elisabeth dachte gar nicht daran. Sie war so stolz auf diesen Mann, der wie kein anderer zum Ruhm ihres Landes beitrug, und sie wollte ihn reichlich belohnen, sie wollte ihn wohlhabend und angesehen machen. Allein ihr Anteil an Drakes Beute betrug einhundertsechzigtausend Pfund – ein Vielfaches dessen, was sie in das Unternehmen investiert hatte –, und als er bei seiner ersten Audienz vor der Königin niederkniete, legte er ihr die prächtigsten Juwelen zu Füßen.

Nach den Freudenfeuern waren die Wissenschaftler aus allen Teilen Englands auf den Plan gerufen. Die Geographen erstellten See- und Weltkarten nach den neuesten Erkenntnissen, und es entstand viel an neuer Literatur über die fernen Länder der Erde.

Aufreizend stolzierte Elisabeth am Neujahrstag 1581 mit Drakes Juwelen durch den Palast, die sie sich gleich in eine ihrer Kronen hatte einarbeiten lassen. Sie wußte, daß Mendoza, der spanische Gesandte, sich das Schauspiel nicht mehr lange kommentarlos mitansehen würde. Doch sie kam ihm zuvor und stellte ihm bei einer Audienz die herausfordernde Eingangsfrage, die sie halb ins Humoristische kleidete:

»Kommt Ihr als Herold, um den Krieg zu erklären?«

Doch noch bevor der Gesandte darauf antworten konnte, bombardierte sie ihn mit Vorwürfen wegen Philipps Beteiligung an dem Einmarsch in Irland. Dabei tat sie, als hätte sie eben erst davon erfahren und sei noch in der ersten Rage. Philipp habe sich bei ihr dafür zu entschuldigen.

Ob *sie* sich etwa je für Drakes Aktionen oder ihre heimliche Unterstützung der Rebellen in den Niederlanden entschuldigt habe, erwiderte Mendoza. Da schrie sie ihn an, schickte ihn hinaus und hatte einen vermeintlichen Grund, ihn mehrere Monate nicht zu empfangen.

Drake war kein »Günstling« wie später Raleigh, der Elisabeth auch als Mann imponierte. Er war kein Höfling, sondern ein wind- und wetterfester Seemann, den Elisabeth in dieser Eigenschaft schätzte.

Am 4. April 1581 begab sie sich nach Deptford an Bord der »Golden Hind«, mit der Drake die Welt umsegelt hatte. Nach der Besichtigung des Schiffes traf sie Vorkehrungen, um Drake zum Ritter zu schlagen. Als er vor ihr niederkniete, nahm sie das Schwert und meinte lachend, sie könne ihm damit den Kopf abschlagen, weil er ein Pirat sei. Dann aber reichte sie das Schwert vielsagend an den französischen Gesandten Marchaumont weiter, der den Ritterschlag ausführen sollte. Mit dieser herausfordernden Geste hatte sie ihr französisches Bündnis vor den Augen der Welt, vor allem der Spanier bekundet und die Franzosen zu ihrer Politik verpflichtet.

Außerdem verlor die Jungfräuliche Königin an Bord des Schiffes ihr Strumpfband, das der französische Gesandte gleich Alençons Trophäen hinzufügen wollte. Lachend versprach ihm Elisabeth, sie werde es ihm später geben, er werde aber verstehen, daß sie jetzt noch etwas brauche, um ihren Strumpf zu befestigen. Darauf legte sie vor den versammelten Höflingen und Gesandten ihr Strumpfband wieder an.

Die Franzosen wurden aber langsam ungeduldig, weil Elisabeth noch immer nicht mit Alençon verheiratet war. Wenn sie auf entsprechende Bemerkungen mit dem Hinweis auf ihre jüngfräuliche Schüchternheit antwortete, hatten sie langsam genug, sich noch auf Diskussionen einzulassen. Schon hieß es, Katharina spiele mit dem Gedanken, Alençon an eine Tochter Philipps von Spanien zu verheiraten.

Also mußte etwas geschehen! Elisabeth hatte keine Wahl. Parmas Siegesmärsche in den Niederlanden, die Ereignisse in Irland und Philipps Aggressionen gegen sie waren zuviel, um alles dem Zufall zu überlassen.

Im Mai reiste daher eine französische Delegation nach England, um den Heiratsvertrag abzuschließen. Den fünfhundert Franzosen wurde ein großer Empfang bereitet, mit allem, was der Glanz des englischen Hofes aufzubieten hatte. Einer der Höhepunkte dieser Festlichkeiten war eine Allegorie auf die Werbung Alençons um die Königin.

Die »Festung der vollkommenen Schönheit« wurde von der »Begierde« bestürmt. Die Allegorie war also ganz ähnlich wie damals bei Stubbs, der sie zur Kritik gezeichnet hatte. Hier nun war das Bild der thronenden Vestalin über den Begierden der Welt aber seltsamerweise Teil eines Unterhaltungsprogramms für eben die diplomatischen Gäste, die die Vestalin aus ihrer Höhe abberufen wollten.

Kanonen feuerten Parfüm und duftenden Puder auf die »Festung« ab, und die jünglingshaften Boten der »Begierde« versuchten an Strickleitern an ihr emporzuklettern. Andere Vertreter verteidigten die jungfräuliche Festung mit der Ermahnung, die Herren Ritter würden einen Segen zerstören um ihres privaten Vorteils willen. Der Segen aber sei für alle da. Am Ende des Schauspiels siegte die »Tugend« über die »Begierde«, und die Moral der Geschichte war, daß die »Festung der vollkommenen Schönheit« der ganzen Welt als Mittelpunkt erhalten bleiben solle.

So tief war der Mythos, den Elisabeth um sich geschaffen hatte, in die Seelen der Menschen gedrungen. Als überirdisches, göttliches Wesen war sie, weil sie auf die »Erfüllung ihres weiblichen Wesens« verzichtete, aus jedem individuellen Zusammenhang gelöst, die reine Segenspenderin für alle. Das eben entsprach zwar grundsätzlich der Stellung des Herrschers, die er in den Augen seiner Untertanen einnahm. Aber auf einer anderen Ebene ergab sie sich hier aus der kulturellen Bedeutung der Jungfräulichkeit, die in der Überlieferung, in Mythen und Legenden bis hin zum Schicksal neuzeitlicher Märtyrerinnen die einzig mögliche Voraussetzung für weibliche Machtübernahme war. Die Frau, die aus ihrer biologischen und kulturellen Rolle herausgelöst war, wurde offen für die Weltzusammenhänge, die sonst den Männern vorbehalten waren. Die Jungfrau war ein geschlechtsloses Wesen mit männlichen Eigenschaften, kühn und frei durch die Abstreifung ihrer vorherbestimmten Rolle, ihrer Unterwerfung unter den Mann und ihres bergenden, weiblichen Wesens. Es waren Amazonenfrauen wie Johanna von Orléans, die sich einer Aufgabe stellten und mit Nachhalt wirkten, weil sie ihre Grenzen überschritten.

Die mächtige, wirksame, die kühne und mutige Jungfrau... Selbst Katharina von Medici, die wirklich niemand im physischen Sinn als Jungfrau betrachten konnte, hat sich mit dem Mythos einer jungfräulichen Göttin umgeben – Artemis, die Göttin der Keuschheit, der Jagd, des Mondes und des Todes. Wie die französischen Gäste die Moral der Geschichte von der Festung, die der Welt erhalten bleiben solle, allerdings aufgenommen haben, ist nicht überliefert. Man spielte in dieser Zeit mit solchen Allegorien, die ein unverzichtbarer Bestandteil höfischer Kultur waren.

Die Franzosen waren äußerst beeindruckt und fühlten sich in England aufs Festlichste empfangen, aber als sie zur Unterzeichnung des Ehevertrages drängten, bestand Elisabeth darauf, daß Alençon dazu persönlich an den Hof komme.

Das ließ er sich natürlich nicht zweimal sagen. Er eilte, er flog über den Kanal, obwohl er wie immer seekrank wurde, und traf Elisabeth im Juni inkognito in einem Gartenhäuschen in Greenwich. Nach diesem romantischen Stelldichein, bei dem Elisabeth den Kleinen wieder mit Versprechungen vertrösten konnte, reiste er ab, doch er kam im Oktober wieder zu einem offiziellen Besuch mit Gefolge.

Elisabeth liebte es, ihre Zeit mit den französischen Gästen zu verbringen. Sie liebte ihre Sprache, ihre Kultur und ihre Galanterie. Sowie es ihre Staatsgeschäfte erlaubten, sah man sie in dieser sonst so trüben Zeit plaudernd und scherzend mit den Gästen im Garten, in den langen Wandelgängen oder in ihren Privatgemächern.

Doch als sie eines Tages wieder einmal mit Alençon und seinem Gefolge die Galerie von Whitehall entlangschlenderte – es war der 22. November, seit der Ankunft Alençons waren viele Wochen vergangen –, ersuchte der französische Gesandte die Königin um Auskunft darüber, was er seinem Herrn in Paris hinsichtlich der Heirat schreiben solle.

Elisabeths Reaktion darauf war so unerwartet definitiv, daß es den ganzen Hof überrumpelte und Alençon die Sprache verschlug.

»Ihr könnt dem König schreiben, daß der Herzog von Alençon

mein Gemahl sein wird!«[58] sagte sie. Dann gab sie Alençon einen Ring von ihrem Finger und küßte den Herzog auf den Mund. Sie rief sogar alle Höflinge und Gesandten aus dem benachbarten Audienzsaal in die Galerie und wiederholte ihr Gelübde vor der so versammelten Hofmannschaft.

Alençon, der Glückliche, schrieb daraufhin einen Brief an seinen Bruder, den König, in dem er ihm freudig mitteilte, er und die Königin von England seien so gut wie verheiratet.

Hatton weinte wieder, und Leicester stellte der Königin die überaus provozierende Frage: »Seid Ihr Jungfrau oder Frau?«[59] (anders ausgedrückt: »Ist diese Ehe schon vollzogen worden?«)

Es war in der Tat ein Heiratsversprechen vor Zeugen, das sie Alençon gegeben hatte, nach altem, vorchristlichen Brauch war es sogar der Heiratsritus selbst. Wenn sie das Versprechen jetzt nicht einlöste, würde Alençon, würde Frankreich sein Gesicht verlieren.

Aber in ihren Heiratskomödien setzte sich Elisabeth ungehemmt über jede Konvention und über jedes Ethos hinweg. In den weiteren Verhandlungsgesprächen legte sie den Franzosen immer unannehmbarere Bedingungen auf, zum Beispiel verweigerte sie ihrem Bräutigam die freie Religionsausübung, oder sie verlangte die Rückgabe von Calais und Le Havre.

Als Alençon klar wurde, wie er verschaukelt worden war, bekam er einen Wutanfall und schrie:

»Nein, nein, Madame, Ihr seid die Meinige! Ihr seid die Meinige, wie ich es in Briefen und Worten beweisen kann, die Ihr vor mir geäußert habt, und wie es in dem Ring bestätigt ist, den Ihr mir gegeben habt – wovon ich auch meinen Bruder, meine Mutter und die französischen Prinzen benachrichtigt habe.«

»Ich werde dieses Land nicht ohne Euch verlassen!«[60] fügte er leidenschaftlich hinzu, und da war es an Elisabeth, ihn mütterlich zu besänftigen.

Irgendwann eröffnete sie ihm, daß sie es bei allen Gefühlen, die sie für ihn hege, zum gegenwärtigen Zeitpunkt einfach nicht verantworten könne, diese Heirat einzugehen, die ihr Volk so ablehnend aufnehmen würde. Vielleicht aber ändere sich die Stimmung des Volkes ja noch, und man könne es für sich gewinnen...

Elisabeth hätte einiges darum gegeben, Alençon jetzt loszuwerden, aber sie wußte nicht, wie. Vielleicht durch Bestechung? Sie war ja schließlich schon die ganze Zeit dabei, ihm sein niederländisches Abenteuer zu finanzieren.

Was Elisabeth auch tat und vorschlug, er blieb. Am 1. Februar endlich, mehr als ein Vierteljahr, nachdem er in England angekommen war, zog Alençon mit zehntausend Pfund in bar und weiteren versprochenen fünfzigtausend Pfund gen Frankreich. Elisabeth geleitete ihn bis nach Canterbury und weinte beim Abschied.

Als er endgültig aus ihrem Leben verschwunden war, wurde sie melancholisch und gereizt und trauerte um ihre verlorene Jugend. Alençon war ihre letzte Chance zur Ehe und zugleich der letzte Bewerber gewesen.

Die Verse im Petrarca-Stil »Über Monsieurs Abreise« werden Elisabeth zugeschrieben, in denen es heißt:

»Ich bin betrübt und darf es niemand zeigen,
ich liebe und muß tun, als ob ich hasse.
Ich bin verliebt und muß es doch verschweigen.
Ich scheine stumm, und dennoch spricht mein Herz.
Ich bin und ich bin nicht – und frier' und brenne,
weil von mir selbst mein zweites Ich ich trenne.«[61]

Andere Interpreten beziehen diese Zeilen auf eine ganz andere, spätere Liaison Elisabeths. In der dritten Strophe wünscht sie sich, daß eine sanftere Leidenschaft von ihr Besitz ergreife; alles in allem sind das Töne, die, falls sie überhaupt von Elisabeth stammen, nicht ganz auf ihre Begegnung mit Alençon zu passen scheinen.

Es ist nicht auszuschließen, daß Elisabeth sich zu dieser Zeit sehnsüchtig einen Sohn wünschte, den sie auf ihre Nachfolge vorbereiten könnte. Aber wollte sie den Preis dafür zahlen? In dem formell aufgesetzten Heiratsvertrag zwischen Alençon und Elisabeth hieß ihrer beider Titel: »François und Elisabeth, König und Königin von England«. Hätte sie es ertragen, an zweiter Stelle genannt zu werden, abgesehen von allem anderen? England war *ihr* Land, und so sollte es bleiben.

Nachdem sie auf die französische Heirat verzichtet hatte, gewann Elisabeth auch ihre Popularität wieder. Sie hatte Zeit gewonnen, ihr Lebensprinzip. Zeit gewinnen und Bindungen meiden, das war's, worauf es ankam!

Sie hatte Philipp getäuscht und den Konflikt mit ihm hinausgezögert, und jedes weitere Jahr der Ruhe und des Friedens ließen Englands Wirtschaftskraft und seine innere Einheit wachsen.

Das Verteidigungsbündnis mit Frankreich blieb indessen bestehen. Alençon tat in den Niederlanden sein Bestes, was nicht gerade überragend war. Was gäbe sie darum, seufzte Elisabeth, ihren »Frosch« wieder in der Themse statt in den trüben Sümpfen der Niederlande schwimmen zu sehen. In Alençons immer noch überschwenglich gefühlvollen Briefen fehlte allerdings nie der Hinweis auf weitere versprochene Darlehen. So zogen sich der Kontakt und die Werbung weiter hin.

Im Januar 1584 geriet Elisabeth ihr »Frosch« gar außer Kontrolle, denn er mißbrauchte seine Macht in einer äußerst kopflosen Aktion. In einer plötzlichen Wut, daß es ihm nicht gelungen war, in den Niederlanden den Einfluß zu erringen, von dem er geträumt hatte, versuchte er, im Querschlag gegen seine niederländischen Verbündeten Antwerpen zu erobern. Die Stadt wurde völlig verwüstet, aber behaupten konnte Alençon sich nicht. Daraufhin mußte er das Land in Schimpf und Schande verlassen, um in Frankreich von seiner höhnischen Mutter empfangen zu werden.

Am 10. Juni 1584 starb Alençon, wie es hieß, »an einem Fieber«. Elisabeth weinte, als sie die Nachricht erhielt, bezeichnete sich in ihrem Kondolenzschreiben an Katharina als »trauernde Witwe« und beging jährlich seinen Todestag. Ein wie auch immer geartetes emotionales Verhältnis hatte Elisabeth zweifellos zu ihrem »Frosch« gehabt, der ihre letzte und vielleicht einzige Chance zu einer legalen Bindung war.

Inzwischen war ein neuer Stern am Günstlingshimmel aufgegangen. Walter Raleigh, der mittellose Sohn eines kleinen Adeligen in Devonshire, hatte es geschafft, das Auge der Königin auf sich zu lenken. Er besaß alles, was ihm dazu notwendig war: Schönheit, Ehrgeiz, tollkühne Pläne und grenzenlose Arroganz. Von ihm ist die Geschichte überliefert, daß er seinen kostbaren, aber geliehenen Samtmantel im rechten Augenblick auf eine Pfütze legte, als Elisabeth aus ihrer Kutsche stieg und sich sonst die Schuhe beschmutzt hätte. Die Königin schritt darüber, hieß es, und schenkte dem schönen jungen Herrn bei dieser ersten Begegnung einen aufmunternden Blick.

Mit Raleigh setzte sich eine im fortschreitenden Alter zusehends stärker werdende Neigung der Königin fort, sich mit immer jüngeren Männern zu umgeben. Raleigh war Anfang Dreißig, und Elisabeth hatte die Fünfzig überschritten, als sie ihn zu ihrem Favoriten machte. Er trat in den Kreis derer, die »Gloriana« in Gedichten huldigten, aber er war mehr als das: ein Höfling und Dichter, ein Intellektueller und zugleich ein Seefahrer und Abenteurer. 1584/85 unternahm er seine erste Expedition zur See, um die erste englische Kolonie in Nordamerika zu gründen. Er nannte sie der Jüngfräulichen Königin zu Ehren »Virginia«, was zwischen beiden – vielleicht augenzwinkernd – abgesprochen war.

»Virginia« Elisabeth zog über die Meere und war auf dem Weg zur Unsterblichkeit...

»Leicesters Commonwealth«

Neben der von Alençon zog noch eine andere Todesnachricht durch Europa, die allerdings weitreichendere politische Konsequenzen hatte. Wilhelm von Oranien war ermordet worden! Ein spanischer Patriot in Philipps Diensten hatte die Tat endlich ausgeführt.

Da Wilhelm der einzige gewesen war, der die niederländischen Provinzen zusammengehalten hatte, war es mehr als fragwürdig, ob sich die Aufständischen nach seinem Tod noch gegen Spanien behaupten konnten oder friedliche Vereinbarungen zwischen den Parteien möglich waren. In den folgenden Monaten wurde dann auch immer deutlicher, daß der Prinz von Parma die Niederlande fest in den Griff bekam.

In Frankreich gewann währenddessen die Fraktion der Guisen an Macht. Nach dem Tode Alençons war der Hugenotte Heinrich von Navarra der nächste in der französischen Thronfolge, was die ultrakatholischen Guisen meinten, nicht hinnehmen zu können. In einem Geheimabkommen mit Philipp von Spanien versuchten sie daher, Navarra von der Thronfolge auszuschließen und Frankreich unter die Kontrolle der von ihnen gegründeten Heiligen Liga zu bekommen. König Heinrich III. war diesen Vorgängen gegenüber völlig handlungsunfähig, was Elisabeth mit verächtlichen Bemerkungen kommentierte.

Sie selbst hatte Probleme genug mit katholischen Aufrührern in ihrem eigenen Land, die das Ziel hatten, sie zu stürzen. Aber sie wurde fertig mit ihnen, wenn sie damit auch zum letzten, verhaßten Mittel der Verfolgung greifen mußte. Seit Mitte der siebziger Jahre trieben katholische Missionare in England immer stärker ihr Unwesen, was in diversen Verschwörungen mündete. 1583 war die letzte aufgedeckt worden. Der Papst, die Guisen und Philipp von Spanien waren beteiligt, und die Entdeckung hatte zur Ausweisung des spanischen Gesandten Mendoza geführt.

Wenn Philipp also jetzt, nach Oraniens Tod, uneingeschränkter Herr der Niederlande würde, wäre seine Invasion in England nur noch eine Frage der Zeit.

Nachdem sie vom französischen König keine Hilfe erwarten konnten, wandten sich die Niederländer an Elisabeth, um ihr die Herrschaft über die Provinzen anzubieten, wenn sie sie dafür mit Geld und Truppen gegen Parma unterstützte. Elisabeth war unschlüssig, denn dieses offene Einschreiten bedeutete unausweichlich Krieg mit Spanien. Im Mai 1585 beschlagnahmte Philipp, quasi vorsorglich, als Reaktion auf Elisabeths Gesprächsbereitschaft mit den Niederländern sämtliche englischen Schiffe in spanischen Gewässern. Nachdem Philipp 1581 zusätzlich den vakanten Thron von Portugal bestiegen hatte, reichten seine Besitzungen und sein Einflußbereich rund um den Erdball.

Nach langem Hin und Her entschloß sich Elisabeth im Sommer, die Herrschaft abzulehnen, aber die Niederlande unter ihren Schutz zu nehmen. In diesem Sinn verfaßte sie eine offizielle Erklärung, in der sie sich dafür verwahrte, keinerlei territoriale Ansprüche an die Niederlande zu stellen, sondern ihnen nur bei der Zurückgewinnung ihrer alten Freiheiten helfen zu wollen, was zur Stabilität und Sicherheit Europas beitragen werde.

Die Armee, die sie entsenden wollte, brauchte einen fähigen Oberbefehlshaber; Leicester hielt sich für den Posten sehr geeignet und wollte ihn auch.

Doch Elisabeth war sich da gar nicht so sicher. Leicesters militärische Erfahrungen lagen fast dreißig Jahre zurück, und seitdem hatte er das Leben eines Höflings geführt. Außerdem machte sie sich Sorgen um seine Gesundheit und wußte nicht, ob er den Feldzug körperlich durchstehen würde.

Dieser einst schöne Mann des englischen Hofes hatte schütteres graues Haar und ein rotes Gesicht bekommen, und Elisabeths Meinung nach war er viel zu dick geworden. Sie, die dem Essen nicht sonderlich geneigt war und außer zu Konfekt und

Kuchen geradezu überredet werden mußte, überhaupt zu essen, amüsierte sich über Roberts Vorliebe für gutes Essen und Trinken, die ihm jetzt zu schaffen machte. Sie kümmerte sich darum, daß er regelmäßig Kuren in Buxton machte und erstellte sogar selbst Diätpläne für ihn. Das Verhältnis zwischen ihr und ihm hatte längst wieder die alte Vertautheit angenommen. Lettice betrog Robert, was Elisabeth eine gewisse Genugtuung, aber noch mehr Haß auf ihre Rivalin verschaffte. Und das gemeinsame Kind von Robert und Lettice, der Knabe Robert, war im Alter von vier Jahren gestorben.

Robert verbrachte die meiste Zeit am Hof und war nicht mehr allzuoft bei seiner Frau. Er und Elisabeth hatten so viele Höhen und Tiefen miteinander erlebt. Jetzt schien der Kampf vorbei zu sein und in die vertraute Zärtlichkeit einer lebenslangen Liebesaffäre gemündet. Seine wilden Jahre waren eben auch vorüber. Er mußte sich schonen und seine Leiden kurieren.

Roberts wilder Ruf hingegen hatte nichts von seiner Vehemenz verloren. Er war der meistgehaßte Mann in England. Selbst der Haß auf ihn war spektakulär.

Im Juli 1584 hatte der Jesuitenpriester Robert Parsons in Antwerpen ein Buch herausgegeben, das unter dem Titel: »Leicester's Commonwealth« bekannt wurde. Sämtliche Gerüchte über Roberts skandalösen Lebenswandel und skrupellosen Charakter, die in den letzten fünfundzwanzig Jahren aufgekommen waren, erschienen hier in komprimierter Form. Robert Dudley, Earl of Leicester, wird darin zu einer monströsen Gestalt, in der alle blutrünstigen und skrupellosen Figuren späterer Shakespeare-Dramen zusammenfallen und vorweggenommen werden.

Die Königin, heißt es, sei völlig in seinen Händen. Er habe all ihre Heiratsprojekte verhindert und sei somit der Grund dafür, daß das Land in Unsicherheit und in Ermangelung eines rechtmäßigen Erben sei. Daß Elisabeth sich – die einzig

nachvollziehbare Grundlage für die beschriebenen Verhältnisse – in sexueller Hörigkeit zu Dudley befinde, ist allenfalls
zwischen den Zeilen zu lesen. In ausdrücklichen Aussagen
wird die Königin in der Schmähschrift moralisch geschont – sei
es aus Vorsicht, sei es aus grundlegender Loyalität.

Parsons nennt den Namen des Mörders von Amy Robsart, der
in Leicesters Auftrag gestanden habe. Doch auch den Ehemann von Douglas Sheffield sowie den Grafen Essex, Lettice
Knollys ersten Gemahl, habe Leicester aus dem Wege räumen
lassen, als es seinen Zwecken diente; beide durch Gift. Des-
gleichen unzählige Personen des öffentlichen Lebens, die
seinen ehrgeizigen Zielen im Weg gestanden hätten.

Er bediene sich der Kenntnisse der ausländischen Ärzte
Dr. Julio und Dr. Lopez, die in der Lage seien, Gifte herzustellen, die keine Spuren im Körper hinterließen. Außerdem
beherrschten beide Ärzte die Spezialität der Abtreibung,
wovon Leicester in seinen illegitimen Beziehungen mehrfach
Gebrauch gemacht habe.

Seine Gier nach Geld und Macht sei so groß wie seine hemmungslose Sinnlichkeit. Den Hofdamen Ihrer Majestät biete
er dreihundert Pfund für die Nacht. Er benutze potenzstei-
gernde Mittel in Form von Salben und Essenzen, »um seinem
Fleisch zu allen Zeiten Tribut zu zollen«[62].

Er spekuliere auf die Krone und wolle sich für die Zeit nach
dem Ableben der Königin durch diverse Strategien absichern,
um dann – wie sein Vater – die Macht an sich zu reißen. Da er
dies durch eine offizielle Heirat mit der Königin nicht geschafft
habe, sei darauf sein ganzer blinder Ehrgeiz ausgerichtet.

Das Absurde an diesen Behauptungen ist weniger die »Enthüllung« von Elisabeths Intimität mit Robert Dudley und die
Entstellung eines Menschen zu einem skrupellosen Monster –
beides war nichts Neues, und für letzteres bietet die Motiva-
tion von Leicesters Feinden hinreichende Erklärung –, als
vielmehr die Grundbehauptung von Elisabeths willenloser
Abhängigkeit. Der ganze Hof sei von Leicesters Anhängern

beherrscht, heißt es, in deren Händen die Königin und ihre Ratgeber nur Marionetten seien.

Elisabeth verbot die Verbreitung des Buches und meinte noch hinzufügen zu müssen, daß sein Inhalt durch und durch falsch sei. Der loyale Landedelmann, Dichter und Gelehrte Sir Philip Sidney, Leicesters Neffe, schrieb einen engagierten Widerruf des Buches, um seinen Onkel zu verteidigen.

Mit schütterem Haar und Bauchansatz war Leicester für die Allgemeinheit nicht weniger ausgekochter Schurke, Verführer und Lebemann als in seiner strahlenden Jugend. Etwas von seinem wilden Ruf mochte auf Wahrheit beruhen, denn er alterte plötzlich und rapide, wie als Folge lebenslanger Ausschweifungen.

Elisabeth sah man zwar ihr Alter weit weniger an als Robert, aber sie hatte vor allem Probleme mit ihrer seelischen Verfassung und mit dem Klimakterium, das ihr zu schaffen machte. Deswegen erschreckte sie auch der Gedanke, Robert so lange fortzulassen. Gedankenverloren ließ sie sich seine militärischen Pläne auseinanderlegen... Nein, sie wollte ihn nicht in die Niederlande gehen lassen...

Andererseits lag es ihr sehr am Herzen, ihn mit dieser höchsten Stellung, die sie ihm geben konnte, zu ehren; es war ein Vertrauensbeweis, der größte bis jetzt.

Im September ließ sie ihn sämtliche Vorbereitungen zur Abreise treffen. Aber ihre Verfassung wurde so schlecht, daß sie ihn wieder zurückhielt. Leicester schrieb zu der Zeit an Walsingham:

»Herr Sekretär, ich finde Ihre Majestät von dem dringenden Wunsch erfüllt, mich hierzubehalten. Der Grund dafür ist, daß sie sehr erschöpft ist durch ihre häufiges Unwohlsein, das ihr nachts den Schlaf raubt; diese letzte Nacht war die schlimmste von allen. Sie benutzte sehr bedauernswerte Worte und sagte zu mir, sie fürchte, daß sie nicht mehr lange leben werde und daß sie mich nicht von sich gehen lassen wolle. Ihr könnt Euch vorstellen, wie es mich bewegte, dies

von ihr zu hören. Ich sagte nicht viel dazu, sondern tröstete sie
so gut ich konnte und ließ sie nur wissen, wie weit ich bereits
mit den Vorbereitungen war. Ich denke nach allem, daß sie
mich, wenn es ihr diese Nacht gutgeht, gehen lassen wird,
denn sie würde sonst nicht zu mir und anderen das Gegenteil
sagen.

Richtet meiner Frau bitte aus, daß ich nicht vor Donnerstag
nach London kommen kann!«[63]

Seine Abreise verzögerte sich aber noch bis zum 9. Dezember.
Dann endlich ließ Elisabeth ihn ziehen, mit sechstausend
Fußsoldaten, eintausend Reitern und mit prächtigem Gefolge.
In den Niederlanden wurde Leicester mit viel Begeisterung
und großem Jubel empfangen. Als Oberbefehlshaber der
englischen Armee, als Stellvertreter der Königin von England
erhielt er alle Ehrenbezeigungen, auf die er in Elisabeths
Schatten so lange verzichten mußte, die ihm aber seiner
Meinung nach zustanden. Anstelle seiner »verlorenen
Jugend« hätte er solcherlei Ehren schon die letzten dreißig
Jahre genießen können, wäre er der Prinzgemahl Elisabeths
oder der nominelle König gewesen.

Die schnelle Erhöhung stieg ihm bald zu Kopf. Bereits kurze
Zeit nach seiner Ankunft widersetzte sich Leicester Elisabeths
grundlegendem Befehl, das englische Protektorat in den Niederlanden nicht als Herrschaft über das Land, sondern als
Bündnis zu gestalten. Als man ihm die Herrschergewalt über
die Niederlande anbot, nahm er sie an, ohne Elisabeth davon
auch nur in Kenntnis zu setzen.

Elisabeth schäumte vor Wut, als sie es erfuhr. Ihre internatio-
nal abgegebene Erklärung bezüglich ihrer friedlichen, koope-
rativen Absichten in den Niederlanden war damit null und
nichtig geworden, und Spanien hatte allen Grund zur Kriegserklärung.

In ihrer ersten Wut verlangte sie, daß Leicester die Herrschergewalt öffentlich niederlegen solle, aber wieder konnten sie
ihre Räte vor einem derart radikalen Schritt gegen Leicester

zurückhalten, da es keinen vertrauenerweckenden Eindruck auf ihre Regierung werfen würde, wenn sie ihn öffentlich demütigte.

In dem Brief, den sie ihm aber kurz nach Erhalt der Nachricht schrieb, sprach sie von sich im königlichen Plural:

»Mit welcher Mißachtung Ihr Uns Unserer Auffassung nach behandelt habt, wird Euch der Überbringer dieses Schreibens begreiflich machen...

Nie hätten Wir es für möglich gehalten, hätten Wir es nicht selbst erlebt, daß ein Mann, der durch Uns erhoben wurde und den Wir vor allen anderen Untertanen begünstigten, in so geringschätziger Weise Unseren Befehl mißachten würde, bei dem Unsere Ehre auf dem Spiel steht; obwohl Ihr in sehr pflichtvergessener Weise zu erkennen gegeben habt, daß Euch das wenig kümmert, sollt Ihr dennoch nicht meinen, daß Wir so wenig Sorge um die Wiederherstellung Unserer Ehre tragen, daß Wir ein so schweres Vergehen stillschweigend hinnehmen. Daher ist es Unser ausdrücklicher Wunsch und Befehl, daß Ihr unverzüglich, ohne Verzögerungen und Ausreden, unter Berufung auf Eure Untertanentreue, das tut und dem gehorcht, was Euch der Überbringer dieses Schreibens in Unserem Namen aufträgt. Versäumt dies nicht, denn jedes Versäumnis ist für Euch mit äußerster Gefahr verbunden.«[64]

So sprach die Königin. Sie war entsetzlich enttäuscht darüber, ihr Vertrauen so mißbraucht und in Robert Dudley, den sie liebte und ehren wollte, immer noch den ehrgeizigen Kontrahenten sehen zu müssen, der neben ihr nicht zu groß werden durfte. Was ebenfalls zu ihrer Empörung beitrug, war das Gerücht, die Gräfin von Leicester beabsichtige, mit großem, beinahe königlichem Gefolge, in dem sie Elisabeth fast übertreffen würde, ihrem Gatten in die Niederlande zu folgen.

Doch dieser Reisezug fand nie statt, und Elisabeths Stimmung besänftigte sich, als Robert ihr reuige Entschuldigungsbriefe schrieb und seine lange Abwesenheit vom Hof sie allgemein wieder weicher stimmte. Vier Monate nach ihrem Schimpfbrief war der Tonfall ihres Briefes am 19. Juli müßig, zärtlich und gedankenverloren:

»Rob, ich fürchte, daß meine zusammenhanglosen Briefe bei Dir den Eindruck erwecken, als ob der Mittsommermond sich meines Verstandes bemächtigt hätte. Aber Du mußt schon die Dinge so hinnehmen, wie sie mir in den Sinn kommen, auch wenn ich die Regeln dabei hinter mir lasse.«

Dann ging sie auf das Problem der Besoldung und der Korruption in den Heeren ein, das man ihr hinterbracht hatte, ein katastrophales Problem, das die Soldaten an den Rand des Hungertodes brachte. Robert solle doch dafür sorgen, daß jeder Soldat seinen gerechten Lohn erhalte.

»Nun muß ich schließen, wenn ich auch in Gedanken noch weiter mit Dir plaudere und es daher hasse, Dir Lebwohl zu sagen. Und so, zu Gott betend, daß er Dich vor allem Übel beschützen möge, sende ich Dir vieltausendfachen Dank für all Deine Mühe und Sorge. Wie Du weißt, immer die Gleiche: Elizabeth R.«[65]

Der Feldzug war jedoch ein Mißerfolg. Zwar konnte in Zutphen, wo sich die englischen Truppen tapfer schlugen – u.a. fiel der Dichter Philip Sidney der Schlacht zum Opfer –, ein einmaliger militärischer Erfolg verzeichnet werden, doch im großen und ganzen richtete Leicester so gut wie nichts in den Niederlanden aus. Seine Fähigkeiten als Befehlshaber waren nicht gerade überragend. Vor allem zeigte er sich unfähig zu jeder Kooperation mit den Niederländern und gab sich arrogant und undiplomatisch. Doch Elisabeth, die ihm alles vergeben hatte und ganz sicher war, daß er nach dem großen Zusammenstoß in ihrem Sinne handeln würde, empörte sich bei den verärgerten Niederländern darüber, daß ihr Oberbefehlshaber nicht mehr mit dem nötigen Respekt behandelt werde.

Sie war den Krieg bald leid. Er verschlang unmäßige Summen Geldes, und sie sah keinen durchschlagenden Erfolg. Das Unternehmen schien einfach zum Scheitern verurteilt.

Auf die Friedensverhandlungen, die sie vorschlug, ließ sich der Herzog von Parma zwar ein, doch Philipp mißtraute dem Vorschlag. Er hielt alles, was Elisabeth tat, nur für eine List mit Hintergedanken. Sein Haß auf das »böse Weib«, das Elisabeth in seinen Augen war, wollte sich endlich entladen, und er wartete wie seit Jahrzehnten auf die passende Gelegenheit.

Maria Stuart gab mit ihrem auch nach siebzehn Jahren Gefangenschaft ungebrochenen Stolz die Hoffnung nicht auf, nach einem großen katholischen Vergeltungsschlag Elisabeths Stelle auf dem englischen Thron einzunehmen. In den Mordanschlägen und Verschwörungen der letzten drei Jahre zur Beseitigung Elisabeths konnte man ihre Beteiligung nur vermuten, aber nicht beweisen. Dennoch konnte man davon ausgehen, denn die schottische Königin war die zentrale Figur dieser Komplotte und daran mehr als nur am Rande interessiert. Zumindest dürfte sie davon gewußt und dazu ermutigt haben. In der Tat waren die Komplotte der einzige Ausweg aus ihrem gefangenen Dasein, das Elisabeth einmal straffer führte und stärkeren Einschränkungen unterwarf, dann wieder lockerte, je nach der politischen Lage. Um zu verhindern, daß sich Verschwörerzentren um den Ort ihrer Gefangenschaft bilden konnten, mußte Maria Stuart in regelmäßigen Abständen die Schlösser ihres Aufenthalts wechseln. Ihre Hofhaltung, die zwar bescheiden, aber dennoch fürstlich war, hatte die englische Staatskasse in diesen siebzehn Jahren nicht wenig Geld gekostet, wie der sparsamen Elisabeth voller Groll bewußt gewesen sein dürfte. Maria beklagte sich bei dem französischen Gesandten dennoch fortwährend über mangelhafte Verhältnisse, Kälte und Nässe in ihren Gemächern und andere Entbehrungen, auf die Elisabeth zeitweise einging, die sie zu anderen Zeiten hingegen völlig ignorierte.

Die Beziehung der beiden Ladies, politischen Rivalinnen auf der Insel Britanniens, hatte auch eine äußerst niedere Ebene weiblicher Rivalität, Klatschsucht und übler Nachrede. Elisabeth hatte davon schon vor Jahrzehnten in ihrer Selbstdarstellung und den peinlichen Fragen, die sie dem schottischen Gesandten stellte, Zeugnis abgegeben. Maria besaß aber nun trotz ihrer abhängigen Lage die Dreistigkeit, in einem freimütigen Brief an Elisabeth die drastischsten Klatschgeschichten über sie auszubreiten, die man sich an den Höfen erzählte und die unloyale Dienerinnen über sie verbreiteten. Maria schrieb, sie habe diese Gerüchte von Lady Shrewsbury (der klatschsüchtigen Frau ihres Gefängniswärters), obwohl sie selbst die unerhörten Geschichten selbstverständlich nicht glaube. Letztlich stellte Maria es noch als gutes Werk dar, wenn sie Elisabeth die Gerüchte über sie vermittelte.

Der Brief stammt vom November 1584 und ist ohne genaueres Datum:

»Erstens habe ein Gewisser, dem Ihr auch, wie sie sagte, in Gegenwart einer Eurer Hofdamen ein Eheversprechen gegeben hättet, unzählige Male bei Euch geschlafen, in aller Freiheit und Vertraulichkeit, wie sie bei Ehegatten üblich sind; doch wäret Ihr unzweifelhaft nicht wie andere Frauen beschaffen, und dieserhalb sei es Tollheit, eine Heirat zwischen Euch und dem Herzog von Anjou zu befürworten, da eine Ehe gar nicht vollzogen werden könne; Ihr wolltet auch niemals Euch binden, um der Liebe zu pflegen und Eure Freuden zu suchen mit stets wechselnden Liebhabern; sie bedauerte, daß ihr Euch nicht begnügtet mit Master Hatton und einem anderen Herrn dieses Königreiches. Am ärgsten erschiene ihr, wie sie behauptete, daß Ihr Eurem Lande Schande schaffet nicht nur, weil Ihr Eure Ehre gefährdet durch Verbindung mit einem Ausländer, Simier mit Namen, den Ihr nachts im Gemach einer Dame getroffen hättet, welche Gräfin Shrewsbury heftig tadelte dieserhalb, ihn dort küssend und mancherlei Unziemliches mit ihm treibend; sondern auch, weil Ihr Geheimnisse des Königreiches verrietet und Eure eigenen Räte mit ihm hinterginget. Ihr hättet Euch auch ebenso zügellos benommen mit dem Herzog, seinem

Gebieter, der eines Nachts an die Türe Eures Schlafgemaches gekommen sei; Ihr wäret ihm entgegengegangen nur im Hemd und mit leichtem Bettumwurf, dann hättet Ihr ihn eingelassen, und er sei drei volle Stunden bei Euch verblieben. Vorgenannter Hatton sei mit Gewalt von Euch verführet worden; Ihr hättet Eure Neigung zu ihm so öffentlich zur Schau getragen, daß er selbst gezwungen gewesen wäre, sich zurückzuziehen.« Der Graf von Oxford, ging es weiter, wage es nicht, sich seiner Frau zu nähern, um nicht seine Stellung als bevorzugter Liebhaber der Königin zu verlieren.

Ebenso karikierte Maria nach dem Bericht der Gräfin Shrewsbury Elisabeths maßlose Eitelkeit. Ihre Hofdamen seien gezwungen, in die übertriebenen Komplimente einzustimmen, die ihr ihre Höflinge machten – etwa, daß man nicht wage, ihr ins Antlitz zu sehen, da es leuchte wie die Sonne. Shrewsbury und ihre Tochter Lady Lennox hätten es in Elisabeths Gegenwart nie gewagt, sich anzusehen, aus Furcht, in Lachen auszubrechen.

Auch pflege Elisabeth ihre Damen regelrecht zu quälen. Einer habe sie aus Wut über einen Fehler in ihrer Arbeit einen Finger gebrochen, einer anderen bei Tisch mit einem Messer in die Hand gestochen.[66]

Bei alldem machte Maria kein Hehl daraus, daß eben jene Damen – Lady Shrewsbury sowie deren Töchter Lady Lennox und Lady Talbot – mit ihr, Maria Stuart, sympathisierten und ihr weit lieber den Treueeid leisten würden als ihrer Herrin Elisabeth.

Es war geschmacklos ohne Ende. Möglicherweise hat Elisabeth jedoch diesen Brief nie gesehen, denn man fand ihn später in Burghleys Nachlaß.

»... doch wäret ihr unzweifelhaft nicht wie andere Frauen beschaffen...«, hier, so ist anzunehmen, hat die Version von Elisabeths physischer Mißbildung im schriftlichen Zeugnis für die Nachwelt ihren Ursprung. Kaum nötig, zu sagen, daß mit dem »Gewissen« Leicester gemeint war.

Marias Schicksalsspruch: Das Babington-Komplott

Elisabeths Räte und Parlamentarier und ein Großteil ihres
Volkes lebten in ständiger Angst vor der Ermordung der
Königin und dem Ausbruch eines Bürgerkrieges. Maria Stuart
auf dem Thron und England katholisch... Man mußte sich das
Schreckensbild nur vorstellen!

In Anbetracht dessen schien es geradezu unbegreiflich, daß
Elisabeth so wenig Anstalten machte, sich vor der drohenden
Gefahr zu schützen oder sich mit rechtlichen Lösungsversu-
chen auseinanderzusetzen, um das Schlimmste abzuwenden
oder zumindest Vorkehrungen zu treffen, für den Fall, daß es
geschähe.

Im Herbst 1584 schlossen sich zahlreiche loyale Untertanen
auf Initiative einiger puritanischer Abgeordneter zu einem
Eidbund zum Schutz des Lebens der Königin zusammen. Im
Falle eines Anschlags schworen sie, alle zu töten, die an einem
solchen Mordkomplott beteiligt wären, einschließlich derer,
die davon profitierten, indem sie nachher den Thron besteigen
wollten. Der Bund war eindeutig gegen Maria Stuart gerichtet
und sollte ihr zur unmißverständlichen Warnung gereichen.

Elisabeth aber, die von dem Zusammenschluß angeblich
nichts gewußt hatte, bis man ihn ihr mit seinen Inhalten und
Tausenden von Unterschriften als Gesetzesvorlage unterbrei-
tete, schwächte ihn in Inhalt und Aussage derart ab, daß von
seiner hauptsächlichen Intention nur noch wenig übrigblieb.
Was sie als Gesetz des »Eidbundes« genehmigte, war, daß
seine Mitglieder diejenigen Personen töten dürften, die nachgewiesenermaßen an einem Mordkomplott gegen sie, die
Königin, beteiligt wären – womit sich das Gesetz im Grunde
nur gegen Privatpersonen richtete und Maria Stuart unbehelligt ließ. Dabei hatten die Mitglieder des Eidbundes auch
Jakob VI., Maria Stuarts Sohn, der im Falle von Elisabeths
Ermordung ebenfalls Ansprüche geltend machen, also profitieren konnte, in das Gesetz mit einbeziehen wollen.

Elisabeth weigerte sich aber, sowohl Maria wie auch und im besonderen den jungen Schottenkönig, mittlerweile achtzehn Jahre alt, endgültig von der Thronfolge auszuschließen; mit Letzterem hatte sie auch ganz anderes im Sinn.

Anfang 1585 wurde das Mordkomplott des englischen Abgeordneten Dr. William Parry gegen Elisabeth aufgedeckt. Er hatte den Anschlag von Paris aus mit katholischen Agenten geplant, doch das Beängstigende an ihm war die Tatsache, daß der Mann jahrelang für die englische Regierung zur Abwendung katholischer Machenschaften gearbeitet und der Königin den Suprematseid geleistet hatte. Wie viele Verräter mochten sich noch in perfekter Tarnung im Dienste des Königreichs befinden?

Maria Stuarts Rolle bei diesem Mordkomplott war wie immer völlig unbeweisbar. Sie trat sogar dem Eidbund zum Schutz von Elisabeths Leben bei und leistete tieferschüttert ihre Unterschrift.

Burghley zermarterte sich den Kopf nach den Möglichkeiten einer Regelung der Regierungsfrage, falls ein Mordanschlag auf Elisabeth einmal gelingen sollte. Chaos und Bürgerkrieg wären die unausweichliche Folge, wenn man nicht wenigstens juristisch vorher manches regelte.

Da ihm nichts Besseres einfiel – und woher sollte man auch schließlich so schnell einen Nachfolger nehmen, der schon die letzten dreißig Jahre nicht zu greifen war?! –, schlug Burghley einen Großen Staatsrat als regierende Zwischenlösung vor, dem auch die Exekutive zur Verurteilung der Verschwörer übertragen werden sollte.

Davon wollte aber Elisabeth überhaupt nichts wissen. Vielleicht dachte sie schreckerfüllt an die eifersüchtigen Kämpfe der Seymourbrüder oder an Northumberlands Machtregime nach dem Tod ihres Bruders. Sie lehnte es sowieso ab, sich damit auseinanderzusetzen, was nach ihrem Tod mit England geschehen oder wer ihren Thron einnehmen würde. Aus emotionalen Widerständen Elisabeths heraus war die Nach-

folgefrage in England tabu, auch wenn es angebracht und
notwendig gewesen wäre, sie zu stellen, auch wenn ihrem
geliebten Land ansonsten Chaos drohte und wenn ihre
Getreuen nach dem gewaltsamen Ableben ihrer Gebieterin
den Kopf verlieren mochten.

Elisabeth hatte die Rivalenkämpfe um die Macht in Reinform
erlebt, bevor sie erwachsen war. Einmal Königin geworden,
duldete sie keinen Rivalen neben sich, nicht auf dem Papier
und nicht in Gedanken.

Das Elisabethanische England hatte Glück, daß der Fall
niemals eintrat, in dem diese Frage plötzlich von Bedeutung
gewesen wäre. Aber manche modernen Historiker stimmen
darin überein, daß Elisabeth in der Nachfolgefrage – ein wenig
nach dem Motto: Nach mir die Sintflut! – versagt hat.

Sie spähte allerdings nach Schottland, und sie wußte genau,
was sie tat, als sie sich dem jungen König freundschaftlich
annäherte, von dem sie so gut wie von dessen Mutter Maria
Stuart wußte, daß er ein Ketzer, also ihresgleichen war. Noch
im Jahre 1582 hatte sie mit Schottland verhandelt und zu
erreichen versucht, daß Jakob sich mit seiner Mutter den
schottischen Thron teilte – eine Idee, der Maria Stuart zuge-
stimmt hatte, die aber im Zuge der Ereignisse im Sande
verlaufen war. Drei Jahre später, im Frühjahr 1585, schrieb
Jakob nach England, eine solche Gemeinschaftsregierung mit
seiner Mutter komme für ihn nie in Frage, was Elisabeth als
Signal für Annäherungen aufnahm. Im April schickte sie einen
Gesandten mit großzügigen Geschenken für Jakob nach Edinburgh, und ein Jahr später entstand ein Bündnisvertrag zwischen England und Schottland, in dem Elisabeth Jakob auch
die englische Thronfolge in Aussicht stellte (freilich vorläufig
nur in Aussicht stellte; es war ja Bestechung und kein Handeln
aus Notwendigkeit). Der Jüngling scheute sich angesichts
solcher Aussichten auch nicht, der vierunddreißig Jahre älteren Elisabeth einen Heiratsantrag zu machen, in der Hoffnung, sich damit ganz abzusichern. Der träge, dickliche Junge

war offenbar mehr nach seinem Vater Darnley geraten als nach seiner hochherzigen Mutter. Er liebte Pferde und Hunde und das Leben auf dem Land, war opportunistisch und bequem und von durchschnittlichem Intellekt. Daß Elisabeth ihm Geld gab und ihm ihren Thron in Aussicht stellte, während er von seiner Mutter nichts mehr zu erwarten hatte, gab für ihn den Ausschlag.

Maria Stuart, die in dem schottisch-englischen Vertrag nicht mit einem Wort erwähnt wurde, beschloß daraufhin, ihrem Sohn seine von ihr abgeleiteten Erbrechte abzuerkennen. Die Tatsache, daß ihr Sohn sich von ihr abgewandt hatte, um mit Elisabeth gemeinsame Sache zu machen, trug sicher dazu bei, daß Maria Stuart unvorsichtig wurde und sich tief in ein Komplott verstrickte, das ihr wie gerufen kam und wie die Rettung aus einer ausweglosen Lage erscheinen mußte.

Im Januar 1585 war sie von Chartley nach Tutbury gebracht und der Aufsicht des Puritaners Sir Amyas Paulet unterstellt worden. Unter Paulets unbestechlichem und strengem Wächteramt hatte sie keine Chance zu geheimer Korrespondenz mit katholischen Agenten, was Elisabeth vorläufig beruhigte.

Aber die Puritaner im Parlament wollten anstelle einer hermetischen Gefangenschaft, die man, ganz nach Elisabeths Sinn, auch weiterhin zum ungelösten Dauerzustand auf unbestimmte Zeit machen konnte, vielmehr die endgültige Überführung der schottischen Königin als Staatsfeindin, um endlich das Urteil über sie zu sprechen.

Der Eifrigste und Tätigste von allen war Sir Francis Walsingham. Er hatte den »Eidbund« ins Leben gerufen, er hatte ein beinahe genial zu nennendes Spionagenetz zur Denunzierung von katholischen Verrätern über England und Teile des Festlands gebreitet, das er aus eigener Tasche finanzierte – und er trug jetzt eine Idee mit sich herum, deren Verwirklichung bei gegebenem Erfolg die Krönung seines Lebenswerkes werden sollte.

Der Tod saß dem glühenden Puritaner und lebenslang Überar-

beiteten bereits im Nacken, denn er war schon länger krank.
Mit diesem Werk zur Überführung der »Natter«, der Papistin
Maria Stuart, die er mehr als jeder andere im englischen
Königreich haßte, gedachte er sich von dieser Welt zu verab-
schieden.

Alles begann damit, daß man im Dezember 1585 an der Küste
den katholischen Emigranten und Priester Gilbert Gifford
verhaftete, der geheime Briefe an Maria Stuart bei sich trug.
Walsingham gelang es aber, den Priester als Spion anzuwer-
ben, und so arbeitete Gifford fortan in Walsinghams Diensten.
Walsingham schuf Maria einen geheimen Kanal zur Korrespondenz, den ihr Gifford eröffnete, und war so mit der Hilfe
seiner Agenten in der Lage, alle Briefe abzufangen, die Maria
schrieb und erhielt. Sie wurden in Bierfässern ihres Haushalts
in Chartley, wo sie mittlerweile untergebracht war, in wasser-
dichten Behältern transportiert, und Maria, die selig war,
endlich wieder Kontakte zur Außenwelt knüpfen zu können,
nutzte den Kanal mit Begeisterung und Gottvertrauen.

Zunächst forderte sie sämtliche Briefe, die sich in den vergangenen zwei Jahren, seit man die Bedingungen ihrer Haft
verschärft hatte, in der französischen Botschaft für sie ange-
sammelt hatten – Briefe aus Rom, Madrid und Paris. Man
ließ sie ihr zukommen, jedoch nicht bevor Walsinghams Dechiffreur Phelippes die Briefe abgeschrieben, entschlüsselt
und diese Abschriften an Walsingham weitergeleitet hatte.
Das gleiche geschah mit Marias Antwortbriefen.

Auf diesem Weg kamen die Einzelheiten sämtlicher Verschwörungen der letzten zwei Jahre ans Tageslicht, Verschwörungen, die ja längst niedergeschlagen waren. Worauf Walsingham aber immer noch wartete, war Marias ausdrückliches
Einverständnis mit den Erhebungen, nach Möglichkeit noch
ihre Aufforderung zur Ermordung der Königin von England.
Elisabeth hatte eine eigentümliche Art, die Menschen in ihrer
Umgebung, sogar ihre erbittertsten Feinde zu warnen. Sie
warnte unmißverständlich, aber suggestiv, bevor sie zuschlug,

mit der Erwähnung von Träumen und Vorahnungen oder Zukunftsprognosen. Man denke nur an ihre mehrfachen Unterredungen mit Norfolk während seiner Verwicklung ins Ridolfi-Komplott, an den Spaziergang im Garten mit ihm, und wie taub er für ihre Warnungen war.

Dem französischen Gesandten Mauvissière gegenüber erwähnte sie nun in einer Audienz wie nebenbei, daß sie von seiner Korrespondenz mit der schottischen Königin wisse. Mehr nicht. Nur daß sie es wisse. Damit war Maria Stuart gewarnt und hätte noch rechtzeitig abspringen können.

Aber dazu war es schon zu spät. Maria kämpfte mit dem Mut der Verzweifelten, die nichts mehr zu verlieren hatte.

Anthony Babington, ein junger katholischer Adeliger, hatte sich mit fünf anderen Verschwörern einen neuen Plan ausgedacht, um Elisabeth zu ermorden, Maria zu befreien und zur Königin von England auszurufen. Der Antwortbrief, den Maria Babington am 17. Juli schrieb und bei dessen Erhalt sich Walsingham die Hände rieb, wurde ihr zum Verhängnis. Darin heißt es:

»Um also diese Angelegenheit auf festen Grund zu bauen und sie zu gutem Erfolg zu führen, müsset Ihr auf das genaueste in Betracht ziehen, wie viele Leute, sowohl Fußvolk wie Reiter, Ihr aufbringen könnet, und wer in jeder Grafschaft ihre Führung übernimmt, falls ein General zur Führung des Ganzen nicht zu haben ist; wie viele Städte, Häfen und Landesplätze Euch sicher zur Verfügung stehen, sowohl im Norden des Landes, wie im West und Süden, um aus den Niederlanden Beistand erhalten zu können, aus Frankreich und Spanien...«[67]

Damit hatte sie eindeutig zum Aufstand gegen die Regierung angestachelt und zum Bürgerkrieg aufgerufen.

Schwieriger war es mit der Beweisführung der Aufstachelung zum Mord an Elisabeth, denn der zentrale Satz Marias in dem Brief, daß »die sechs Edelleute ihr Werk tun« sollten (das heißt, Elisabeth ermorden), ist bis heute nicht eindeutig über

den Vorwurf der Fälschung erhaben. Phelippes habe diesen
Zusatz bei der Abschrift des Briefes eingefügt, um Maria
zusätzlich zu belasten, hieß es in der Folge.

Daß von Fälschung überhaupt die Rede war, lag daran, daß
Walsingham dem Originalbrief Marias ein Postskriptum hinzugefügt hatte, um die Namen der übrigen fünf Edelleute von
Babington zu erhalten. Babington aber roch darauf Lunte und
floh.

Er wurde bald gefaßt, und man machte ihm zusammen mit den
meisten seiner Mitverschwörer (einer zum Beispiel war noch
mehrere Monate unauffindbar) den Hochverratsprozeß.
Umgehend wurden die Verräter auf die grausamste Art und
Weise hingerichtet, teilweise noch lebend am Galgen verstümmelt. Elisabeth, die die grausame Hinrichtungsmethode selbst
angeordnet hatte, äußerte Abscheu, als man ihr die ersten
Vollstreckungen schilderte, und so durften die zuletzt Gefaß-
ten so lange am Galgen hängen bleiben, bis sie tot waren; sie
wurden erst anschließend verstümmelt.

Mittlerweile war Maria, die sich in hoffnungsvoller Stimmung
befand und nicht ahnte, was draußen vor sich ging, von Paulet
zu einem Jagdausflug nach Tixall eingeladen worden, damit
man in ihrer Abwesenheit in Chartley ihre sämtlichen Papiere
durchsehen konnte. Noch während der Jagd wurden ihre
Sekretäre Nau und Curle verhaftet, die die Echtheit von
Marias Brief an Babington bestätigten. Die Bevölkerung entzündete wieder Freudenfeuer, als die Aufdeckung des Kom-
plotts bekannt wurde.

Elisabeth hatte darauf gedrungen, daß in dem Prozeß gegen
Babingtons Verschwörerbande Marias Name nicht erwähnt
wurde, und was den Prozeß gegen Maria Stuart selbst anging,
so hatten Elisabeths Räte noch viel Arbeit und Kummer mit
ihrer Königin, bis sie sie zum Handeln bewegen konnten.

Der Fall war eindeutig. Was wollte sie noch?! Jede weitere
Verzögerung brachte Elisabeth nur immer weiter in Lebensgefahr.

Um Maria nicht in den Tower werfen zu müssen, entschloß sich Elisabeth schließlich, sie hinter die düsteren Festungsmauern der Burg Fotheringhay in Northampton zu bringen, wo sie den Prozeßbeginn abwarten sollte.

Maria weigerte sich hartnäckig, überhaupt zu der Verhandlung zu erscheinen, da sie sich als souveräne Herrscherin keinem weltlichen Gericht zu verantworten habe. Der Staatsrat argumentierte, nach ihrer Abdankung sei sie keine souveräne Fürstin mehr, sondern selbst in ihrem eigenen Land angeklagt; sie habe sich also in ihrem Gastland wegen Hochverrats den Gerichten zu stellen. Doch für Elisabeth war Marias Argumentation genau der wunde Punkt, warum sie selbst nicht gegen sie vorzugehen wagte.

Einer Königin den Prozeß zu machen und sie dem Henker zu übergeben, war ein Präzedenzfall der Geschichte. Die Augen der Welt waren auf sie, Elisabeth, gerichtet, wenn sie es geschehen ließ. Schließlich willigte sie ein, daß ein Sondertribunal ernannt wurde, um Marias Fall zu untersuchen. Es bestand, wie Elisabeth betont wissen wollte, namentlich aus den Edelsten ihres Reiches und nicht aus einfachen Rechtsgelehrten. Auch Burghley, Walsingham und Hatton gehörten der Kommission von sechsunddreißig Mitgliedern an.

Bei der Formulierung der Anklage konnte Elisabeth nicht genug in die Feinheiten gehen, um die nackten Tatsachen auf den Fall eines gekrönten Hauptes zu beziehen.

Am 11. Oktober sollte die Verhandlung in Fotheringhay beginnen, doch einen Tag vor Verhandlungsbeginn legte Elisabeth wieder ihr Veto ein. Man solle die Verhandlung zwar führen, aber vorläufig kein Urteil gegen Maria aussprechen.

Maria war mittlerweile davon überzeugt worden, daß sie nur gegen sich arbeitete, wenn sie dem Prozeß fernblieb, der notfalls auch in ihrer Abwesenheit stattfinden würde.

Kurz vor diesem 11. Oktober ließ man ihr einen Brief Elisabeths zukommen, in dem es heißt:

»Ihr habt mir auf mannigfache Art und Weise nach dem Leben

getrachtet und versucht, mein Königreich durch Blutvergießen zu zerstören. Ich bin nie so grausam gegen Euch vorgegangen, sondern habe Euch im Gegenteil geschützt und bewahrt
wie mich selbst.

Dieser Euer Verrat wird Euch nachgewiesen und der Welt
offenbar werden. Und so ist es mein Wille, daß Ihr den Edlen
meines Königreichs antwortet, als wäre ich selbst zugegen.
Daher fordere und befehle ich, daß Ihr zur Antwort bereit-
steht, denn ich weiß sehr wohl von Eurer Überheblichkeit.
Seid offen und ohne Hinterhalt, und Ihr werdet um so eher
Gnade von mir erlangen.«[68]

Der »Kampf« der Königinnen Maria und Elisabeth wurde
später gern, nicht zuletzt durch den Einfluß einschlägiger
literarischer Darstellungen (die von Schiller ist die berühmte-
ste und nachhaltigste), als Rivalenkampf zweier unterschiedli-
cher Frauentypen interpretiert, aus dem Maria, die Weiche
und Weibliche, gegen die verstiegene und heimtückische Elisabeth als Verliererin hervorgeht.

Tatsache ist, daß der Konflikt dieser Königinnen ein Politikum
ihrer Zeit war. Durch ihrer beider Abstammung und Destina-
tion, durch die Konstellation der Mächte in Europa war der
Konflikt vorprogrammiert, und Elisabeth, die sehr darunter
litt, sich ungewollt in der Rolle des Richters über Maria
vorzufinden, wird angesichts dieser Problematik die ganze
Wucht der Zeitläufte, die Planetenbahnen des Schicksals
empfunden haben, denen sie nicht entrinnen konnte.

Das Drama um Maria Stuart hat wie nichts sonst in ihrer
langen Regentschaft an Elisabeths Kräften gezehrt, mehr als
jedes Mordkomplott und jede Lebensbedrohung, mehr als
jeder drohende Krieg und die Invasion Spaniens. Es forderte
den ganzen Menschen in ihr und beschwor ihre eigene Vergangenheit gespenstisch herauf. Sie sah sich wieder als Prinzessin
Elisabeth, die die nassen Steinstufen des Tors zum Tower
emporsteigt und nicht weiß, ob sie ihn lebend verlassen wird.
Maria forderte, sich vor Elisabeth persönlich verantworten zu

dürfen, denn nur sie, die Königin, die ihresgleichen sei, könne sie nach Gott als Richterin anerkennen.

Das aber wäre in der Tat ein Widersinn aller geltenden Ordnung gewesen, den sich kein gekröntes Haupt Europas tatenlos angesehen hätte: Eine Königin macht einer anderen den Prozeß!

Stolz und unbeugsam betrat Maria am 11. Oktober in schwarzen Prunkgewändern und mit weißen Schleiern den Verhandlungssaal. Der große Thron mit Elisabeths Königswappen bezeichnete deren unsichtbare Anwesenheit.

Man hatte Maria keinen Verteidiger gewährt, doch sie verteidigte sich selbst mit viel Geschick und königlicher Haltung. Dabei gab sie immer wieder zu erkennen, wie sie sich im Grunde herablasse, vor diesem Tribunal kleiner weltlicher Richter zu erscheinen.

Den Brief an Babington bezeichnete sie als Fälschung. Ihre Sekretäre hätten seine Echtheit unter Androhung der Folter bestätigt. Walsingham entgegnete, es habe in den Verhören keine Folterdrohungen gegeben.

Es sei nur verständlich, so Maria, daß Gefangene nach Fluchtwegen suchten. Wider menschliches und göttliches Recht werde sie in England seit Jahrzehnten festgehalten. Sie habe aber nie nach dem Leben der Königin von England getrachtet.

Die Anklage, daß sie seit Jahren nachgewiesenermaßen mit den Feinden Englands konspiriere, die den großen Umsturz planten, ließ Maria völlig unkommentiert.

Der eigentliche Beweispunkt der Anklage, Marias Brief an Babington, lag ungeschickterweise nur in der Abschrift Phelippis vor. Der Originalbrief war vernichtet und Babington hingerichtet, so daß nichts Eindeutiges bewiesen werden konnte. Maria blieb dabei, daß sie den Brief nie geschrieben habe, und sie zeigte sich allen Vorwürfen und Anklagen gegenüber immun und unbeeindruckt. Aber der Richtspruch war gefällt, bevor er ausgesprochen, ja bevor die Verhandlung überhaupt begonnen hatte.

Nach zwei Verhandlungstagen in Fotheringhay beorderte Elisabeth die Kommission zurück nach London. Dort wurde am 25. Oktober in der Sternkammer zu Westminster der Urteilsspruch der Kommission verkündet, der »schuldig« lautete. Ausdrücklich wurde dabei erwähnt, daß dieser Tatbestand die Rechte und Ansprüche Jakobs VI. in keiner Weise beeinträchtigte.

Vier Tage später trat das Parlament zusammen, während Elisabeth sich nach Richmond zurückgezogen hatte. Sie focht Gewissensqualen aus und sehnte sich verzweifelt nach Leicesters Rat und Teilnahme, der noch immer in den Niederlanden war.

Ober- und Unterhaus beschlossen einhellig Marias Todesurteil. Am 12. November erschien eine Deputation von Abgeordneten bei Elisabeth in Richmond, um ihr eine entsprechende Petition zu überbringen.

Elisabeths Antwort auf diese Petition ist ein erschütterndes Zeugnis für den Lebensüberdruß, der sie in dieser Zeit überfiel, ihre Verzweiflung angesichts der Rolle, die sie zu spielen hatte. Sie brachte zum Ausdruck, daß sie den Urteilsspruch akzeptiere, wenn sie sich auch ausdrücklich davon distanzierte, Marias Tod je gewollt zu haben. Auch jetzt beherrschte sie ganz offensichtlich ein starker Widerwille gegen den Vollzug des Urteils. Sie fand sich mehr damit ab, als daß sie es befürwortete.

»Um euretwillen und zum Wohl meines Volkes wünsche ich nur noch zu leben, denn für mich selbst sehe ich weder einen bedeutenden Grund, Freude am Leben noch Furcht vor dem Tod zu haben.

Ich habe diese Welt zur Genüge kennengelernt, ich habe erfahren, was es heißt, ein Untertan zu sein, und was es heißt, eine Herrscherin zu sein. Ich hatte gewogene und feindliche Nachbarn, und im Vertrauen habe ich Verrat gefunden. Ich habe mein Wohlwollen in Unwürdige gelegt, und meine Verdienste wurden selten gewürdigt.«[69]

Es ist wohl der Tonfall dieser Rede, der Schiller seiner Elisabeth im 4. Aufzug, 9. Auftritt der »Maria Stuart« die Worte in den Mund legt: »Ich bin des Lebens und des Herrschens müd'.«

In einem letzten Versuch, das Furchtbare noch abzuwenden, ließ Elisabeth Mitte November im Parlament anfragen, ob es keine andere Möglichkeit gäbe, ihr eigenes Leben zu schützen, ohne Maria zu töten. Beide Häuser verneinten dies.

Ende des Monats kam endlich Leicester nach fast einjähriger Abwesenheit wieder an den Hof zurück. Seine Haltung zu der Angelegenheit war eindeutig, und er kämpfte mit Elisabeth, um ihre Zweifel zu beseitigen. Am 4. Dezember kapitulierte sie und unterschrieb die Urteilsverkündung.

Der französische und der schottische Gesandte hatten mittlerweile ihren Protest gegen das Urteil ausgesprochen, und es war noch nicht abzusehen, mit welchen Reaktionen Elisabeth im Falle von Marias Hinrichtung zu rechnen hatte. Bei Jakob zeichnete sich aber bald ab, daß sein Protest mehr pro forma war. Er machte keine wirklichen Versuche, das Leben seiner Mutter zu retten. Es war ihm allenfalls etwas peinlich, daß sie wie eine gewöhnliche Verbrecherin exekutiert werden sollte.

Am 6. Dezember wurde das Todesurteil offiziell in London verkündet und von der Bevölkerung begeistert gefeiert.

Maria Stuart schrieb Elisabeth am 19. Dezember einen letzten Brief, bei dessen Erhalt Elisabeth in Tränen ausbrach:

»Gnädige Frau!

Ich habe von jenen, in deren Hände Ihr mich gegeben habt, die Ermächtigung nicht erlangen können, Euch selbst darzulegen, was ich auf dem Herzen habe...« Sie beteuerte anschließend nochmals ihre Unschuld.

Weiter heißt es:

»Auch weil ich bedenke, daß Euch, mehr als irgendwem, Ehre oder Schimpf nahegehen muß, die Eurem Blute widerfahren, einer gekrönten Königin, Tochter von Königen: So lasset mich also von Euch erfragen, gnädige Frau, zu Jesu Ehren, dessen

Namen alle Gewalten untertan sind, wollet verstatten, daß meine geschlagenen Diener gemeinsam, wenn meiner Widersacher dunkles Verlangen nach meinem schuldlosen Blut gestillet ist, meinen armen Leib forttragen dürfen, um ihn in geweihter Erde beizusetzen zu seiten meiner Vorfahren in Frankreich...«

Zum Schluß schrieb sie, sie sei glücklich darüber, nicht »Zeuge sein zu müssen der Heimsuchungen, die diese Insel bedrohen, wird Gott in tieferer Wirklichkeit nicht gefürchtet und geliebt, werden Eitelkeit und weltliche Erwägung nicht bezwungen.

Zeihet mich nicht der Überheblichkeit, wenn ich beim Verlassen dieser Welt, mich für eine bessere bereitend, Euch daran erinnere, daß ein Tag kommt, da von Euch Rechenschaft gefordert wird über Euch anvertrautes Amt und jene, die Euch vorangehen mußten aus den irdischen Grenzen. Eure Schwester und Cousine, die widerrechtlich Gefangene: Maria, Königin.«[70]

Da sich Elisabeth immer noch weigerte, den Hinrichtungsbefehl zu unterschreiben, wurde wahrscheinlich auf das Betreiben einiger Parlamentarier Anfang Januar ein Anschlag gegen sie inszeniert, der angeblich von einem Sekretär des französischen Gesandten ausging. Damit wollte man Elisabeth die Dringlichkeit der Lage vor Augen führen und sie endlich zum Unterschreiben bewegen.

Am 1. Februar 1587, zwei Monate nach der Urteilsverkündung, ließ Elisabeth unverhofft den Staatssekretär zu sich ins Schreibzimmer kommen. Da Walsingham krank war, vertrat ihn William Davison in dieser Funktion, der erst vor kurzem in das Amt eingewiesen worden war.

Während sie plaudernd und in heiterer Stimmung einen Haufen Staatspapiere unterschrieb, setzte Elisabeth schließlich auch ihre Unterschrift unter den brisanten Vollstreckungsbefehl und übergab ihn Davison mit dem Auftrag, ihn dem Lord-Kanzler weiterzureichen, damit dieser das große Staatssiegel daruntersetze. Vorher solle er noch bei Walsingham vorbeigehen, den, wie sie zynisch hinzufügte, der Kummer über diese Nachricht wohl ganz umbringen werde.

Als Davison den Raum verlassen wollte, rief Elisabeth ihn aber noch einmal zurück und meinte, sie hoffe immer noch, daß man für die Angelegenheit einen anderen Weg finden würde. Damit meinte sie, was mehrere Ratgeber in ihren Kreisen auch schon ernsthaft erwogen hatten: Maria heimlich zu ermorden, anstatt sie öffentlich hinrichten zu lassen.

Die Nachwelt hat Elisabeth für diesen hinterhältigen Gedanken verurteilt, dabei aber vergessen, daß er nach den Moralbegriffen ihrer Zeit durchaus nicht so unehrenhaft war, wie wir ihn heute bewerten. Einen unwerten Herrscher heimlich zu ermorden war weit weniger ehrenrührig, als ihn der Schande einer öffentlichen Hinrichtung auszusetzen, durch die er zum gewöhnlichen Verbrecher herabgewürdigt wurde. Auch die Fürsten Europas würden dies so sehen.

Als Elisabeth, die der Gedanke sehr erleichterte, mit einem solchen heimlichen Mord die Verantwortung für Marias Tod auf andere abzuwälzen, jedoch diesbezüglich bei Amyas Paulet, Marias Wächter, vorgefühlt hatte, hatte der geradlinige Mann entsetzt und bestürzt reagiert. Nie werde er sein Gewissen mit einer so ruchlosen Tat beschmutzen.

Lachhaft, diese zimperlichen Puritaner, schnaubte sie jetzt, als Davison den Raum verließ. Sobald man sie einmal zum Handeln anhielte, wollten sie von ihren edlen Phrasen nichts mehr wissen (dies war auf den »Eidbund« bezogen und den Schwur seiner Mitglieder, alle umzubringen, die Mordpläne gegen die Königin hegten).

Elisabeth hoffte nun, Davison würde verstehen, was er einzuleiten habe. Doch Davison, der Brave, tat lediglich, wie ihm ausdrücklich geheißen. Er war noch nicht lange genug im Amt, um die Worte der Königin zu deuten und ihre Anspielungen zu verstehen. Noch am selben Abend wanderte das Schriftstück zum Lord-Kanzler, wo es versiegelt wurde. Am nächsten Morgen bestellte Elisabeth Davison erneut zu sich, um ihn zu fragen, ob der Befehl schon versiegelt sei. Davison bejahte dies. »Wozu diese Hast?« fragte sie. Wieder sprach sie davon, man solle eine andere Form für die Angelegenheit finden.

Als Davison entlassen war, suchte er verstört Hatton und Burghley auf, denn er hatte die böse Vorahnung, daß man *ihn* für den Lauf der Ereignisse verantwortlich machen würde.

Burghley berief eine heimliche Besprechung aller erreichbaren Staatsräte ein, die einhellig der Meinung waren, der Vollstreckungsbefehl müsse unverzüglich nach Fotheringhay geleitet werden, ohne daß man noch einmal mit der Königin sprach.

So geschah es – und Maria wurde am 8. Februar enthauptet. Sie starb mit großer Würde einen unwürdigen Tod.

Seit das Todesurteil im Dezember verkündet war, hatte Paulet in der großen Halle ihren Thron mit Baldachin entfernt und ihr damit jede Ehre ihres Lebens genommen.

Am Abend des 7. Februar verkündete man ihr, daß die Hinrichtung für den nächsten Morgen angesetzt sei. Wie schon bei der Nachricht über ihr Todesurteil nahm sie auch diese Nachricht mit großer Haltung entgegen. »Nichts im Leben stand ihr so gut wie die Art, in der sie es verließ«, bemerkt Conyers Read, ein Historiker dieses Jahrhunderts, sarkastisch.

Ihre letzte Nacht verbrachte Maria mit Gebeten und letzten Verfügungen. Sie hatte sich schon lange in die Rolle hineingelebt, als Märtyrerin des katholischen Glaubens zu sterben – und ihre Anhänger griffen auch in der Nachwelt dieses Motiv eifrig auf. Maria starb damit im Seelenfrieden und schuf um sich die unsterbliche Legende von der gefangenen und geopferten Königin, der Dame einer Ritterromanze, für die so viele kühne Männer sterben mußten. Doch Marias Tod geschah aus Staatsräson, so grausam er auch war. Es gab keinen anderen Ausweg aus ihrer Tragödie. Hätte es ihn gegeben, Elisabeth hätte ihn mit Freuden ergriffen. Deren

beschwörend gerauntes »Aut fer, aut feri…«[71] (»Schlagen
oder Erdulden…«), als sie in den Tagen vor der Hinrichtung
ruhelos in ihren Gemächern herumlief, entsprach ganz den
Tatsachen, die dieser Frau der Wirklichkeit so vertraut waren.
An Heinrich III. von Frankreich schrieb Maria in dieser
Nacht, sie sterbe »um der katholischen Religion willen und des
Festhaltens an gottgegebenem Kronrecht«[72].

Ihre schottisch-englischen Erbrechte hatte sie in einem Brief
an Bernardino de Mendoza an Philipp von Spanien vermacht.
Als Maria Stuart am Morgen des 8. Februar zum Richtblock
schreitet, trägt sie das karmesinrote Trauergewand französischer Königinnen und damit zugleich die Farbe der Märtyrer.
Sie konnte erwirken, daß zwei ihrer Kammerfrauen ihr letzte
Dienste leisten, ihr die letzte Kleidung ablegen.

Auf dem Weg zum Schafott hält sie ihr Kruzifix in der Hand
und betet ununterbrochen. Puritanische Starrhälse bedrängen
sie noch in dieser letzten Stunde mit Bekehrungsversuchen,
doch sie fährt sie barsch an und betet weiter.

Der Henker bittet Maria, auf den Knien vor ihr liegend, die
ebenfalls kniet, um Vergebung, dann verrichtet er sein Werk.
Doch er ist aufgeregt, erschüttert, was auch immer, so daß der
erste Schlag danebengeht. Erst beim zweiten Schlag fällt der
Kopf Maria Stuarts ins Stroh. Der Henker hebt ihn hoch, um
ihn dem Volk im Hof zu zeigen.

DIE ARMADA. SIEG ÜBER PHILIPP VON SPANIEN

Die Einsamkeit der Macht

Nachdem sie den Befehl zur Hinrichtung Maria Stuarts unterzeichnet hatte, unternahm Elisabeth keine Versuche mehr, mit ihren Räten in Kontakt zu treten, um über das Weitere zu verfügen. Die Woche vom 1. bis 8. Februar ließ sie verstreichen, in der Hoffnung, daß man unausgesprochen in ihrem Sinne handle.

Was immer sie später auch sagte – ganz offensichtlich ist, daß Elisabeth die Dinge in der Schwebe ließ, um, was auch geschehen mochte, sich herausreden zu können und für Marias Tod vor der Nachwelt nicht verantwortlich zu sein. Dabei hoffte sie wohl immer noch, ihre Getreuen würden sich für einen Lynchmord entscheiden.

Als Elisabeth an einem dieser Tage Davison zu sich vorließ, erzählte sie ihm in ihrer eigentümlich warnenden Art von einem Traum, den sie letzte Nacht gehabt habe. In diesem Traum sei Maria Stuart hingerichtet worden, was sie selbst so erzürnt habe, daß sie ihn, Davison, mit einem Schwert durchbohrt hätte, wenn sie eines zur Hand gehabt hätte. Da sei es ja gut, antwortete Davison steif, daß er nicht in ihrer Nähe gewesen sei, solange sie in dieser Stimmung war. Aber er muß ein mehr als mulmiges Gefühl gehabt haben, als er anschließend das Zimmer verließ, denn der Vollstreckungsbefehl war auf dem Weg nach Fotheringhay.

Auf ihre subtile Art versuchte sich Elisabeth noch aus der Schlinge ihres Richteramts zu ziehen und trotzdem der Staatsräson zu dienen.

Nachdem sie das Urteil verkündet und den Hinrichtungsbefehl unterschrieben hatte, war es unausweichlich, daß Maria sterben mußte. Allein daß sie nicht mehr in mündlicher Absprache den ausdrücklichen Befehl zur sofortigen Vollstreckung erteilte und daß ihre Ratgeber, aus Angst, sie werde wieder rückfällig, tatsächlich hinter ihrem Rücken eigenmächtig handelten, gab Elisabeth die Chance, sich von aller Schuld freizusprechen und vor der Welt die Version zu verbreiten, sie, die Königin von England, sei in dieser Angelegenheit von ihren Ministern hintergangen worden.

Elisabeth hatte sich nach Greenwich begeben und war am 9. Februar, als der Bote aus Fotheringhay mit der Todesnachricht in den Schloßhof sprengte, gerade dabei, sich mit ihrer versammelten Hofmannschaft auf die Jagd zu begeben, weshalb sie den Kurier nicht bemerkte. Man zog Nutzen daraus und informierte nur Burghley von der vollzogenen Hinrichtung. Der überlegte derweil, wie und durch wen die Nachricht der Königin am besten zu überbringen sei.

Als sie erfuhr, daß Maria hingerichtet war, äußerte Elisabeth Überraschung, heftige Ausbrüche von Zorn und Tränen folgten. Überraschung und Zorn waren vermutlich gespielt, die Tränen auf einer tieferliegenden Ebene echt.

Natürlich war sie auch zornig – zornig auf den Lauf der Ereignisse und die Unausweichlichkeit, zornig, sich in diese schauderhafte Rolle gedrängt zu sehen, und daher war sie auch letzten Endes zornig auf ihre Minister, die ihr diese Rolle immer vor Augen geführt, sie unter Druck gesetzt und ihr das Letzte nicht abgenommen hatten.

Sie allein, das war ihr klar, trafen die Augen der Welt, nur sie trug die Verantwortung und die Schuld, mit der sie leben mußte. In diesem Zorn äußerte sich aber mehr ein Hadern mit dem Schicksal als Zorn auf ihre Ratgeber und deren Fehlverhalten. Aber an ihnen konnte sie ihn auslassen und damit sich selbst ein wenig von der Schuld befreien.

Es waren Gesten der Hilflosigkeit und der Verzweiflung, die Elisabeth äußerte. Sie war nicht aus Trauer um Maria Stuart verzweifelt. Maria war ihre Nebenbuhlerin und Feindin gewesen, die ihrerseits keine größeren Gewissenskonflikte gehabt hatte, die Königin von England um ihrer eigenen Freiheit und Herrschaft willen aus dem Wege räumen zu lassen, und Elisabeth hatte Maria nie gesehen.

Der Schlag, der endlich verübt worden war, mußte Elisabeth zugleich Erleichterung und Entsetzen verschaffen. Diese Hinrichtung stellte ein Bindeglied zu ihrer Vergangenheit dar: Ihre Mutter Anne Boleyn, Thomas Seymour, Norfolk und nun Maria... Hörte es denn niemals auf?! Schlagen oder geschlagen werden...

Möglicherweise schilderte man Elisabeth Marias Hinrichtung in allen Einzelheiten. Wie sie ganz aufrecht auf den Richtblock zugegangen war. Wie sie um Vergebung für ihre Feinde gebetet hatte und für die Seele der Königin von England. Wie der erste Schlag danebenging und erst der zweite den Kopf vom Rumpf trennte. Wie der Henker zunächst nur die kastanienbraune Perücke der Königin in Händen hielt, als er den blutigen Kopf vom Boden aufheben wollte – ein kurzer Silberflaum bedeckte Marias seelenloses, verstümmeltes Haupt. Und wie der kleine Hund Marias sich wie wahnsinnig in den Kleidern seiner Herrin verbiß und sich von dem leblosen Körper kaum entfernen ließ.

Nach dem ersten Zorn, den Elisabeth ihren Ministern entgegenschleuderte – der alte gichtgekrümmte Burghley bekam das meiste davon ab –, lag sie weinend in ihrem abgedunkelten Zimmer. Das Beil des Henkers war das große Trauma ihres Lebens, was mit den extremen Erlebnissen ihrer Kindheit und Jugend und gewiß nicht mit der Empfindlichkeit des Zeitalters zusammenhing. Manche Zeitgenossen konnten diesen Horror nicht verstehen und wunderten sich nur, daß die Königin in so vielen Fällen von Verrat vor dieser durchaus üblichen Strafmaßnahme zurückgeschreckt war. Sie verhängte leichter weit grausamere Todesarten als den Tod durch das Beil.

Vielleicht war es Elisabeth, als ob sich in Marias Hinrichtung ihr eigenes Schicksal vollziehe, dem sie unter ihrer Schwester entgangen war – der ewige Kreislauf von Sühne und Schuld. Wer würde *ihre* Schuld sühnen?!

Elisabeths Verzweiflung jedenfalls – und wenn sie in der Öffentlichkeit für die Berichte an die europäischen Höfe noch so gezielt eingesetzt war – überstieg jede angemessene Reaktion im Hinblick auf ihr Verhältnis zu Maria und auf die politische Notwendigkeit, die innere Logik dieser ganzen Angelegenheit.

Da waren natürlich auch die Folgen und die absehbaren Veränderungen für die Zukunft.

Würde Spanien jetzt noch lange zögern, England den Krieg zu erklären?! Was war von den Drohungen Heinrichs III. von Frankreich zu halten, und inwieweit würde es Maria noch über den Tod hinaus gelingen, die katholischen Mächte Europas gegen sie, Elisabeth, auf den Plan zu rufen?

Am 13. März wurde in der Kathedrale von Notre-Dame eine Totenmesse für den verbrecherischen Mord an Maria, Königin von Frankreich, Schottland und England, abgehalten, bei der das Königspaar inkognito anwesend war. Die Heilige Liga in Frankreich schwor Rache und erhoffte sich von dieser radikalen Haltung eine Stärkung ihres Einflusses auf den neutralen König. In Wahrheit spekulierte Heinrich von Guise auf den französischen Thron.

Elisabeth wußte, daß die Zeit der Verschleierung und der friedenerhaltenden Zweideutigkeit vorbei war. Mit Marias Hinrichtung hatte England Position bezogen und die Konfrontation offenkundig gemacht – alles, was Elisabeth die letzten dreißig Jahre erfolgreich vermieden hatte. Für sie war Politik etwas anderes und Feineres als der offene Schlagabtausch von Macht und Gegenmacht.

Jetzt aber drohte sie in einen Sog hineinzugeraten, den sie nicht mehr mit taktischem Vorgehen steuern und abwenden konnte. Es lag viel Ungewißheit in dieser neuangebrochenen Zeit.

Der unglückliche Davison wurde das Opfer der Hofmaschinerie, mit deren Hilfe Elisabeth ihre Ehre wiederherzustellen gedachte. Gleich nachdem sie von der Hinrichtung erfahren hatte, ließ sie Davison in den Tower werfen, weil er ohne ihre ausdrückliche Weisung den Vollstreckungsbefehl aus den Händen gegeben habe.

Das einzige Vergehen, das Davison sich hat zuschulden kommen lassen, war seine mangelnde Geschmeidigkeit, die Zwischentöne der höfischen Umgangsformen zu verstehen. So einen hölzernen Menschen konnte Elisabeth sowieso in ihren Reihen nicht brauchen, also mochte er herhalten.

Er wurde zu einer Geldstrafe von zehntausend Pfund und Towerhaft nach Belieben der Königin verurteilt, und Elisabeth gab sich alle Mühe, ihren Zorn auf den untreuen Diener, von dem sie verraten worden sei, nach außen zu tragen. Unter ganz anderen Umständen, als die Frage nach Elisabeths Anteil an der Vollstreckung des Urteils keine Rolle mehr spielte, wurde Davison jedoch nach anderthalb Jahren aus der Haft entlassen sowie von seiner Geldbuße entbunden.

Wenn die Hinrichtung Maria Stuarts irgend etwas von Elisabeths Befürchtungen auslösen sollte, dann war die Phase, die jetzt kam, so etwas wie die Ruhe vor dem Sturm.

Marias Hoffnungen, ihr Tod werde endlich Elisabeths Untergang auslösen, schienen sich nicht zu erfüllen. Nichts dergleichen zeichnete sich zunächst ab.

Frankreich, Marias »France, chérie«, zeigte sich unter Heinrich III. letztlich neutral, zumindest nicht hinreichend interessiert, sich durch das Todesurteil der Schottenkönigin mit Elisabeth feindlich anzulegen. Jakob von Schottland wollte ganz und gar nicht seine englische Erbfolge um des Schicksals seiner Mutter willen aufs Spiel setzen, und Philipp, ja ... Für Philipp war Marias Hinrichtung das Kriegssignal, der letzte Schlag, den Elisabeth der katholischen Sache und damit ihm versetzen konnte, ohne wie bisher ungeschoren davonzukommen.

Aber es gab mehrere Gründe dafür, warum er auch jetzt nicht gleich zuschlug: erstens seine Langsamkeit im Entschließen und Handeln. Dieser weltabgewandte, fromme und grübelnde König entschied nichts, ohne in unglaublicher bürokratischer Kleinarbeit alle Für und Wider einer Sache, die nur auftauchen konnten, bis zum Äußersten durchdacht zu haben. Er besaß eine Buchhaltermentalität und vereinigte deutsch-habsburgische Pedanterie und Gründlichkeit mit spanisch-katholischem Fanatismus, in dem er selbst kühl und leidenschaftslos blieb.

Philipp saß in seiner Schreibstube im Escorial und bewältigte täglich Berge von Akten und Staatspapieren, denn nicht die noch so geringfügige Kleinigkeit wollte er anderen überlassen, schon gar nicht, wenn es um Elisabeth, die Ketzerin, ging.

Wenn sich in den Mordkomplotten der letzten Jahre die katholischen Mächte Europas auch gegen Elisabeth zusammengeschlossen hatten, so stand Philipp ihr doch jetzt mit seinem »Unternehmen gegen England«, im offenen militärischen Schlag allein gegenüber – und das war viel verlangt für Philipp, der zwar der mächtigste Herrscher seiner Zeit, aber keineswegs der an Entschlußkraft Größte war.

In Frankreich gab es nach wie vor die Guisen, die auf Philipps Seite standen. Parma wartete in den Niederlanden den Befehl zur Invasion in England ab. Jedoch auf den gegenwärtigen Papst Sixtus V. konnte sich Philipp wahrlich nicht verlassen, denn der aufgeschlossene Mann bewunderte Elisabeth, wenn er es auch bedauerte, daß sie nicht katholisch war.

»Seht nur, wie gut sie regiert!« sagte er. »Sie ist nur eine Frau, nur die Herrin über die Hälfte einer Insel, und doch fürchten alle sie, Spanien, Frankreich und das Reich.« Auch fand er es schade, daß er sie nicht heiraten konnte. »Unsere Kinder hätten die ganze Welt beherrscht.«

Selbst für Drakes Heldentaten hatte Sixtus ganz unparteiische Bewunderung übrig, und das löste in Philipp wohl zähneknirschendes Kopfzerbrechen aus.

Was Philipp außerdem die vergangenen Jahre vor dem letzten Schlag gegen Elisabeth zurückgehalten hatte, war Maria Stuarts frankreichfreundliche Haltung gewesen. Die Ketzerin Elisabeth zu vernichten, um nachher eine Königin auf Englands Thron zu sehen, die zwar katholisch, aber mit den Franzosen verbündet war, war ihm als zu hoher Preis erschienen. Philipps Vater Karl V. hatte seinem Sohn noch die Haltung vermittelt, Frankreich als gemeinsamen Feind Englands und Spaniens und das verbündete England als Stützpunkt gegen die Valois zu betrachten, und Philipp war nicht der Monarch und nicht der Mensch, der sich wechselnden Verhältnissen im Denken und Handeln schnell anpassen konnte.

Während Elisabeth den ungewissen Zwischenzustand gezielt angesteuert hatte, um daraus ihre Vorteile zu ziehen, hatte Philipp den Zusammenstoß aus mangelnder Entscheidungskraft vermieden.

Daß sich der Konflikt zwischen Spanien und England über Jahrzehnte verschleppen konnte, lag allein an den Charakteren der beiden Hauptdarsteller Philipp und Elisabeth, einer denkbar ausgefallenen Konstellation der Geschichte.

Nun war Maria Stuart tot, und die Zeichen standen auf Krieg. Philipp rüstete. Ob es ihm nicht zumindest einen emotionalen Anstoß gab, daß Maria Stuart ihm ihre »Anrechte« auf den schottischen und englischen Thron vererbt hatte, bleibt dahingestellt. Philipp selbst schien diese Erbverbriefung jedenfalls nüchterner zu betrachten als Mendoza, der von Paris aus mit dem Eifer des katholischen Sendboten vorging, der seine Stunde für gekommen hielt. Unmittelbar nach dem Erhalt der Nachricht von Marias Hinrichtung schickte er Depeschen nach Madrid, Brüssel und Rom, in denen er den Verantwortlichen die Notwendigkeit ans Herz legte, endlich gegen England vorzugehen. Mendoza vermittelte nichts anderes, als daß der spanische König nun mit der Unterstützung aller Mächte, die er dafür aufbieten konnte, seine Erbansprüche auf die britische Insel geltend machen werde, indem er in England einmarschierte.

Spanien rüstet zum Krieg

Es ist nicht richtig, daß, wie es in den heroischsten Darstellungen Elisabeths und ihrer Regierungszeit heißt, Elisabeth den Kriegsrüstungen Philipps unerschrocken ins Auge blickte, bereit, siegessicher ihr Land zu verteidigen. Als Maria hingerichtet wurde und von einem Tag zum anderen die Zeichen auf Krieg standen, war Elisabeth dreiundfünfzig Jahre alt. Dreißig Jahre lang hatte sie mit ihrer Politik der Verzögerungen, des Schein- und Halbfriedens, mit subtiler Vermeidungs- und Verschleierungstaktik »das große Wagenrad der Zeit«, den Gang der Geschichte aufgehalten. Nun aber pochte dieser Lauf, die Zeit mit aller Unerbittlichkeit mit der Forderung nach dem Alles oder Nichts, nach Sieg oder Niederlage an die Tür, was Elisabeth im Innersten erschütterte.

Elisabeth war nicht der Typ, alles einzusetzen. Sie brauchte Sicherheiten, sie brauchte Rückzugsmöglichkeiten, und sie brauchte die Kontrolle über die Ereignisse. Die Ermangelung all dessen machte ihr den Krieg so verhaßt.

Selbst wenn sie wirklich, wie sie sagte, keine Angst vor dem Tod und dem persönlichen Untergang hatte – und wir haben Anlaß, ihr diese Beteuerungen zu glauben –, so empfand sie doch Panik, was die Unwägsamkeit des neuen Zustands anbelangte, der völlig neuen Situation, der sie sich jetzt gegenübersah. Mehr als je zuvor mußte sie, die Frau und Zivilistin, in der Zeit, die kommen würde, das Handeln und Entscheiden männlichen Befehlshabern überlassen; sie würden den Kampf für sie führen, den sie noch nicht einmal an Ort und Stelle miterlebte.

In den Monaten nach dem 8. Februar in Fotheringhay war Elisabeth in einem bedenklichen Zustand, zeitweise nahe der

Geistesgestörtheit. Sie ertrug die Nächte nicht, in denen die Gespenster der Vergangenheit, die Fratzen des Richtblocks vor ihr auftauchten und ihr eine Kette um den Hals zu legen schienen. Leicester mußte bei ihr sein, doch auch er war oft hilflos. Manchmal schlug sie mit Vorwürfen und Gesten um sich und machte alle möglichen Ratgeber für die Hinrichtung verantwortlich, die sie nicht gewollt, die sie um Himmels willen nicht gewollt habe.

In das Aufatmen ihres ganzen Landes, als Maria tot war, in die Freudenfeiern und in die kampfbereite Zuversicht, es den Papisten schon zu zeigen, konnte sie daher keineswegs einstimmen.

Die Last der Krone und alles Unglück ihres Lebens schienen sie zu erdrücken. Wenn Leicester in dieser Zeit nicht gewesen wäre, ist es fraglich, ob Elisabeth diese Krise überstanden hätte.

Aber Philipp ließ ihr ja eine großzügige Atempause; verblüffend genug, zu sehen, wie diese großen Gegenspieler ihrer Zeit einander in gewissem Sinne glichen und sich daher gegenseitig in die Hände spielten, wie sie sich mehr gegenseitig stark und rüstig machten, als sich endgültig zu vernichten.

Ferdinand Bruckner hat in seinem Drama »Elisabeth von England« die Beziehung zwischen Elisabeth und Philipp zu einer Haßliebe, ihren Kampf zu einem erotischen gestaltet.

Während Philipp die Armada rüstete, seine unbesiegbare Flotte, wie die Spanier vollmundig verkündeten, rüstete sich Francis Drake zu neuen Taten. Er schlug Elisabeth ein Unternehmen vor, das er wie immer selbst verantwortete, das der Königin aber Aussichten auf erhebliche strategische Vorteile brachte.

Am 2. April 1587 stach er in See, um dem König von Spanien, wie er sagte, »den Bart anzusengen«. Elisabeth, die es sich angelegen sein ließ, wieder mit Parma um Frieden zu verhandeln, schickte Drake kurzentschlossen Boten nach, um ihn zurückzurufen, doch da holte man seinen Vorsprung nicht mehr auf, und das Unternehmen fand doch statt. Es bestand darin, daß Drake im Mai im Hafen von Cádiz einlief, um Philipps Flotte anzugreifen und zu zerstören, bevor sie sich in Lissabon zur Angriffsfahrt nach England sammeln könnte.

Das Resultat dieser Aktion war, daß Drake die Spanier für das Jahr 1587 erfolgreich daran gehindert hatte, den Krieg zu beginnen, da die derart beschädigte Flotte erst wieder aufgerüstet werden mußte.

Drakes Ruf als wagemutiger Seefahrer, der eine Art Privatkrieg mit dem König von Spanien ausfocht, hallte weit über Europa. Für Elisabeth war dieser Seeheld sehr dienlich, da er alle Unternehmungen gegen Philipp auf eigene Verantwortung ausführte und Elisabeth sich im Notfall von ihnen distanzieren konnte.

»Dem Gentleman ist es ganz gleich, wenn ich ihn desavouiere«, sagte sie.

Für die Spanier verbargen sich in »El Draque« (der Drache), wie sie ihn nannten, die Schrecken eines Teufelsbeschwörers. Er sei im Bunde mit bösen Geistern, und er besitze einen Zauberspiegel, um auf seinen Fahrten die Winde zu beherrschen, hieß es.

Drakes Taten fielen natürlich auf Elisabeth zurück. Nach dem erfolgreichen Angriff auf Cádiz hieß es in Europa: »Der König von Spanien überlegt und plant, während die Königin von England handelt.« Dabei war, was Elisabeth zwischen dem Frühjahr 1587 und dem Frühjahr 1588 tat, ein ständiges Hin und Her zwischen Kriegsrüstung, Widerruf der Befehle und Einleitung von Friedensverhandlungen, je nachdem, welche Nachrichten sie aus Spanien erhielt und ob sie zu der Hoffnung berechtigten, daß der Krieg noch zu vermeiden wäre. Elisabeths Räte wie ihre Befehlshaber waren am Verzweifeln mit ihrer glorreichen Königin, der jeder Sinn für militärische Planung und Einheitlichkeit im Operieren zu ermangeln schien. Sollten sie etwa erst Truppen zusammentrommeln und die Schiffe besteigen, wenn der Feind vor den Türen stünde?

Doch Elisabeth versuchte bis zum Schluß, ihre Insel in einem Zauberbann der Zeit zu halten und die Bedrohungen der Außenwelt zu ignorieren. Während Philipp hinter den Klostermauern seines strengen, steinernen Palastes auf den Knien lag und Gottes Wille im Gebet erforschte, ließ Elisabeth an ihrem weltoffenen Hof das Leben weitergehen.

Elisabeth trug rote gelockte Perücken, weil es Mode war, Perücken zu tragen – nicht etwa, wie es in der Literatur später verzerrend dargestellt wurde, weil sie darunter keine Haare mehr hatte. Wie Gesandte berichteten, trug sie ihre eigenen Haare nach wie vor gelegentlich offen.

Anfang der achtziger Jahre waren die weiten französischen Reifröcke aufgekommen, für die unglaubliche Mengen Stoff verarbeitet wurden. Die Ankleideprozedur der höfischen Damen mit Unterröcken und Fischbeinkorsetts, Miedern und steifen Röcken, Halskrausen und Haarschmuck dauerte immer länger, und schon aus dem Grund ist es ersichtlich, daß Elisabeth, die im fortschreitenden Alter mit viel Prunk und Aufwand ein immer imponierenderes Äußeres kultivierte, eine beträchtliche Zeit des Tages in Gegenwart ihrer Kammerfrauen, Ehrenjungfern und Hofdamen verbrachte.

Die freilich erlebten sie von ihren schlimmsten Seiten: übelgelaunt am Morgen, weil sie wieder einmal schlecht geschlafen hatte und sich ungeschminkt und unfrisiert mit ihrem Spiegel konfrontieren mußte, ungeduldig und zerfahren am Tag, wenn sie für eine Audienz umgekleidet werden mußte und genau *den* Rubinring zu *diesem* ihrer dreitausend Kleider haben mußte (diese Menge zählte man nach Elisabeths Tod), erschöpft und unleidlich am Abend von den Pflichten des Tages.

Hier ließ sie sich gehen, an ihren Damen ließ sie manches aus, was sie in den kunstvollen Auftritten fürstlicher Selbstdarstellung und diplomatischer Täuschungsmanöver in eisige Selbstbeherrschung bannen mußte.

Die drastische Schilderung Maria Stuarts von der bedauernswerten Stellung, die Elisabeths Hofdamen hatten, muß mit Abstrichen versehen werden. Aber Tatsache ist, daß Elisabeth hier wohl am meisten »Dampf abließ« und ungeschminkt im wahrsten Sinn des Wortes war.

Bezeichnenderweise gab es nur ganz wenige Frauen, zu denen Elisabeth eine nähere, annähernd freundschaftliche Beziehung hatte. Zu ihnen gehörte Mary Sidney, Roberts Schwester, die, nachdem sie sich während ihrer Pflegedienste bei Elisabeth mit den Pocken angesteckt hatte, von der Krankheit so entstellt worden war. Elisabeth, die Mary vorher schon gern gemocht hatte, vergaß ihr das nie und blieb ihr zeitlebens verbunden. Mit Lord und Lady Norris waren Elisabeth und Robert gemeinsam befreundet, und beide verbrachten manchen Kurzurlaub auf dem Landsitz der Edelleute. Lady Norris war Elisabeths »schwarze Krähe« nach der nicht immer sehr schmeichelhaften Art Elisabeths, Spitznamen zu verteilen, eine aufgeklärte und gebildete Frau ihrer Zeit. Ebenso Mildred Coke, die Ehefrau Burghleys, mit der Elisabeth ebenfalls befreundet war. Die sanfte Blanche Parry, eine Ehrendame, die sie seit ihrer Kindheit kannte und die wie ihre Herrin nicht geheiratet hatte, war Elisabeth nach dem Tod von Kate Ashley eine mütterliche Freundin. Elisabeth suchte sich weiche und gefügige Frauen im persönlichen Umgang, während sie im Mann, egal in welcher Funktion, das ebenbürtige Gegenüber, die Herausforderung suchte. Hochmut bei Frauen – wie ihrer Meinung nach bei Lettice Knollys – verzieh sie nie.

Mit den gängigen Unterhaltungen Hofklatsch und Handarbeiten war Elisabeth natürlich auch nicht zu befriedigen. Mit manchen ihrer Damen musizierte sie, mit manchen spielte sie Schach oder Karten.

Elisabeth bedauerte sehr, für ihre klassischen Studien über der

Last der Staatsgeschäfte so wenig Zeit zu haben. Ihr fehlte auch die Muße dazu, besonders in aufwühlenden Zeiten wie jetzt – wenn sie auch einmal großspurig behauptete, sie lese mehr alte Schriften als die meisten Leute in ihrem Land, von Universitätsgelehrten abgesehen. Sie versuchte immer, sich den Zugang zu den Schriften des Altertums zu erhalten. Es war eine Zufluchtsstätte, wo sie ihre Ruhe und ihr Gleichgewicht wiederfand, wie in ihrer frühesten Jugend.

Elisabeths äußerst empfindlicher Sinn für Hygiene sticht heraus in einer Zeit, in der man sich lieber die Kleider parfümierte, als sich zu waschen, und in der nur gebadet wurde, um Krankheiten auszutreiben.

Elisabeth liebte es, zu baden. In Windsor besaß sie ein prächtiges Badezimmer mit Spiegeln an den Wänden und Decken, damit sie beim Baden im mit Duftölen versetzten Wasser ihren makellosen weißen Körper bewundern konnte. Die narzißtischen Züge in ihr sind nicht zu übersehen.

Leicester schenkte Elisabeth zu allen möglichen Anlässen nicht nur wunderschönen und persönlich bedeutsamen Schmuck, sondern auch erlesene Parfums und Duftessenzen, vielleicht auch Badeöle.

Elisabeths Bewegungsdrang wurde in nervösen Zeiten noch stärker. Sie ritt lieber aus oder ging spazieren, als sich an die empfohlene Medizin eines Arztes zu halten, wenn es ihr nicht gutging. Dabei mißachtete sie meist sämtliche Sicherheitsvorkehrungen. Sie schien keine Angst vor dem Meuchelmord zu haben, und wenn er noch so als Gefahr gegeben war.

Nicht *ein Mal*, nicht während der Zeit der katholischen Verschwörungen, nicht während des Aufstandes im Norden, des Ridolfi-, des Babington-Komplotts und auch jetzt nicht, da der Krieg mit Spanien vor der Tür stand, änderte Elisabeth ihren Lebenswandel oder distanzierte sie sich von ihrem Volk.

Sie liebte die Menge, die ihr Beifall spendete und ein Teil ihrer Politik war. Also ging sie mitten unter das Volk, auch wenn die

Zeiten gefährlich waren. Auch auf ihre Sommerreisen verzichtete sie nicht.

Von seinem düsteren Schreibkabinett im Escorial hatte König Philipp unmittelbaren Zugang zum Hochaltar, vor dem er täglich Stunden auf den Knien lag, seiner Gichtschmerzen ungeachtet.

Nachdem er die sterblichen Überreste seiner Habsburger Vorfahren in seinen Klosterpalast hatte überführen lassen, lebte Philipp immer mehr im Zentrum des Todes, im Blick auf das Jenseits und die weltliche Vollstreckung des göttlichen Willens, die in seinen Händen lag.

Wenn er, ewig schwarzgekleidet, über seine Aktenberge aus den kleinen Fenstern blickte, die wenig Licht einließen, blickte er auf die herbe felsige Landschaft des Guadamarra-Gebirges. Der Escorial lag weit genug von der Hauptstadt entfernt, um die königliche Residenz mehr zu einer Festung mönchischer Einsiedelei als zum Mittelpunkt gesellschaftlichen Lebens zu machen.

Ganz Spanien betete für den Sieg der Armada. Gott würde der gerechten Sache zum Sieg verhelfen und seine Feinde vernichten. So wurden in den Kriegsvorbereitungen in Spanien Strategie und Rüstung mit mystischer Beschwörung vermischt. Elisabeth dagegen hatte hauptsächlich Geldsorgen. Wenn sie auch mehrfach als geizigste Herrscherin der Geschichte belächelt wird, bleibt doch festzuhalten, wie überaus mäßig Elisabeths finanzielle Mittel waren und wie gewaltig daher der Kontrast zwischen ihren Mitteln und ihren Erfolgen.

Das ordentliche Einkommen der Königin betrug zweihundertfünfzigtausend Pfund im Jahr, das per Antrag der Krone an das Parlament im Notfall bezuschußt werden konnte; Elisabeth vermied dies jedoch meistens, da sie ungern beim Parlament betteln gehen wollte und dergleichen Forderungen auch meist mit Anträgen und Petitionen der Parlamentarier vergolten wurden (man denke nur an die Hochphase der Heiratsdebatte Anfang der sechziger Jahre). Diese Summe entsprach zum Beispiel so ziemlich den Einkünften, die Philipp von Spanien allein aus seinem Herzogtum Mailand bezog. Im Vergleich zu den Mitteln von Elisabeths regierenden Zeitgenossen war sie lächerlich gering.

Elisabeth mußte von diesem Geld ihre Hofhaltung und sämtliche staatlichen Kosten bestreiten, die Kosten militärischer Aktionen zur Niederschlagung feindlicher oder zur Unterstützung verbündeter Rebellen. In den ersten zwanzig Jahren ihrer Regierung kam noch die Tilgung der Schulden ihrer Schwester hinzu, und Elisabeth sollte schließlich in den Auseinandersetzungen ihrer Zeit noch ständig den Geldgeber für das protestantische Europa spielen.

Unbedenklichere Fürsten stellten sich diesem Problem mit dem sehr einfachen Schritt der Staatsschuld oder der Besteuerung entgegen. Aber beides kam für Elisabeth nicht in Frage. Staatsschuld beschränkte ihre Unabhängigkeit, und Steuern waren unpopulär.

Elisabeths zum Herrschen so begabter Vater hatte in höfischer Selbstsucht geschwelgt und sich wenig bekümmert, wen er dafür zur Ader lassen mußte. Elisabeth dagegen lebte sparsam, obwohl auch sie eine prächtige Hofhaltung hatte.

In den vierundvierzig Jahren ihrer Herrschaft ließ sie nicht ein einziges königliches Bauwerk bauen. Sie pflegte sehr ausgeprägt zwischen ihren Residenzen hin- und herzureisen, aber sie waren alle geerbt und wurden auch selten modernisiert.

Sie war nicht besonders freigebig und bezahlte ihre Hofbeamten recht mäßig; wirklich reich wurden nur einzelne, die in besonderer Gunst bei ihr standen, auch wenn andere ihr Leben in den Dienst des Hofes stellten. Aber dafür konnten sich Elisabeths Soldaten mehr als alle anderen in Europa darauf verlassen, daß sie ihren Sold bekamen.

Auch Elisabeth ließ sich hemmungslos vom Adel aushalten, wenn es die Möglichkeit, etwa auf ihren Sommerrundreisen, gebot, aber das Bezeichnende ist – auch etwa im Hinblick auf die reichen und prächtigen Geschenke, die die Königin als

Neujahrsgaben vom ganzen Hof erhielt, ohne sich gleichwertig dafür zu revanchieren –, daß man ihr das alles freiwillig leistete, was ein nicht unbedeutender Teilaspekt ihrer romantischen Stellung als »hehre frouwe« Königin war, die sie bei ihren Untertanen einnahm und die sie so eifrig förderte. Sie war eine Frau, die hofiert wurde, und weil sie die Königin war, konnte sie diese Hofierung in klingende Münze verwandeln.

Von ihrem Großvater Heinrich VII. hatte Elisabeth den Hang zur Sparsamkeit und andere bürgerliche Tugenden geerbt. Es waren solche Eigenschaften wie eine haushälterische Begabung, Vorsicht und Weitblick, die Elisabeths Verständnis für die bürgerliche Mittelschicht öffneten. In ihrer Sparsamkeit lag ein gut Teil ihres realistischen Urteilsvermögens, das sie immer erkennen ließ, was im Bereich des Möglichen lag. Wenn andere fürstliche Ratgeber dieser Zeit ein objektives und gemäßigtes Pendant zum Rausch fürstlicher Machtvollkommenheit darstellten, so mäßigte Elisabeth mit ihrem klaren und nüchternen Blick ihre Ratgeber.

Vieles an ihr entsprach so gar nicht dem vollmundigen Bild des Renaissancefürsten, das Heinrich VIII. verkörpert hatte. Mit ihrer Haushältermentalität, ihrem kühlen Überblick, ihrer Mäßigkeit im Essen und Trinken und ihrem drahtigen Körper war Elisabeth mehr eine Verwalterin ihres Landes, die mit dem Bild der Virgin Queen wieder gut erfaßt und abgedeckt schien. Sie war es auch praktisch-politisch. Es war nicht Elisabeths Sache, Neuland zu erobern oder für hohe Ideale mit hohem Einsatz zu kämpfen. Es war ihr vielmehr gegeben, aus dem Vorgefundenen das Beste zu machen; sie schöpfte aus dem Fundus, das aber mit großer Virtuosität. Insofern war sie sparsam in jeder Beziehung.

In dieser Zeit der gegenseitigen Rüstung wurde in Spanien, vor der Küste von San Sebastian, ein etwa fünfundzwanzigjähriger Engländer in einem Boot abgefangen. Als man ihn festnahm, erzählte er eine sehr aufregende Geschichte und wurde auf seinen Wunsch dem englischen Gesandten Sir

Francis Englefield vorgestellt. Sein wahrer Name sei Arthur
Dudley, und er sei der uneheliche Sohn der Königin von
England und des Grafen von Leicester, berichtete er. Er sei
aber ein gläubiger Katholik und befinde sich auf der Flucht, da
er befürchten müsse, von englischen Agenten ermordet zu
werden, damit seine schmachvolle Geburt vertuscht werde.

Englefield stellte dem jungen Mann Fangfragen, um seine
Kenntnis des englischen Hofes zu testen, und er bekam alle
Fragen zufriedenstellend beantwortet. Philipp aber, dem die
Geschichte Arthur Dudleys in allen Einzelheiten berichtet
wurde, hielt den Burschen nur für einen englischen Spion und
warf ihn ohne großes Federlesen ins Gefängnis. List und
Tücke, um seine Invasionspläne zu unterminieren, schienen
ihm in bezug auf Elisabeth weit bedenkenswerter als ein
Fehltritt Elisabeths mit Leicester, der ihm – ausgerechnet
ihm! – ihren Sohn vor die Füße warf.

Der im Exil in den Niederlanden lebende Kardinal William
Allen, der dort ein Jesuiten-Seminar gegründet hatte, verfaßte
um diese Zeit eine Schrift, die in den Niederlanden in englischer Sprache gedruckt und in England verbreitet wurde. Alle
Katholiken wurden darin zum Kampf gegen Elisabeth aufgerufen, indem man in wüsten Beleidigungen Elisabeths Herrschaft als unwert diffamierte. Elisabeth sei ein blutschänderi-
scher Bastard, in Sünde gezeugt und geboren und in Sünde
lebend. Sie schände ihren Leib mit unwürdigen Personen
(Leicester) und besudele das Land, indem sie Unschuldige in
sündhafte Machenschaften verstricke. Sie verleugne die wahre
Religion und treibe eine reine Günstlingswirtschaft.

Eine derartige Propaganda heizte natürlich die Gemüter an,
und zwar auf beiden Seiten.

Anfang Mai führte der Herzog von Guise in Paris einen
Aufstand an. Ein Revolutionskomitee, das aus Mitgliedern
der Heiligen Liga und Sympathisanten der Guisen bestand,
übernahm daraufhin die Kontrolle über die Stadt, und Heinrich III. mußte aus Paris fliehen. Elisabeth war empört über

den Aufstand und versicherte den König ihrer Unterstützung und Freundschaft; auch ermunterte sie Heinrich zum Widerstand und wünschte ihm Durchhaltevermögen. Der aber ließ sich dazu überreden, mit Guise Frieden zu schließen und ihn zum Generalstatthalter zu ernennen. Nicht wenige Gebiete Frankreichs kamen damit unter Kontrolle der katholischen Guisen.

Während sich die gegenreformatorischen Fronten formierten und die Polemik gegen Elisabeth immer deftiger wurde – klar zu beobachten ist dabei, daß in solchen Polemiken gegen weibliche Herrscher (bei Maria Stuart war es in puritanischen Polemiken nicht anders) politische Anschuldigungen mit den Anschuldigungen eines unmoralischen Lebenswandels vermischt wurden, das heißt, die Regentin wurde erst als Frau moralisch vernichtet, um dann politisch geschlagen zu werden –, schuf Elisabeth ein noch stärkeres Gefühl der Zusammengehörigkeit in ihrem Land, einen Bund zwischen Volk und Königin, um sich der drohenden Gefahr gemeinsam entgegenzustellen. Sie war noch weniger denn je geneigt zu religiösen Haarspaltereien und zur Selektierung ihrer Untertanen. Auch loyale Katholiken sollten für sie gegen Spanien kämpfen, und was sie mit solchem Ansinnen schuf, war ein gewaltiges Nationalgefühl, das für das 16. Jahrhundert noch völlig untypisch war.

Ende Mai verließ Philipps Flotte unter dem Oberbefehl des Herzogs von Medina-Sidonia Lissabon mit Kurs auf England. Doch die Schiffe wurden durch einen Sturm stark beschädigt und mußten den Hafen von Cádiz anlaufen. Die Wiederaufbereitung dauerte einen Monat.

Da gab Elisabeth den Befehl zur Mobilmachung der englischen Flotte.

Die Schlacht der Armada

Am 19. Juli sichteten Späher die Armada auf der Höhe von
Kap Lizard, vor der Küste von Plymouth. Sie bestand aus
einhundertdreißig Schiffen, schweren Galeeren nach spätmit-
telalterlicher Bauart, die sich bei Windstille höchstens vierzig
Meilen am Tag fortbewegen konnten. Die Spanier verfügten
über weit mehr Soldaten als Matrosen, weil ihr Ziel der
Nahkampf mit dem Feind war, Mannschaft gegen Mannschaft
und weniger Schiff gegen Schiff. Die alte Gefechtsweise, mit
der sie noch kämpften, war auf das Entern der feindlichen
Schiffe angelegt und machte aus der Seeschlacht mehr eine
Landschlacht zur See.

Ganz anders war es bei den Engländern. Ihre Flotte umfaßte
zweihundert Schiffe, die aber weit zierlicher, schneller und
beweglicher waren. Heinrich VIII. war ein großer Kenner der
Seefahrt gewesen. Bereits unter ihm war die Idee verwirklicht
worden, die Breitseite der Schiffe mit Munition zu bestücken,
weshalb die Geschütze eine größere Reichweite hatten.

In den Gefechten vor der Küste von Plymouth nun konnten
die schwerfälligen spanischen Galeeren aus der Entfernung
unter Geschützfeuer genommen werden, was den Spaniern
keine Gelegenheit zum Entern und Festhaken gab. So konnten die Spanier nach wenigen kleinen Gefechten in den Kanal
hinausgetrieben werden.

Medina-Sidonias Plan war es, auf der Isle of Wight einen
militärischen Stützpunkt zu errichten, um dann Verbindung
mit Parma aufzunehmen und den Kanal so lange zu halten, bis
Parma ein Invasionsheer nach England geschickt hatte. Da der
erste Teil des Plans durch die Überlegenheit der Engländer in
den Gefechten im Kanal mißlungen war, nahm die Armada
mit einhundertsiebenundzwanzig verbliebenen Schiffen Kurs
auf Calais, um dort auf Parma zu warten.

Mittlerweile beriet Elisabeths Kriegsrat in London das weitere
Vorgehen. Zwei besondere Armeen waren gebildet worden –

eine Leibgarde in St. James zum Schutz der Königin und eine Landstreitmacht in Tilbury, um der Invasion bei ihrer Landung Widerstand zu leisten.

Leicester war zum Generalleutnant der Landstreitkräfte ernannt worden. Er stand mit der Mannschaft in Tilbury, bereit, im Falle einer Invasion als Oberster Statthalter das Land zu verteidigen. Zum drittenmal hatte Elisabeth alles in seine Hände gelegt.

Medina-Sidonia hielt sich indessen streng an Philipps Weisung, die englische Flotte nicht anzugreifen, bevor er nicht Kontakt mit Parma aufgenommen hätte. So wartete er – fatales Mißverständnis – dreißig Stunden vor Calais auf Parmas Ankunft, während Parma mit seinen Truppen in den Niederlanden wartete. Das gab den Ausschlag, denn in der Zwischenzeit bereiteten sich Howard und Drake auf die Entscheidungsschlacht vor und griffen in der Nacht zum 29. Juli an.

Bereits in Cádiz hatte Drake Brander eingesetzt, und zwar mit großem Erfolg. Als in dieser Nacht, vom Wind begünstigt, die mit Teer gefüllten brennenden Schiffe der Engländer auf die spanischen Schiffe zusteuerten, gerieten die Spanier in Panik, setzten die Segel und wurden ostwärts aus dem Kanal gedrängt. Ein heftiger Sturm trieb sie außerdem nach Norden.

Tausende ertranken. Manches der »unbesiegbaren« Schiffe erlitt Schiffbruch und strandete an den wilden Küsten von Irland, wo den Seeleuten von der irischen Bevölkerung meist ein grausames Ende beschert wurde. Auf den Schiffen, die sich retten konnten, bildeten sich Epidemien, weil der Proviant verdorben war. Kaum die Hälfte der spanischen Schiffe und nur ein Drittel der Mannschaft erreichte die Heimat.

Die Engländer, die noch einige Zeit davon ausgingen, daß die Armada sich neu formieren und erneut angreifen würde, wußten noch nicht, daß sie die Armada bereits vernichtend geschlagen und den Sieg davongetragen hatten.

In Tilbury erwartete man stündlich Parma, der schließlich immer noch unbesiegt mit seinem Invasionsheer in Dünkirchen bereitstand.

In der Stunde der Gefahr, als alles auf dem Spiel zu stehen schien, bereitete sich Elisabeth auf ihren größten Auftritt vor. Sie nahm Leicesters Einladung an, ihre Truppen in Tilbury zu besichtigen; ihre Ankunft war für den 8. August vorgesehen.

Dieser Ausflug war für die Königin selbstverständlich nicht ungefährlich, da er bedeuten konnte, sich sozusagen mitten aufs Schlachtfeld zu begeben. Außerdem konnten eingeschlichene Verräter unter den Truppen sein, die die Gelegenheit zu einem Attentat auf die Königin nutzen könnten.

Doch Elisabeth schlug alle Sorgen in den Wind. Sie hatte ihre größte Stunde, ihren glanzvollsten und gelungensten Auftritt, als sie auf einer weißen Schimmelstute den Hügel von Tilbury hochgaloppierte und dann durch die Reihen ihrer Soldaten schritt. Sie trug ein Kleid aus weißem Samt und einen silbernen Brustharnisch darüber. In der rechten Hand hielt sie einen silbernen Feldherrenstab.

Mit ihrem Sinn für die richtigen Gesten und Worte im richtigen Augenblick hielt Elisabeth vor den Truppen in Tilbury ihre berühmte Rede, die eine Woge patriotischer Gefühle bei ihren Zuhörern auslöste.

»Mein geliebtes Volk!

Einige, die um Unsere Sicherheit besorgt sind und Verrat fürchteten, rieten Uns, Uns sehr in acht zu nehmen, wenn Wir Uns unter bewaffnete Mengen begeben. Aber ich versichere euch, so lange ich lebe, habe ich nicht vor, im Mißtrauen gegen mein treues und geliebtes Volk zu leben.

Mögen Tyrannen sich fürchten!

Ich habe immer danach getrachtet, meine größte Kraft und Sicherheit nach Gott den treuen Herzen und dem guten Willen meiner Untertanen anzuvertrauen.

Und deshalb bin ich jetzt zu euch gekommen, wie ihr seht, nicht zu meinem Vergnügen, sondern vielmehr entschlossen, in der Hitze der Schlacht mit euch allen zu leben oder zu sterben und für meinen Gott, für mein Königreich und für mein Volk meine Ehre und mein Blut darzubringen und, wenn es sein muß, in den Staub zu legen.

Ich weiß, ich habe nur den Körper einer schwachen Frau; aber ich habe das Herz und den Mut eines Königs, und zwar eines Königs von England – und ich spotte der Vorstellung, daß Parma oder Spanien oder sonst ein Fürst Europas es wagen sollte, die Grenzen meines Reichs zu überschreiten. Ehe solche Schande über mich kommt, will ich lieber selbst die Waffen ergreifen. Ich will euer General und Richter sein und jeden von euch nach den Tugenden belohnen, die er im Felde zeigt. Ich weiß, daß ihr für die Tapferkeit, die ihr bereits gezeigt habt, Belohnung verdient habt, und Wir geben euch Unser königliches Ehrenwort, daß sie euch zuteil werden wird.

Inzwischen wird mein Generalleutnant mein Stellvertreter sein – einem edleren und würdigeren Untertan hat nie ein Fürst vor mir befehligt. Ich zweifle nicht, daß wir dank eures Gehorsams meinem General gegenüber, eurer Eintracht im Lager und eurer Tapferkeit im Feld bald einen ruhmreichen Sieg über die Feinde meines Gottes, meines Königreichs und meines Volkes erringen werden.«[73]

Stürmischer Jubel war die Antwort auf Elisabeths Worte.

Leicester stand, weißhaarig, stark gealtert, neben ihr, als sie das sagte. Sie erlebten Englands größte Stunde zusammen.

Als Elisabeth später in Leicesters Zelt mit ihm beim Mittagessen saß, traf die Nachricht ein, daß Parma kurz davor sei, in England zu landen. Es empfehle sich daher, die Königin um ihrer Sicherheit willen nach St. James zurückzubringen.

Ohne ihre Mahlzeit zu unterbrechen, verkündete Elisabeth, sie wolle bleiben, komme, was wolle.

»I will be your general ...« Sie hatte dieses Androgyne, Herbe, Imposante, das sie nicht um solcher Worte Lügen strafte.

Mit welchem Blick sah Leicester in diesen Tagen seine hehre

Deborah an seiner Seite an? Alles Überreizte und Komplizierte in ihr war in solchen Stunden der Größe, Ruhe und inneren Einheit gewichen.

Als Elisabeth nach einigen Tagen das Lager verließ, wußte man, daß die Armada geschlagen und die Gefahr einer Invasion gebannt war.

Währenddessen verbreitete Mendoza in Paris den Sieg der Spanier, und in Spanien wurde schon zu früh gefeiert.

Es war ein Triumphzug, als Elisabeth in ihre Hauptstadt einzog. London bebte. Elisabeth wurde zur Göttin, zur Heerführerin; ihre Popularität, ihre Verherrlichung kannte keine Grenzen mehr. Ganz England schien in der Vorstellung zu leben, sie habe die Armada höchstpersönlich geschlagen.

Bei manchem feierlichen Umzug und Dankgottesdienst war Leicester an ihrer Seite, der ebenfalls auf dem Höhepunkt seines Ruhmes stand – ohne allerdings faktisch viel dazu beigetragen zu haben. Er war nur endlich offiziell und mit allen äußeren Ehren der Mann an der Seite der Königin. Elisabeth soll kurzfristig erwogen haben, ihn zum Vizekönig zu ernennen, doch der Protest des Staatsrats war zu offenkundig. Ihre Worte über ihn in Tilbury sagten alles darüber aus, was er ihr war, und so geizte sie jetzt auch nicht mehr mit Ehren.

Ende des Monats begab sich Leicester endlich zu seiner lange geplanten Kur nach Buxton, da es ihm gesundheitlich nicht gutging. Er machte unterwegs in Rycote halt, wo er im Haus von Lord und Lady Norris mit Elisabeth manche unbeschwerten Tage verbracht hatte. Er bekam Elisabeths Zimmer eingerichtet, und am 29. August schrieb er ihr von dort einen besorgten und zärtlichen Brief. Auch sie hatte sich in letzter Zeit nicht wohl gefühlt.

»Ich bitte Eure Majestät, Eurem armen alten Diener zu verzeihen, daß er fragt, wie meine huldvolle Dame sich befindet und welche Erleichterung sie von ihrem letzten Leiden erfahren hat, denn worum ich auf dieser Welt am meisten bete, ist, daß sie bei guter Gesundheit ist und ihr ein langes Leben beschieden sei.

Was meine Wenigkeit angeht, so befolge ich Eure Kur und finde sie viel heilsamer als alles, was mir je verordnet wurde. Indem ich also hoffe, vollkommene Heilung in den Bädern zu finden, küsse ich, fortwährend für Euer Wohl betend, Euren Fuß, in Eurem Zimmer in Rycote, diesen Donnerstagmorgen, bereit, meine Reise fortzusetzen.

Von Eurer Majestät treuestem und gehorsamem Diener: R. Leicester«[74].

Am 4. September, eine Woche später, starb er. Es könnte ein Schlaganfall gewesen sein; »ein Fieber« heißt es nur in den Annalen. Sein schillernder Ruf half allerdings wieder eine ausgefallene Skandalgeschichte produzieren, in der es hieß, er habe die heimliche Liebschaft zwischen seiner Frau und Christopher Blount entdeckt und Blount vergiften wollen, worauf Blount ihm zuvorgekommen sei.

Elisabeth nahm die Nachricht von Roberts Tod mit gefährlicher Ruhe entgegen. Sie reagierte nicht, sie sagte nichts und schloß sich nur schweigend in ihrem Schlafzimmer ein. Tagelang, so hieß es, kam sie nicht zum Vorschein, bis angeblich einige Staatsräte auf eigene Verantwortung die Tür aufbrechen ließen.

Sie war wie gelähmt, wie aus Stein. Es gelang ihr, sich wieder in ihre Herrscherrolle einzufinden und die noch immer anhaltenden Ovationen für ihren Sieg gegen Spanien entgegenzunehmen. Am 8. September etwa wurden die erbeuteten Fahnen am St.-Paul's-Kreuz enthüllt.

Wie eine Marionette erfüllte Elisabeth ihre Pflichten und ließ die Andachten über sich ergehen, blaß und abgemagert und beängstigend schwach auf den Beinen. Sie leitete nichts zu Roberts Beerdigung ein, obwohl er es in seinem Testament offengelassen hatte, daß die Königin darüber verfüge. In der Formulierung seines letzten Willens hieß es:

»Mein Körper soll liegen ... wo immer Ihre Majestät befiehlt

und für angemessen erachtet, denn als er am Leben war, war
er ihr ein treuer und liebender Diener, und so möge er auch im
Tode zu ihrer Verfügung stehen.«

Anläßlich seiner Güterregelung gesteht er, »ich habe immer
weit über meine Verhältnisse gelebt«. Als Leicester starb,
hatte er fünfundzwanzigtausend Pfund Schulden bei der
Krone, und um zumindest einen Teil dessen wieder abzutra-
gen, vererbte er Elisabeth seine wertvollsten Juwelen. Mit ein
Grund für seine Verschuldung waren schließlich auch die
unschätzbaren Geschenke, die er Elisabeth zu allen Neujahrs-
festen und anderen Anlässen gemacht hatte.

»Allen voran, vor und über jedem anderen gedenke ich meiner
huldvollen Königin, deren Geschöpf ich unter ihr gewesen bin
und die mir eine schöne und fürstliche Gebieterin war
(›Mistress‹ heißt sowohl ›Gebieterin‹ als auch ›Geliebte‹).«[75]
Sobald sie wieder handlungsfähig war, tat Elisabeth, was sie
konnte, um sich an Lettice Knollys zu rächen. Roberts Schulden sollten umgehend beglichen werden. Lettice mußte Ländereien und Besitztümer verkaufen, um die Zahlungen leisten
zu können.

Robert liegt neben Lettice, die erst 1634 starb und über
neunzig Jahre alt wurde, in der St. Mary's Chapel in Warwick
begraben.

In der National Portrait Gallery stehen heute zwei Gipsbüsten
nebeneinander, die vom gleichen unbekannten Künstler stammen und nach Elisabeths Tod entstanden sind: Königin Elisabeth und Robert Dudley, Earl of Leicester.

Elisabeth hatte noch fünfzehn Jahre zu leben, und sie tat das
instinktiv Richtige und Vitalste, indem sie sich von dem
Tatendrang und Abenteuergeist der nächsten Generation mit-
reißen ließ. Solange sie lebte und regierte, erhielt England
seinen Lebenshauch durch sie. Sie war kein sentimentales
altes Weib, das sollte ihr niemand nachsagen können.

Aber mit Leicesters Tod hatte Elisabeth einen Pfeiler ihres
Lebens verloren. Sie ließ es sich nicht anmerken, und sie

sprach nicht mehr über ihn, wie sie auch zeitlebens nicht über ihre Mutter oder Thomas Seymour sprach. Doch nach Elisabeths eigenem Tod fand man ein Kästchen mit persönlichen Dingen neben ihrem Bett, in dem auch der Brief lag, den Robert ihr am 29. August aus Rycote geschrieben hatte. Mit eigener Hand hatte sie auf die Rückseite geschrieben: »Sein letzter Brief«.

Am 24. November, dem dreißigsten Jahrestag von Elisabeths Thronbesteigung, fand ein großer offizieller Dankgottesdienst in der St.-Paul's-Kathedrale statt. Der Tag der Thronbesteigung wurde immer ausgiebig gefeiert, aber jetzt fiel die Jubiläumsfeier auch noch mit der Siegesfeier zusammen.

Elisabeth war auf dem Höhepunkt ihrer Macht und ihrer Beliebtheit.

Philipp von Spanien hatte die Kunde seiner Niederlage mit dem gewohnten Gleichmut entgegengenommen. Er dankte Gott dafür, daß er ihm die Macht gab, bald eine neue Armada auszusenden. Doch dazu sollte es nicht kommen.

In den kommenden Jahren befanden sich England und Spanien im ständigen Kriegszustand, in dem sich aber nichts mehr von Bedeutung entschied.

Elisabeth ließ ihre Flotte abrüsten, sobald sie nur erfahren hatte, daß Philipps Schiffe heimgesegelt waren. Ihre Räte waren damit gar nicht einverstanden und befanden, man müsse zur Verteidigung gerüstet bleiben. Aber da ließ Elisabeth nicht mit sich reden. Keinen Penny mehr wollte sie auf Kosten des Wohlstands ihres Volkes in diesen Krieg stecken.

Mit einem bezaubernden Jüngling an ihrer Seite schöpfte sie gerade wieder Lebensmut. Er war vierunddreißig Jahre jünger als sie.

Die Schicksalsgötter verkündeten den letzten tragischen Akt der Elisabeth Tudor und ihrer unentrinnbaren Verstrickung in Liebe, Tod und Verrat.

Essex, der letzte Akt

Letzte Leidenschaft

Robert Devereux, Earl of Essex, war Leicesters Stiefsohn, der Sohn der Elisabeth so verhaßten Lettice Knollys und ihres ersten Gemahls. Er war zugleich über Anne Boleyn, die Schwester seiner Urgroßmutter, mit Elisabeth verwandt, die damit gewissermaßen seine Großtante war. Außerdem hatte er königliches Blut der Häuser Plantagenet, Lancaster und York in den Adern, und er war sich seiner noblen Herkunft nur allzu bewußt. Sein romantisch-feudales Bewußtsein war einer der Hauptzüge seines Wesens.

Leicester selbst hatte Essex am Hof eingeführt und Elisabeths Aufmerksamkeit auf ihn gelenkt. Essex war als Siebzehnjähriger mit ihm in den Niederlanden gewesen, wo er sich auf dem Schlachtfeld so hervorgetan hatte, daß er zum Ritter geschlagen worden war.

Indem er den jungen Mann im Frühjahr 1587 Elisabeth zuführte, wollte Leicester sowohl seinem Stiefsohn das Sprungbrett zu einer glänzenden Hofkarriere liefern als auch Elisabeth mit einem Gesellschafter beglücken, der ihr helfen sollte, über ihre Schwermut wegen Maria Stuarts Hinrichtung hinwegzukommen. Er hatte sich nicht verrechnet. Zwischen Leicesters vorläufiger und seiner endgültigen Rückkehr nach England vertrieb der junge Essex der Königin die Zeit beim Kartenspielen, Musizieren und Dichten.

Elisabeth war entzückt von dem Zwanzigjährigen, dessen Jugend ihr in dieser schweren Zeit vor Augen führte, daß das Leben weiterging und immer wieder am Anfang sein konnte. Essex hatte die Schönheit seiner Mutter Lettice Knollys geerbt, und sein einnehmendes Wesen machte ihn überall zum allgemeinen Liebling, wohin er auch kam. Er hatte kastanienbraunes, weiches Haar, einen ausgeprägten Schmollmund und große braune Augen mit einem träumerischen Glanz. Seine Erscheinung war eine Mischung von Jungenhaftigkeit, romantischem Rittertum und intellektuellem Tiefsinn. Er war launisch und verwöhnt, strotzend selbstbewußt, aber zugleich von großer Sensibilität und anfällig für jegliche Erschütterung. Er glänzte im Turnier und auf dem Schlachtfeld, und er beherrschte das Wort, er nahm Anteil an den weltbewegenden Plänen seiner Zeit, und er war der Wissenschaft und Dichtkunst zugetan. Bewegt und versunken, konnte er viele Stunden über Büchern verbringen, um dann plötzlich in heftigem Bewegungsdrang aufs Pferd zu steigen und nach langem Ritt genauso unvermittelt in Zustände nervöser Erschöpfung zu fallen.

Er hatte Großes im Sinn und gab sich nicht mit Kleinerem zufrieden. So jung er auch war, hielt er keine Aufgabe für zu schwer, keine Ehrung für zu hoch für sich – und mit seiner noblen Herkunft, seinen natürlichen Gaben und seiner besonderen Liebenswürdigkeit dachte er eventuelle königliche Einwände aus dem Weg zu räumen.

Ende 1587 übernahm er Leicesters Amt des Oberstallmeisters sowie zahlreiche kleinere Ämter. Im folgenden Jahr wurde er Ritter des Hosenbandordens.

Es war nicht Elisabeths Art, einen jungen Menschen – vor allem seines Schlages – so schnell aufsteigen zu lassen, und eine Stimme der Vernunft mußte ihr zugeflüstert haben, daß es ein Fehler sei.

Aber dem jungen Essex gegenüber zeigte sie von Anfang an einen Zug hilfloser und wonniger Schwäche. Er hätte ihr Sohn sein können – und wie oft hat sie nicht vielleicht angesichts dieses anspruchsvollen und schwierigen Prachtexemplars der Wunschvorstellung nachgehangen, er sei ihr und Leicesters Sohn?!

Als Leicester dann tot war und sie in ein weiteres schwarzes Loch von Lebensüberdruß zu stürzen drohte, blickte Elisabeth wie betäubt und mit verschwimmendem Blick auf diesen Adonis, der das Leben noch vor sich hatte.

Er brachte einen unvergleichlich frischen Wind in ihren Kreis, gegen den Raleighs poetische Anbetung gekünstelt und Hatton fürs Altenteil reif schien.

Essex stimmte in den allgemeinen Tonfall der kultischen Anbetung Elisabeths mit ein, aber mit welcher Impulsivität und Eigenwilligkeit! Er wirbelte Elisabeth durch den Palast und über Wiesen und Wälder, er riß sie mit durch seinen Ungestüm und seine jugendliche Unbekümmertheit. Er benutzte die gleichen überhöhenden Kultbilder der »Diana«, »Belphoebe«, der holden »Sonnenkönigin« wie seine Vorgänger, aber er legte seinen eigenen Ausdruck in sie, und er gab zu erkennen, daß er seine Worte nie nach den Launen seiner Gebieterin richten würde, sondern weil sie ihm in diesem Augenblick gefielen, weil er es liebte, im einen Moment Chevalier und Minnesänger und im nächsten Ritter ohne Furcht und Tadel zu sein.

Dabei war, was er sagte, sicher weit aufrichtiger als manche auswendiggelernten Verse seiner Günstlingskonkurrenten, denn er konnte nur sagen, was er wirklich empfand, nichts anderes. Essex war unfähig zu jeder Verstellung, eine eigentlich ungünstige Voraussetzung für das Leben am Hof.

Er war hoffnungslos romantisch und hatte einen Sinn für Dramatik. Das war der Grund, warum er so bereit war, die Verherrlichung der Königin zu reflektieren und in den gleichen Worten zu schwelgen wie Raleigh und Hatton.

Er sah in Elisabeth das, was er sagte, und er empfand es aus seinem Instinkt für Größe, für die herausragende Persönlichkeit. Bei allem Bizarren dieser Beziehung war sie die Begegnung zweier Vollblutmenschen.

Mit seinem unverstellten freien Wesen bis zur Hemmungslosigkeit war er zugleich, was Elisabeth, die so früh Verstellung und absolute Selbstbeherrschung praktizieren mußte, niemals sein durfte. Sie nannte ihn ihr »wildes Pferd«, und sie wollte dieses ungezähmte Fohlen erziehen und bändigen, seinen edlen Anlagen den letzten Schliff erteilen, um ihn zu einem exquisiten Höfling und Politiker zu machen. Ihre Erziehungsversuche entlockten ihr verzweifelt-mütterliche Seufzer.

Essex war von grenzenloser Eifersucht beherrscht. In dem Bewußtsein seiner Hochwohlgeborenheit verachtete er Raleigh, den Emporkömmling, und legte sich mit allen an, die bei der Königin in Gunst standen.

Als Sir Charles Blount, ein junger Edelmann, der nach einem Turniersieg von Elisabeth mit einer goldenen Schachkönigin belohnt worden war, stolz mit dem Geschenk am Hof herumlief, rief Essex in seiner Gegenwart aus: »Jetzt sehe ich, daß jeder Narr eine Auszeichnung erhält.«[76], worauf er und Blount sich duellierten. Essex wurde bei dem Duell verwundet, und als Elisabeth davon erfuhr, fluchte sie: »God's death! Jemand sollte ihn sich mal gründlich vornehmen und ihm bessere Manieren beibringen, sonst ist mit ihm nicht auszukommen.«[77]

Kurze Zeit später forderte er Raleigh auf Tod und Leben zum Duell, doch dieses Zusammentreffen konnte der Staatsrat verhindern und vor Elisabeth geheimhalten.

Essex lebte verschwenderisch und bettelte ständig um Geld. Es war durchaus die Norm, daß der Adel bei der Königin Schulden hatte, weil ein großspuriger Lebensstil am Hof geradezu unvermeidbar war und zum Selbstverständnis dieses Standes gehörte. Elisabeth konnte nichts dagegen machen, daß die Herren der Hocharistokratie ihr Geld verpraßten, und sie konnte sie auch nicht sich selbst überlassen, weil sie gewissermaßen ein Teil ihres Hofes waren und sie mitrepräsentierten.

Essex bezog die Gehälter aus seinen Ämtern, was nicht wenig war, sowie die Erträge ergiebiger Monopole, die die Königin ihm übertragen hatte, aber das alles reichte nicht, um seinen Lebensstil zu finanzieren.

Aussicht auf schnelleren Reichtum stellten damals stets die Unternehmen auf den Meeren dar. Also entschloß sich Essex im Frühjahr 1589, mit zu der geplanten Expedition nach Portugal aufzubrechen – was Elisabeth ihm rundheraus verbot. Zu dem Unternehmen hatte sie sich von ihren seefahrenden Kriegshelden im nachklingenden Siegesrausch überreden lassen, obwohl ihr selbst keineswegs danach zumute war. Geplant war, die spanische Flotte im Hafen von Lissabon zu zerstören und nebenbei den portugiesischen Thronprätendenten Don Antonio zum König von Portugal zu krönen, um Philipps Macht damit entscheidend zu schmälern.

Essex tat das Ungeheuerliche und widersetzte sich dem königlichen Befehl. Da er wußte, daß er die Königin so schnell nicht umstimmen konnte – ihre Bedenken waren mannigfaltig: Essex war zu jung und unerfahren für ein solches kriegerisches Unternehmen, zu hochherzig und unberechenbar, er würde, ahnte sie, nur Unfug anrichten, außerdem bangte sie um sein Wohlergehen –, ungeachtet also dieser Bedenken und des königlichen Verbots, machte er sich heimlich davon.

In einem tollkühnen Ritt preschte er in einer Nacht nach Plymouth, wo er eines der königlichen Schiffe bestieg und den Befehlshaber Williams bestach, neun Tage früher loszufahren als geplant, um außer Reichweite zu sein, wenn die Boten der Königin nahten.

Ein unheilverkündendes Zeichen war es, daß Sir Roger Williams dem zugleich herrischen und einnehmenden Wesen des Grafen Essex erlag und damit den Befehl der Königin mißachtete. Er verließ seinen Posten und setzte die Segel.

Elisabeth bekam einen ihrer berühmten Wutausbrüche, als sie hörte, daß Essex auf dem Weg nach Plymouth sei. Sie schickte ihm zwei Herren des Hofes nach, um ihn zurückzuholen, Sir Francis Knollys und den Earl of Huntingdon, doch beide erreichten die Küste zu spät. Den Brief, den sie Essex sozusagen nachschmiß, um den Bengel zur Umkehr zu bewegen, erhielt er erst zwei Monate später, als die Expedition beendet war und die Teilnehmer nach England zurückkehrten. Darin schrieb sie: »Essex, Ihr könnt Euch wohl vorstellen, daß Wir in Eurer plötzlichen und pflichtvergessenen Entfernung vom Hof und von Eurem Posten eine schwere Beleidigung gegen Uns sehen. Die große Gunst, die Wir Euch ohne Euer Verdienst erwiesen haben, hat Euch wohl dazu verführt, derartig Eure Pflicht zu vernachlässigen; anders können Wir Euer Verhalten nicht auslegen...

Daher verlangen und befehlen Wir Euch, alle Entschuldigungen und Verzögerungen ausgenommen, unverzüglich an den Hof zurückzukehren, um Unser weiteres Belieben entgegenzunehmen. Verstoßt nicht dagegen, da Ihr Euch sonst Unseren Zorn zuzieht und jedes Zuwiderhandeln für Euch die größte Gefahr bedeutet.«[78]

Dann erfuhr Elisabeth, daß das Schiff mit Essex den Hafen verlassen hatte. Dem Befehlshaber Williams hätte sie daraufhin am liebsten gleich den Garaus gemacht. Sie schrieb einen Brief an Drake und Norris, die den Oberbefehl hatten, mit der Anweisung, Williams sein Kommando zu entziehen und ihn zu verhaften. Nach dem Gesetz habe er eigentlich die Todesstrafe verdient, fügte sie hinzu.

»Da Wir die Herrschergewalt haben, wollen Wir auch, daß man Uns gehorcht.«[79]

Elisabeth sah sich veranlaßt, dies an dieser Stelle gesondert zu betonen.

Sah sie schon die Vorzeichen für die gefährliche Eigendynamik, die die energische Generation, die neben ihr herangewachsen war, ihrer Monopolstellung entgegensetzen werde? Nach der in jeder Beziehung gescheiterten Expedition bemerkte die Königin nicht zu Unrecht, daß die Beteiligten wohl mehr an ihren eigenen Profit als an den Dienst bei der Krone gedacht hätten.

Sie hatte die Einzelkämpfer groß gemacht, all die bürgerlichen Kaufleute, Investoren und Privatkrieger wie Drake und Hawkins, die ihr Kapital und ihr Leben einsetzten und damit ihr Glück machen konnten oder den Ruin fanden, wenn es mißlang. Aber damit hatten diese auch an Selbstbewußtsein gewonnen und waren eine Kraft für sich in ihrem Land geworden.

Und Essex? Was sah man in ihm, und welche Macht hatte er auf die Gemüter? Der Vorfall mit Essex und Williams mußte Elisabeth beunruhigen und warnen.

Das unglückselige Unternehmen gestaltete sich folgendermaßen: In Coruña gelang es Drakes Mannschaft, gerade ein einziges Armada-Schiff zu zerstören und die Stadt zu plündern. Der dort vorgefundene Wein, mit dem sich die Mannschaft betrank, verbreitete eine tödliche Infektionskrankheit, an der die Männer auf den Schiffen starben wie die Fliegen. Die große Mehrheit der Armada-Schiffe lag dagegen unbehelligt in einem anderen Hafen.

Essex traf vor Lissabon mit der Flotte zusammen. Nachdem es nicht gelungen war, die Stadt einzunehmen, um Don Antonio zum portugiesischen König zu machen, ritt Essex in bester ritterlicher Haltung vor die Mauern von Lissabon und jagte seine Lanze ins Stadttor. Mit dieser eindrucksvollen Geste und einer entsprechenden Aufforderung wollte er den spanischen Gouverneur zum Kampf herausfordern. Doch es rührte sich nichts hinter den Toren, und niemand nahm Essex' Forderung an.

So mußte die Flotte mit dem kärglichen Rest der Besatzung nach England zurückfahren und sich den vorwurfsvollen Augen der Königin stellen. Drake nahm darauf fürs erste freiwillig seinen Abschied.

Nachdem Essex an Land gegangen war, stürmte er geradewegs zur Königin, und Elisabeth, die vor allem heilfroh war, ihn wohlbehalten wiederzuhaben, hatte ihm bald allen Ungehorsam verziehen. Nicht lange, und er war wieder ein Teil ihres Lebens am Hof.

Gloriana im Zwielicht

Tagsüber ritten sie zusammen aus oder gingen zur Jagd. Abends, nachts spielten sie Karten, manchmal bis zum Morgengrauen – Karten, oder, wie die Lästerer munkelten, »ein anderes Spiel«. Oft verließ er sie erst, wenn die Vögel schon zwitscherten.

Irgendwie kühlte Elisabeth seinen Heißsporn so weit, daß es zunächst keine größeren Zusammenstöße mehr mit Raleigh gab. Dessen Amerika-Besiedelung war, da sie sich doch nicht als so einfach erwies, auf unbestimmte Zeit verschoben worden.

Die Kartoffel und der Tabak gehörten zu den Errungenschaften Raleighs aus der Neuen Welt, und Elisabeth geruhte, eine seiner Kartoffeln zu essen und seinen Tabak zu rauchen. Von der Kartoffel war sie wenig begeistert, während sie dem Rauchen nicht abgeneigt war.

Als diese Vorstellung europaweit die Runde machte: Die Königin von England, pfeiferauchend . . ., hielt man ihr Image wieder für bestätigt. Man wußte es ja, wie war keine Frau; es lag etwas Widernatürliches in ihr.

Und zu diesem Bild paßte ihr junger Liebhaber.

Die Neuigkeit, daß Elisabeth sich offenbar mit Mitte Fünfzig einen zweiundzwanzigjährigen Liebhaber genommen hatte, lag ganz im Rahmen ihrer verrufenen Exzentrik.

Ihre heimischen Höflinge hüteten sich dagegen, Kommentare abzugeben. Man mußte nur sehen, wie sie aufblühte, um Jahrzehnte verjüngt erschien! Mit erhitzten Wangen und geschminkten Lippen glitt ihre immer noch schlanke Gestalt an Essex' Seite durch den Tanzsaal. Mochte sich da jeder denken, was er wollte! Niemand konnte mit letzter Sicherheit behaupten, diese rätselhafte Frau zu kennen und sich ein Urteil über sie bilden zu können.

Der ganze Elisabethanische Hof befand sich in einer Sphäre der Zweideutigkeit, weil man die Monarchin als holde Vestalin verherrlichen mußte, um das Regiment einer Frau zu ertragen, und weil man nicht wußte, was die Jungfräuliche Königin tatsächlich in ihrem Schlafzimmer trieb.

An ihrem Hof im großen und ganzen hielt Elisabeth streng auf Sitte und Moral. Bei ihr sollte es nicht zugehen wie in Frankreich, am dekadenten Hof der Valois.

Die königlichen Ehrenjungfern gingen züchtig schwarzgekleidet und hatten bei ihrer Herrin um Erlaubnis zu bitten, wenn sie heiraten wollten. Leider kam es allzu oft vor, daß sie dies nicht taten und vorher schwanger wurden, was Elisabeth in äußerste Empörung versetzte.

Viele Interpreten haben in dieser Ungehaltenheit den Neid der alten Jungfer gesehen, die anderen das nicht gönnte, was sie sich selbst versagt hatte.

Tatsache ist aber, daß Elisabeth in solcherlei Vergehen wie einer heimlichen Heirat auch eine Mißachtung ihrer monarchischen Autorität sehen mußte. Eine Heirat war ein Gesellschaftsereignis, zu dem, wenn es die Hofkreise betraf, die Königin ihren Segen geben mußte. Durch Heiraten wurden Karrieren begünstigt und Familien in der adeligen Hierarchie emporgetragen, und entsprechend war es für die Königin nicht unbedeutend, wer wen heiratete.

Außerdem hatte Elisabeth die Verantwortung für ihre Ehrenjungfern, die blutjung waren, wenn sie zu ihr kamen, die an den Hof geschickt worden waren, um günstig verheiratet zu werden, und bei denen die Königin Elternstelle vertrat. Eltern dieser Zeit hätten es sicher auch nicht toleriert, wenn ihre Kinder ein derart freizügiges Leben führten, und im Falle von Elisabeth konnten die ausländischen Gesandten Rückschlüsse auf die Sittlichkeit der Königin selbst ziehen, wenn offensichtlich war, daß es an ihrem Hof freizügig zuging; solche Eindrücke mußte sie aber tunlichst vermeiden.

Anders war es, wenn es ihre Günstlinge betraf. Da Elisabeth erwartete, bei ihren »Favorites« die (imaginäre) Stellung einer höchsten Herrin und Geliebten einzunehmen, empfand sie jede Heirat eines Günstlings als persönliche Beleidigung. Man tat daher gut daran, nicht zu heiraten, wenn man sich die königliche Gunst uneingeschränkt erhalten wollte.

Der einzige, der sich von ihren Günstlingen an diesen klugen Ratschluß hielt, war und blieb Christopher Hatton. Elisabeth vergaß es ihm nie, daß er ihretwegen unverheiratet geblieben war.

Sir Walter Raleigh und selbst ihr Liebling Essex waren leider nicht so klug wie Hatton.

Liebling Essex besaß die Unverfrorenheit, Anfang 1590 die Witwe Sir Philip Sidneys und Tochter des alten Walsingham zu heiraten, ohne die Frau Königin um Erlaubnis zu fragen. Wie damals bei seiner Mutter und Leicester blieb die Heirat viele Monate vor Elisabeth geheim und flog erst auf, als Frances Sidneys Schwangerschaft nicht mehr länger zu verbergen war. Elisabeth war gekränkt und beleidigt und regte sich hauptsächlich darüber auf, daß Essex so weit unter seinem Stand geheiratet habe. Sie habe, ließ sie durchklingen, ganz andere Pläne mit ihm gehabt... Dies demonstriert die mütterliche Komponente in ihrem Verhältnis zu Essex. Mit der Heirat an sich fand sich Elisabeth erstaunlich schnell ab.

Nicht so bei Raleigh. Dieser Bösewicht hatte ihre Ehrendame Bess Throgmorton ohne Ehe geschwängert, hatte aber vor, sie bei Gelegenheit zu heiraten. Ehe er sich jedoch versah, wanderte er nebst seiner Geliebten in den Tower, und da nützte es ihm auch nichts mehr, daß er seiner Herrin aus dem Tower die schwülstigsten Liebesbriefe schrieb, die selbst Elisabeth, die diesen Wortlaut verlangte und gewohnt war, in ihren ehrlichen Stunden als Kitsch bezeichnen mußte.

Es hieß darin (Elisabeth wollte sich zu ihrer Sommerreise aufmachen):

»Mein Herz war nie so betrübt wie am heutigen Tage, da ich erfahre, daß die Königin weit fortgeht, sie, der ich so viele Jahre hindurch mit so großer Liebe auf so manche Reise gefolgt bin. Jetzt werde ich allein im dunklen Gewahrsam zurückgelassen. Solange sie noch in der Nähe war und ich wenigstens alle zwei oder drei Tage einmal von ihr hören konnte, war mein Kummer nicht so schwer; nun aber ist mein Herz ins allertiefste Elend gestoßen.

Ich war doch daran gewöhnt, sie wie Alexander reiten, wie Diana jagen und wie Venus einherschreiten zu sehen, während der sanfte Wind das blonde Haar um ihre zarten Nymphen-Wangen spielen ließ. So manches Mal ruhte sie dann im Schatten, einer Göttin gleich, oder auch sie sang, herrlich wie Orpheus.

Ach! Da ich einmal gefehlt habe, muß ich die Leiden dieser Welt tragen und all jenem Schönen entsagen.

Oh, Liebe, die du nur im Unglück scheinest, was ist aus deinen Versprechungen geworden?«[80]

Bei aller Bewanderung in der antiken Götterwelt und zeitgenössischer Schäferpoesie, die aus diesen Zeilen hervorging – O no! Man konnte sie ja nicht zum Narren halten! Alles hatte seine Grenzen. Sollte Raleigh im Tower ruhig noch eine Weile weiterschmoren, um seine Männlichkeit abzukühlen!

»Blondes Haar« – hatte Elisabeth auch blonde Perücken? Eine dunkelhaarige befand sich zumindest neben zahlreichen roten in ihrem Nachlaß, wenn auch nirgendwo erwähnt ist, daß sie mit einer anderen Haarfarbe als rot in der Öffentlichkeit aufgetreten wäre.

In diesem Jahr 1590 mußte Elisabeth von vielen vertrauten Zeitgenossen Abschied nehmen. Erst starb Blanche Parry, eine ihrer liebsten Ehrendamen, im greisen Alter, längst erblindet, und wenig später Leicesters Bruder Ambrose, Graf Warwick.

Walsingham erlag endlich seiner langen schweren Krankheit, die auf Leberkrebs hindeutet, und ihm folgten Thomas Randolph, der ehemalige schottische Gesandte, und Graf Shrewsbury, Maria Stuarts sympathischer Wächter, dessen ekelhafte Frau die skandalösen Geschichten über Elisabeth verbreitet hatte.

Am Ende des folgenden Jahres starb zu Elisabeths untröst-
lichem Kummer auch Christopher Hatton, an dessen Sterbebett sie ausharrte, als das Ende zu erwarten war. Er hatte
sechsundfünfzigtausend Pfund Schulden bei ihr, als er starb.
Burghley war über siebzig und litt sehr unter seiner Gicht.
Doch als er im Mai 1591 darum bat, sich ins Privatleben
zurückziehen zu dürfen, schrieb ihm Elisabeth, die von ihren
Staatsdienern das Äußerste forderte und die in ihrer eigenen
Unverwüstbarkeit kein Verständnis für Altersgebrechen zu
haben schien, einen spöttischen und schalkhaften Brief, der
als Entlassungsurkunde abgefaßt war.

»Elizabetha Anglorum id est a nitore angelorum Regina for-
mosissima et felicissima (Elisabeth von England, die da im
Engelsglanz die herrlichste und segenspendende Königin ist)«
grüße »Sir Einsiedler« in seiner trostlosen Zurückgezogen-
heit, den Preisgeber gerechten Dienstes und Diener aller
Himmelswunder.[81]

Darauf humpelte Burgleih wieder an den Hof zurück und
diente Elisabeth bis an sein Lebensende. Zeitweise mußte er
auf einem gepolsterten Stuhl zu den Ratssitzungen getragen
werden.

Frankreich befand sich immer noch in Bürgerkriegswirren. Da
Heinrich III. sich gegen die Heilige Liga nicht hatte durchset-
zen können, hatte er in einer Verzweiflungstat den Herzog von
Guise und dessen Bruder ermorden lassen. Dieser Schlag
sollte jedoch verderbliche Folgen für ihn selbst haben, wie ihm
seine Mutter, Katharina von Medici, im Dezember 1588 auf
ihrem Sterbebett richtig prophezeite.

Im Juli 1589 wurde der König im katholischen Vergeltungs-
schlag von einem Dominikanermönch ermordet, worauf
Heinrich von Navarra, der Hugenotte, als Heinrich IV. den
Thron bestieg.

Der aufgeschlossene und phantasievolle König war leider sehr
ratlos, wie er ohne die entsprechenden Mittel seinen Kampf
mit der Liga bestreiten sollte, und so rief er seine protestanti-

schen Gesinnungsgenossen in Europa auf den Plan. Er bat
Elisabeth um Geld und Truppen, die diesmal gar nicht zögerte
und half, zumal bald sehr klar heraustrat, daß Spanien sich
offensiv einschalten und die Liga weiter unterstützen würde.

Im September 1590 schickte sie Heinrich zwanzigtausend
Pfund, einen Monat später weitere fünfzehntausend sowie ein
kleines Heer in die Normandie, um die Eroberung von Rouen
zu unterstützen. Kurz darauf landete ein spanisches Heer in
der Bretagne.

Da die Spanier damit eine Operationsbasis für einen erneuten
Angriff auf England hatten, mußte Elisabeth auf Navarras
weitere Bitten um Geld und Truppen eingehen.

Eigentlich mochte sie Navarra, der eine Art Freidenker seiner
Zeit und ihr damit wesensverwandt war, und sie hatte ein
starkes Interesse daran, seine Sache zu unterstützen. Gleichzeitig mit ihrer ersten Geld- und Truppensendung schickte sie
ihm sogar eine eigenhändig bestickte Seidenschärpe, die er im
Kampf tragen solle, sowie einen glücksbringenden Smaragd.

Elisabeth war sich mit den deutschen Lutheranern darüber
einig, daß man eine einmalige Chance für die Zukunft der
protestantischen Sache verpaßte, wenn man diesen begabten
und schwungvollen König, der sich sein Königreich erst noch
erobern mußte, nicht mit allen Mitteln unterstützte.

Aber Heinrich IV. war bedauerlicherweise von ebenso genia-
ler Unzuverlässigkeit. Er war ein Charmeur, der Elisabeth
bezaubernde Briefe schrieb, in die er wie zufällig seine Geld-
wünsche einstreute. Aber er hielt sich an keine Vereinbarung.
Er dachte gar nicht daran, seine Darlehen an Elisabeth
zurückzuzahlen, während er um neue bat sowie um die Ver-
stärkung ihrer Truppen. Elisabeth seufzte und gewährte ihm
beides.

Anfang 1591 schickte sie ein Heer in die Bretagne und eines in
die Normandie.

Essex, voller Tatendrang und Kriegsbegeisterung, sah in
Navarras Kampf um die Krone für sich ein ideales Betäti-

gungsfeld. Er wollte den Oberbefehl über die Truppen in der Normandie. Stundenlang lag er vor Elisabeth auf den Knien und bat sie, ihm das Kommando zu übertragen.

Den Teufel würde sie! Essex, der Heißsporn, und der Luftikus Navarra... Wo waren die Zeiten geblieben, in denen man mit vernünftigen Menschen Politik machen konnte?!

Schließlich setzte sogar Burghley sich für Essex ein, und Elisabeth ließ sich unter der Bedingung überreden, daß Essex sich den Befehl mit ein paar älteren Offizieren teilte. Sie konnte dem Burschen einfach nichts abschlagen! Nachdem Essex im August England verlassen hatte, hatte Elisabeth wohl mehr als eine schlaflose Nacht.

Wie würde sich Essex bewähren? Inwieweit konnte man sich auf Navarras Versprechungen verlassen?

Ihre Sorgen waren nicht ins Leere gerichtet.

Als die englischen Truppen Rouen erreichten, um mit Heinrichs Heer zusammenzustoßen, stellten sie fest, daß der König selbst entgegen seinen Zusagen nicht da war. Er hatte es sich anders überlegt und war auf dem Weg nach Lothringen, wo er mit deutschen Söldnern zusammentreffen wollte.

Essex ließ seine Truppen in Rouen zurück und ritt mit einem Gefolge von sechzig Edelleuten frohgemut einhundert Meilen durch feindliches Gebiet, um Navarra im Campiègne seine Aufwartung zu machen. Der König hieß Elisabeths Stellvertreter herzlich willkommen und lud ihn zum Wettspringen und anderen sportlichen Betätigungen ein. Abends gab es Wein, Weib und Gesang. Eine Woche lang ergingen sich Essex und Navarra in geselliger Unterhaltung, während die französischen und englischen Truppen tatenlos vor Rouen lagerten.

Elisabeth tobte. Selbst in ihrer kühnsten Phantasie hatte sie sich das nicht ausgemalt, obwohl sie ja manches befürchtet hatte. Es ist gut möglich, daß sie nicht wußte, auf wen sie wütender sein sollte: auf Navarra oder Essex. Navarra hielt sie in einem Brief vor, daß er gegen ihre Vereinbarung verstoßen habe, und Essex schrieb sie, er habe sinnlos seine Zeit vertan.

Um sich schnell noch einmal zu beweisen, befahl Essex, obwohl seine Offiziere ihm abrieten, einen Sturmangriff auf eine Festung bei Rouen, bei der er seinen Bruder verlor, jedoch nichts gewann; der Angriff wurde abgewehrt.

Als Elisabeth ihn, da die mit Navarra vereinbarte Zeit für die Hilfeleistung abgelaufen war, zurück nach England beorderte, antwortete Essex ihr, dieser Befehl habe ihn so gegrämt, daß ihm die Knöpfe vom Wams abgesprungen seien. Auch an Phantasie zum Klagen fehlte es ihm nicht.

Gleichwohl, er mußte zurück, um sich mit Elisabeth zu versöhnen. Die Truppen wurden vorerst nicht aus Frankreich abgezogen.

Doch um das Maß des königlichen Zorns komplett zu machen, schlug Essex eben noch vierundzwanzig junge Männer in seiner Gefolgschaft zu Rittern, da sie, wie er begründete, keine Gelegenheit gehabt hätte, ihr Können unter Beweis zu stellen und sich diese Ehrung zu verdienen.

Das war der Gipfel!

Die Erhebung in den Adelsstand war ein Vorrecht der Krone, das dem Befehlshaber auf dem Schlachtfeld übertragen werden konnte, um außergewöhnliche Dienste zu würdigen. Elisabeth selbst hatte einen sehr hohen Begriff von dieser Ehrung und erteilte sie nicht leichten Herzens.

Warum Essex sie nun so leichtfertig verteilte, war nur allzu offensichtlich: um sich Anhänger zu sichern. Er strebte immer nach einer starken Gefolgschaft.

Elisabeth mußte doppelt gewarnt sein. Sarkastisch bemerkte sie nur, Seine Lordschaft hätte gut daran getan, für seine Ritter gleich die Armenhäuser mitzubauen.

Als Essex-Liebling aber heimkam, wurde ihm wieder verziehen, und er durfte sogar mit verstärkten Truppen und strategischen Plänen nach Frankreich zurückkehren, um die Belagerung von Rouen endgültig zu beginnen.

Von dort schrieb er Elisabeth einen schwärmerischen Brief, der mit: »Allerschönste, allerherrlichste, allerteuerste Herrscherin« begann. Wenn das Unternehmen erst erfolgreich abgeschlossen sei, könne ihn nichts mehr aus ihrer Gegenwart vertreiben.

»Die beiden Fenster Eures Privatgemachs werden dann die Pole meines Himmels sein, den ich nicht verlassen will, solange es Eurer Majestät gefällt, mich in ihm zu sehen. Ist aber nach Ansicht Eurer Majestät dieser Himmel zu erhaben für mich, so will ich nicht von ihm herabfallen wie ein Stern, sondern wie Dampf verzehrt werden von der Sonne, die mich zu solcher Höhe emporsteigen ließ.

Solange Eure Majestät mir die Worte: ›Ich liebe Euch‹ nicht verwehren, haben mein Glück und meine Lust nicht ihresgleichen in dieser Welt. Versagt Ihr mir aber je diese Freiheit, so könnt Ihr dadurch wohl meinem Leben ein Ende setzen, mich aber nie in meiner Beständigkeit erschüttern; denn wandelte sich auch die Süße Eures Wesens in die allerherbste Bitternis, selbst Eure Macht als große Königin vermag mich nicht dahin zu bringen, daß ich Euch weniger liebe.«[82]

Die Belagerung von Rouen zog sich und schleppte sich. Essex, wieder ganz ritterlicher Held, forderte den Gouverneur der Stadt eines Tages zum Zweikampf heraus, was der Gouverneur jedoch ablehnte.

Elisabeth reagierte mit leichtem Spott auf diese veraltete Art, Krieg zu führen. Sie war eine moderne und praktische Frau und liebte Essex gerade um solcher romantischer Anachronismen willen.

Zum Lachen war ihr aber eigentlich gar nicht zumute. Der Krieg Heinrichs IV. hatte sie inzwischen dreihunderttausend Pfund gekostet, ohne daß in absehbarer Zeit ein Ende in Sicht war oder Navarra an die Rückzahlung der Darlehen dachte.

Im Januar 1592 befahl die Königin Essex zurück. An der Reling stehend, küßte Essex pathetisch sein Schwert, als sein Schiff den französischen Hafen verließ.

Zurück in England, stürzte er sich ins Labyrinth der Hofintrigen.

Es war Elisabeths bewußte Strategie, Fraktionen zu fördern,
die sie gegeneinander ausspielen konnte, und diese Strategie
hatte das Regierungssystem ihrer Zeit zur Grundlage. Es gab
keine Parteien, nur Ratgeber, die die Königin nach Belieben
ernennen und konsultieren konnte. Meist hörte sie sie einzeln
an, um sich zum Schluß ihre eigene Meinung zu bilden.

Um angehört oder überhaupt für eine Position in Erwägung
gezogen zu werden, intrigierten die Höflinge untereinander,
puschten sich vorwärts oder legten sich gegenseitig Steine in
den Weg. Dies war ein unerläßlicher Bestandteil der höfischen
Tagespolitik.

William Cecil, Lord Burghley, hatte seinen Sohn Robert
bereits sehr vorsorgend in dieses Getriebe eingebunden und zu
seinem Nachfolger erzogen. In dem ernsten jungen Mann, den
sie wegen seines Buckels schonungslos ihren »Pygmäen«
nannte, erkannte Elisabeth die besonnenen staatsmännischen
Fähigkeiten seines Vaters wieder.

Burghley selbst war seinem Kurs treu geblieben: gemäßigt
protestantisch, pazifistisch, im allgemeinen prospanisch, und
Cecils Sohn trat auch hier in seine Fußstapfen.

Demgegenüber baute Essex mit seinen Anhängern eine
Gegenfraktion auf.

Er sympathisierte mit den Puritanern und vertrat eine antispa-
nische Angriffspolitik. Immer wieder drängte er Elisabeth zu
Offensiven gegen Philipp, ehe dieser ihr zuvorkommen könne
und eine weitere Armada nach England sende.

Er war sehr eng mit den Brüdern Bacon befreundet, Francis
und Anthony, und mit ihnen intrigierte er gegen den Einfluß
der Cecils. Francis und Anthony Bacon waren Neffen des
alten Burghley, der aber in dem Ehrgeiz der Brüder und
besonders in der großen intellektuellen Begabung des älteren
Francis eine gefährliche Konkurrenz zu den Aufstiegsmög-
lichkeiten seines Sohnes Robert sah. Burghley ignorierte
daher eher die Bestrebungen seiner Neffen, als daß er ihnen
den Weg zu einer Hofkarriere ebnete.

So, wie es zu Leicesters Zeiten die Parteien Leicester–Burgley gegeben hatte, gab es nun die Fronten Essex–Cecil. Aber Essex und die Bacons rechneten am Anfang nicht damit, daß der verwachsene und kränkliche Robert Cecil es je zu hohen Ämtern bringen würde. Sie rechneten nicht mit Elisabeths Unvoreingenommenheit, wenn es darum ging, herausragende Fähigkeiten und die Eignung für ein Amt von Kriterien wie Familienvergangenheit, Konfession, Gefügigkeit im Denken oder Äußerlichkeiten zu trennen. In einer Zeit, in der man das Zitat im Munde führte, ein schöner Geist wohne in einem schönen Körper, konnte man sich nicht vorstellen, daß ein blasser junger Mann mit einem Buckel und schleppendem Gang es zu einem Sitz in Staatsrat und bis zum Ersten Staatssekretär bringen würde. Der arrogante Schönling Essex dachte es bestimmt nicht. Aber er mußte sich getäuscht sehen.

Wohlweislich berief Elisabeth den jungen Cecil in den Staatsrat, während Essex noch in Fankreich war. Er durfte auch schon seinem Vater bei der Arbeit im Staatssekretariat über die Schulter schauen und für die Aufgabe langsam angelernt werden.

Als Essex diese Entwicklungen nach seiner Rückkehr erkannte, entschloß er sich zu aggressiverem Vorgehen gegen die Cecils.

Zusammen mit den Bacons knüpfte er Kontakt zu Walsinghams Dechiffreur und Geheimdienstmitarbeiter Phelippes, durch den er an Informationen gelangte, die dem Informationsstand der Cecils über innen- und außenpolitische Entwicklungen Konkurrenz machen konnten. Peu à peu trug Essex der Königin sein Wissen zu, die sehr beeindruckt war und sah, daß er sich auskannte, Zugang zu den richtigen Quellen hatte, Initiative besaß.

Im Februar 1593 berief sie ihn daher ebenfalls in den Staatsrat, und das veränderte Essex' Wesen zunächst ganz beträchtlich. Er wurde ernst und strebsam und sehr pflichtbesessen. Morgens war er der Erste und abends der Letzte. Elisabeth konnte mit ihrem Liebling zufrieden sein, der gar keinen Ärger mehr machte.

Aber dann gab es wieder Reibungspunkte, denn Essex wollte seinen Einfluß geltend machen und der Königin seine Anhänger zuführen. Er hatte die unumstößliche Gewißheit, eine weitreichende Macht über ihr Gemüt zu besitzen.

Als der Posten des Kronanwalts frei wurde, plädierte er für Francis Bacon und hatte keinen Zweifel daran, seinen Willen durchzusetzen.

Doch Elisabeth dachte gar nicht daran, schon deshalb nicht, weil Essex sich seiner Sache so sicher war. Außerdem traf es sich, daß Bacon sich zu seinem Unglück unmittelbar vor dieser Diskussion bei ihr im Unterhaus sehr unbeliebt gemacht hatte. Er hatte sich gegen eine gewisse Steuererhebung ausgesprochen, was Elisabeth von einem Unterhausmitglied unverschämt fand.

In endlosen privaten Gesprächen setzte Elisabeth Essex ihre Einwände gegen Bacon für die Kronanwaltschaft auseinander und verteidigte ihren bevorzugten Kandidaten Edmund Coke. Bacon, der Humanist und Geistesmensch, sei zu theoretisch orientiert für das Amt; Coke habe mehr juristische Erfahrungen etc. etc. ...

Je mehr die Zeit verstrich und die Diskussion sich hinzog, desto leidenschaftlicher und ungeduldiger wurde Essex. Manchmal verbot Elisabeth ihm einfach den Mund, wenn er das Thema nicht endlich beiseite ließe. Aber Essex hatte Bacon das Amt schon vollmundig versprochen und all seinen Anhängern verkündet, was er bei der Königin alles erreichen könne. Er würde sein Gesicht verlieren, wenn er sich nicht durchsetzte.

Monat für Monat verging, und Elisabeth ließ das Amt des Kronanwalts unbesetzt.

Der Grund, warum sie vielleicht Leicester nicht geheiratet hatte – daß er sich mit seinen Anhängern einen eigenen Herrschaftsbereich geschaffen hätte –, würde Elisabeth jetzt gewiß nicht mit diesem jungen Hitzkopf zum Verhängnis werden.

Ein wenig spielte sie mit Essex, der bei ihren Auseinandersetzungen oft zornig aus dem Zimmer stürmte – jede Etikette mißachtend –, auf sein Landhaus floh und bei seiner Rückkehr fluchend oder lachend von seiner Gebieterin empfangen wurde.

Dieses Spiel erregte Elisabeth, und es hatte sie immer erregt. Sie konnte es nur mit solchen ruhelosen und ehrgeizigen Geschöpfen spielen, von denen Essex ein Paradebeispiel war, und es brachte sie ebenso an ihre Grenzen wie den Mann, mit dem sie es spielte. Liebe und Kampf waren für Elisabeth irgendwie untrennbar. Wie konnte ein Löwenherz eine Ehefrau sein?

Machtkampf

Ihren sechzigsten Geburtstag feierte Elisabeth in allem Glanz an Essex' Seite. Sie war glücklich. Neben schmeichelnden Höflingen bewunderten auch unparteiische Ausländer wie der deutsche Reisende Jakob Rathgeb, der Sekretär des Herzogs von Württemberg, ihr jugendliches Aussehen. Es war sicher weit entfernt von den übertriebenen Darstellungen, mit denen die Dichter ihr huldigten, und die Kosmetik tat ihr übriges, um den Eindruck von jugendlicher Schönheit zu erwecken, aber Elisabeth war von der Natur hinreichend bestückt, um dem Alter zu trotzen. Ihre mäßige Lebensführung und ihre Sportlichkeit begünstigten dies, aber noch mehr begünstigte es ihr junger Galan, das »wilde Pferd«. Würde sie es zähmen können?

Aus Paris traf eine Sensationsnachricht ein: Nachdem er zermürbende Schlachten gegen die Liga geführt hatte und viel unnützes Blut geflossen war, war Heinrich IV. zum Katholizismus übergetreten. »Paris ist wohl eine Messe wert«, soll er gesagt haben, weil die Liga ihm bedeutet hatte, nur als katholischen König ließe sie ihn seine Hauptstadt einnehmen.

Elisabeth war empört, und sie fühlte sich von Heinrich verraten. Sie selbst hatte ihr Letztes gegeben, um ihm in seinem Glaubenskampf zu helfen, so daß sie noch gezwungen war, Krongüter zu verkaufen, und jetzt machte er ganz offensichtlich gemeinsame Sache mit den Papisten! Womöglich kämpfte er zukünftig im Bund mit Spanien gegen sie?!

Doch bald stellte sich heraus, daß solche Befürchtungen ganz unbegründet waren. Heinrich stand, ganz ähnlich wie Elisabeth, über den Konfessionen. Er spürte – und auch darin ähnelte er der englischen Königin –, daß sein vom Bürgerkrieg zerrissenes Land den Frieden nötiger brauchte als einen König, der von der Absolutheit *seiner* Religion überzeugt war und dafür buchstäblich über Leichen ging. Mit seinem Konfessionswechsel wollte er die Franzosen zu einem einigen Volk machen, um schließlich gemeinsam gegen Spanien vorzugehen.

Eigentlich mußte Elisabeth das verstehen.

In ihrer Parlamentsrede hatte sie in diesem Jahr ihre Politik des Friedens und des Erhalts gekennzeichnet:

»Es mag als Einfalt gewertet werden, daß ich in der ganzen Zeit meiner Regentschaft nicht danach getrachtet habe, mein Herrschaftsgebiet zu erweitern, denn Gelegenheit dazu hat es gegeben.

Ich erkenne meine Weiblichkeit und Schwachheit in diesem Punkt an. (!) Aber was mich von derartigen Versuchen abgehalten hat, war weder die Schwierigkeit, Gebiete zu erobern, noch Zweifel daran, wie diese Eroberungen zu erhalten seien. Es war nie in meinem Sinn, bei meinen Nachbarn einzufallen oder irgend etwas an mich zu reißen. Ich bin zufrieden damit, über mein eigenes Reich zu herrschen und ihm ein gerechter Fürst zu sein.

Und doch beschuldigt mich der König von Spanien, der

Unruhestifter und Urheber all dieser Kriege zu sein. Er tut mir damit das allergrößte Unrecht...

Ich fürchte seine Drohungen nicht; seine großen Mobilmachungen und mächtigen Streitkräfte können mich nicht beeindrucken. Und sollte er mit einer größeren Macht gegen mich vorgehen, als seine unbesiegbare Marine je gewesen ist, zweifle ich nicht daran (und Gott stehe mir bei – worauf ich immer vertraut habe), daß ich ihn schlagen und vernichten kann, denn meine Sache ist gerecht.«[83]

Elisabeth hatte diese Zuversicht nötig, denn ihre letzte Kaperfahrt zu den Azoren im Jahre 1591, um Philipps Silberflotte aufzulauern, war in einer harten Niederlage geendet. Obwohl die Mannschaft fünfzehn Stunden lang gegen die spanischen Geschwader gekämpft hatte, konnte die »Revenge« Richard Grenvilles von den Spaniern geentert werden.

Fast ein Jahr, nachdem der Posten freigeworden war, ernannte Elisabeth im April 1594 Edmund Coke zum Kronanwalt. Ein Gewitter schien in Essex' Dunstkreis aufzuziehen, aber da mäßigte er sich, weil er erkannte, daß durch die Ernennung Cokes das Amt des Generalanwalts freigeworden war, das Coke vorher bekleidet hatte. In dieses Amt wenigstens mußte er Bacon manövrieren. Selbst die Cecils hatten nichts dagegen einzuwenden.

Doch als Essex der Königin diesen Vorschlag machte und immer, immer wieder damit kam, fuhr sie ihn eines Abends an, er solle ins Bett gehen, wenn er über nichts anderes mehr reden könne. Wieder ließ sie den Posten lieber viele Monate unbesetzt, als sich von Essex zu einer Entscheidung drängen zu lassen.

Bei allem, was er tat, war Essex der Ritter, der seiner Dame mit Heldentaten imponieren wollte, mit dem Instinkt, ihr damit seine männliche Überlegenheit unter Beweis zu stellen. Wenn er es auf dem Schlachtfeld nicht konnte, versuchte er es auf anderen Wegen am Hof.

Im Januar 1594, als die Entscheidung über die Kronanwaltschaft noch anstand, befand sich Essex in dem Glauben, eine sensationelle Entdeckung gemacht zu haben. Er habe, schrieb er an Anthony Bacon, Beweise für eine katholische Verschwörung, in die der Portugiese Dr. Lopez verwickelt sei. Lopez war der Leibarzt der Königin, ein portugiesischer Jude, den die Inquisition aus seinem Heimatland vertrieben hatte.

Elisabeth hielt große Stücke auf ihn, aber ihre Umgebung hatte wenig Verständnis dafür, daß ein Ausländer und noch dazu ein Jude (Lopez war aber zum Christentum konvertiert) in diese hohe Position gelangen konnte. Im Zuge des nationalen Selbstbewußtseins nach dem Sieg über Spanien hatte sich in England ein weitverbreiteter Haß auf Ausländer entwickelt.

Mit seinen Vorwürfen traf Essex also einen wunden Punkt, und so erhielten sie eine gewisse emotionale Resonanz. Schon zur Zeit von »Leicester's Commonwealth«, worin Lopez ebenso wie sein italienischer Kollege Dr. Julio erwähnt worden war, hatte das Bild des dubiosen italienischen Giftmischers und seines portugiesischen Kollegen großen Anklang gefunden.

Im Auftrag Philipps von Spanien, so Essex, sei Lopez also dazu ausersehen, die Königin zu vergiften.

Auf diese Vorwürfe hin wurde Lopez verhaftet und ausführlich verhört. Da bei den Verhören aber nichts Definitives herauskam, beeilte sich Robert Cecil, nicht ohne Schadenfreude gegen Essex, der Königin dieses Ergebnis mitzuteilen. In der Tat war Elisabeth danach sehr wütend auf Essex, und sie sah in seiner Anklage das, was sie hauptsächlich war: Imponiergehabe. *Sie* jedenfalls erkläre sich nicht dazu bereit, einen unschuldigen Mann zu verurteilen.

Danach ging es nicht mehr um Dr. Lopez und die Aufdeckung einer spanischen Verschwörung, sondern nur noch um Essex' Ehre, die er zurückgewinnen mußte, ganz gleichgültig, wie.

Er nahm Lopez und seine angeblichen Mitverschwörer ins

Kreuzverhör und preßte ihnen nach wochenlangen qualvollen Verhören die Geständnisse ab.

Die Verschwörungsgeschichte war nicht völlig aus der Luft gegriffen. Da der portugiesische Thronprätendent Don Antonio in London im Exil lebte, mit dessen Hilfe Philipp aus Portugal vertrieben werden sollte, gab es ständig Versuche des spanischen Königs, Don Antonio über seine Agenten aus dem Wege räumen zu lassen – Verschwörungen, die sich durchaus auch im einen oder anderen Fall gegen Elisabeths Leben richten konnten. Aber Lopez' Beteiligung an diesen Vorgängen oder seine feindlichen Absichten gegen Elisabeth (möglicherweise war er nur ein Scheinagent Philipps, um England mit Informationen zu versorgen) waren vollkommen unbewiesen.

Elisabeth befahl vorerst, der Doktor solle in Gewahrsam bleiben, aber auf keinen Fall hingerichtet werden. Essex aber gelang es, Lopez aufs Schafott zu bringen – wie genau und mit welcher Eigenmächtigkeit, ist etwas geheimnisumwittert.

Doch wie es auch gelaufen ist und ob Lopez nun schuldig war oder nicht: Die Profilsucht eines ehrgeizigen Aristokraten hat hier über Recht und Unrecht entschieden.

Im November 1595 erteilte Elisabeth dem Schöffen Fleming die Generalanwaltschaft, die Essex sich für Bacon erhofft hatte; eine weitere Machtgeste der königlichen Hand...

Aber Essex deutete Elisabeths Widerstand als weibliche Launenhaftigkeit. Er war beseelt davon, der Frau den *Mann* zu zeigen, und da fing er an, Elisabeth zu unterschätzen.

Essex' ungeheuerliche Selbstüberhebung gegen die Königin und alle Regeln des Hofes deutet darauf hin, daß Elisabeth ihm ganz bestimmte Aussichten eröffnet hatte und daß er eine Stellung bei ihr einnahm, die über die eines Günstlings weit hinausging. Er erhielt Leicesters Wohnräume und Leicesters Ämter, aber er forderte Rechte für sich, von denen Leicester nicht einmal zu träumen gewagt hätte.

Daß Elisabeth bei ihm mehr tolerierte, als es ihre Art war, und über manchen Hochmut und manche Unflätigkeit großmütig hinwegsah, war nicht nur die verliebte Schwäche der alternden Frau. Sie verlor – was Essex sich zu seinem Unglück nicht bewußt machte – niemals ihre Urteilskraft, auch über Essex nicht. Sie sah seine Schwächen, die ihm gefährlich zu werden begannen, und sie hoffte, sie betete darum, daß er sie beherrschen lernte.

Essex war weit entfernt von Elisabeths überlegenem Geist, und ihm mangelte es vor allem völlig an jener Urteilskraft, die Elisabeths Genialität ausmachte. Aber irgendwie war der Charakter Essex' wie von ihrem Fleisch und Blut. Was da an inneren Kräften und Möglichkeiten war, sollte fortleben, in ihrem Namen. Ich möchte nicht ausschließen, daß sie daran dachte, ihn zu ihrem Nachfolger zu machen. Es deutet zu viel darauf hin. Gegen dieses Abbild strotzender Herrscherenergie mußte der durchschnittliche Jakob von Schottland schon aus der Ferne verblassen, mit dem sich Elisabeth nur aus der Not verbündet hatte.

Elisabeth war ihr Leben lang von dem Bild ihres Vaters als Herrscherideal durchdrungen – Löwenherz und Großmut, die große kühne Linie der Unbedenklichkeit... So sehr sie seine Begabungen geerbt hatte und manche Gesten von ihm übernahm, so ist doch ganz deutlich, daß sie in entscheidenden Punkten dem Wesen Heinrichs VIII. diametral entgegengesetzt war.

Ihre Natur war ganz Sparsamkeit, Ökonomie in jeglicher Hinsicht, Berechnung und Scharfsinn, getragen von Zögern, Zurücknahmen und Undurchsichtigkeiten – eine Größe, die sich, wie Lytton Strachey treffend sagt, eher aus lauter Kleinheiten zusammensetzt, als daß der Schwung einer einzigen großen Linie darin erkennbar wäre. Essex dagegen hatte ihr Energiepotential und dazu den Schwung der großen Linie; dafür mangelte es ihm an Urteilsvermögen. Als Verwalter, so wie Elisabeth ihr Land verwaltete, wäre er der denkbar ungeeignetste, aber er wäre, bei all seinen Fehlern und noch entsprechend geschliffen, ein herrlicher Führer, den die Masse tragen würde. Seine Defizite konnten – auch daran dachte sie – besonnene Ratgeber ausgleichen, und wer war dazu geeigneter als Cecil?!

Der Gegensatz zwischen Essex und den Cecils konnte gar nicht größer sein, und Elisabeth förderte diesen Gegensatz, weil sie vielleicht meinte, daß er als polare Konstellation vielversprechend für die Zukunft wäre. Mit Hilfe solcher polarer Konstellationen hat sie ihr Land regiert.

Elisabeths teilweise übermenschlich erscheinende Rationalität war es auch, die ihr Bild als »Virgin Queen«, als geschlechtslose Gottheit, glaubhaft überliefern half. Sie ist in ihre Portraits eingegangen wie keiner ihrer Wesenszüge sonst. Würde, Macht und kalte Geistigkeit blicken dem Betrachter aus diesen Gemälden entgegen, eine starre Unbeweglichkeit und eine Abstraktion ihrer selbst. Nichts ist zu spüren von ihrer Koketterie und weiblichen Anziehungskraft, von ihrer derben Lebenslust, von ihrer künstlerischen Sensibilität. Diese Dinge sind nur durch Zeugnisse in Worten überliefert, und Bilder prägen sich stärker ein, besonders über eine Distanz von Jahrhunderten.

Da sind besonders die Bilder der Spätzeit, die Elisabeth überladen mit Symbolen und Herrscheremblemen, das unbewegte Gesicht in einer mächtigen Halskrause zeigen; aber auch die frühen Portraits, die Elisabeth als junge Frau darstellen, stehen ganz im Zeichen dieses offiziellen Leitbilds, mit dem sie in die Nachwelt eingehen wollte. Ob Elisabeth ihren Portraitisten diesen Nimbus gleich als Auftrag mitgegeben hatte?

Der künstlerische Stil der Zeit hatte ihn jedenfalls nicht zu verantworten. Die Holbein-Portraits Heinrichs VIII. scheinen Heinrich zu zeigen, wie er leibte und lebte. Sie sind charakteristisch und lebensvoll, wie gelungene Photographien aus einem günstigen Moment.

Elisabeth aber, die immer mehrere Existenzen lebte, ließ ihren jungfräulichen Mythos in diese Portraits aufnehmen.

Die Arbeiten des italienischen Malers Federigo Zucchero weichen ein wenig von dieser Federführung ab und machen Elisabeth persönlicher, vorstellbarer, auch weicher. Besonders realistisch erscheint mir eine Bleistiftzeichnung aus dem Jahre 1572, der eine Zeichnung von Leicester hinzugefügt ist. Die Stilisierung Elisabeths zu einer Kultfigur fand tatsächlich immer ausgiebiger statt, je älter sie wurde. Da sie als Abstraktion in die Nachwelt eingehen wollte – schon mit fünfundzwanzig Jahren hatte sie sich als »Virgin Queen« zur Abstraktion gemacht –, förderte Elisabeth diesen Kult, der in die Dichtkunst ihrer Zeit eingehen sollte, und sie fand eine wunderliche und im Alter schrullige Befriedigung daran. Diese Befriedigung stand wiederum diametral zu ihrer durchscheinenden Rationalität.

Da Elisabeth so früh und mit so scharfen Linien ihr schonungsloses Bild von Welt und Menschen gezeichnet hatte, zentrierte sie alle Stilisierung und Romantik auf die eigene Person. Damit konnte sie selbst aus der irrationalsten ihrer Eigenschaften und aus dem verstiegensten Bedürfnis einen Nutzen ziehen, denn dadurch blühte die Kultur in England und zog weite Kreise. Der englische Hof zog die begabten Dichter des Landes an, die den Kult um Elisabeth zur Grundlage ihrer schöpferischen Produktion machten.

Höhepunkt dieser Schöpfungen bildete das gigantische Epos »Die Feenkönigin« von Edmund Spenser, das zwischen 1590 und 1595 entstand. Elisabeth ist die Feenkönigin Gloriana, die mit König Arthur und seinen zwölf edlen Rittern durch eine Traumwelt gleitet, um die verschiedensten Abenteuer zu bestehen. Arthur ist die Verkörperung der zwölf aristotelischen Tugenden, die er in Gloriana zu vollenden sucht. Es sind Tugenden wie Mäßigkeit, Gerechtigkeit, Freundschaft und Keuschheit, die sich bewähren müssen, und zu Themen werden auf dieser Suche, etwa der Gegensatz von Sein und

Schein, die Bewährung der Treue und Freundschaft und der Widerstand gegen sexuelle oder materielle Versuchungen.

Am Ende sollte die Vermählung Arthurs mit der Feenkönigin – die Vermählung der Tugend mit der Tugend – stehen, doch das Epos wurde nicht mehr abgeschlossen.

Auch in der Dichtung Raleighs und Sir Philip Sidneys verkörpert Elisabeth die antiken Tugenden, zu denen auch und besonders die Keuschheit gehört. Der Widerstand gegen Versuchungen ist bei Sidney ein weitverbreitetes Thema – die Versuchung der Lust, des Müßiggangs, der Macht, des Geldes...

Der Mensch im ganzen Ausmaß seiner Möglichkeiten und mit all seinen inneren Gefährdungen durch seine Emanzipation von der gottgegebenen Ordnung war das Thema in der Dichtung dieser Zeit. Die Gier nach Wissen und die Gier nach Macht, Wahrheits- und Lebenstrieb und jede nur mögliche Grenzüberschreitung bezeichnen das Lebensgefühl des Renaissancemenschen. Die »Faust«-Dichtung Christopher Marlowes bildet bereits die ins Tragische gewendete Problematisierung dieses Lebensgefühls.

Der Mensch ist ganz diesseitiger Mensch, und er lotet seine diesseitigen Grenzen aus.

Elisabeths weltliches Wesen war solchen Gedanken und Produktionen gegenüber aufgeschlossen, und sie nahm regen Anteil daran und wurde zur Förderin von Dichtung und Wissenschaft.

Auch die Musik spielte am Hof eine wichtige Rolle. Elisabeth selbst komponierte wie ihr Vater in besonders müßigen Stunden eigene Musik- und Tanzstücke. Sie spielte stundenlang Spinett und begann gewöhnlich den Tag mit einigen Tänzen. Entsprechend war sie eine kritische Rezipientin. Einem Orgelspieler auf der Empore der Königlichen Kapelle ließ sie, wenn sie es für nötig hielt, ausrichten, er spiele falsch, und wenn sie auf ihren Festen einmal selbst nicht tanzte, schaute sie ihren Höflingen beim Tanzen zu und klopfte den Takt mit.

Die Königlichen Chorknaben, die die Motetten und Madrigale sangen, waren schon zu einiger Berühmtheit gelangt.

Elisabeth förderte Musiker und Komponisten – William Byrd etwa, den Begründer der englischen Polyphonie, oder John Dowland. Auch für die Neuheiten der Instrumentenbauer interessierte sie sich und nahm ihre Dienste in Anspruch.

Elisabeth tanzte bevorzugt nach italienischem Stil und ließ sich immer die neuesten Tanzschritte beibringen. Im ausklingenden 16. Jahrhundert wurden die Tänze ungeheuer kompliziert, so daß sich eine Reihe gewerblicher Tanzschulen in London bildete. Dem schob Elisabeth aber irgendwann einen Riegel vor, weil diese Tanzschulen oft unprofessionell und nur der Vorwand für zweifelhafte Kontaktpflege waren.

Eine kulturelle Übernahme aus dem Mittelalter bildeten die Maskenspiele, die am Hof bei besonderen Ereignissen stattfanden. Es waren Tänze mit Pantomimen und allegorischen Darstellungen, bei denen sich zum Beispiel der »Frieden« mit der »Zwietracht« im Kampf befand. Die »Masks« wurden mit prächtigen Kostümen und Kulissen veranstaltet und boten immer eine gute Gelegenheit, ausländische Gäste zu beeindrucken. Einer der Anlässe für Maskenspiele waren alljährlich die Weihnachtsfeierlichkeiten.

Ebenfalls aus dem Mittelalter stammten die Turniere, die normalerweise der König persönlich im Kampf anführte. Da am englischen Hof kein männlicher Souverän vorhanden war, stellte sich ein Vertreter des höheren Adels als Herausforderer, was früher meistens Leicester war.

Es gab auch Parodie-Turniere, Verballhornungen der echten Turniere mit Pferdeattrappen und phantastischen Verkleidungen. Da kam es dann vor, daß die Diener der Turnierkämpfer sich als »Wilde« oder »Iren« verkleideten, mit zottigen Perükken, langen Bärten und zerrissenen Gewändern (nicht unerheblich für das Bild, das das englische »Stammland« von den Iren hatte). Die »Kämpfe« solcher Parodie-Turniere wurden nur für den komischen Effekt geführt.

Elisabeth war eine Liebhaberin herzhafter und deftiger Komik. Beim Theater liebte sie die Komödien genauso wie die Trauerspiele, und daher kam ihr Shakespeares Technik sehr entgegen, die diese beiden Gattungen nicht strikt unterschied. Seit 1583 besaß Elisabeth ihre eigene Schauspieltruppe, die »Queen Elizabeth's Men«, und seitdem waren in und um London zahlreiche Theater entstanden.

William Shakespeare aus Stratford-on-Avon tummelte sich seit 1586 in der Londoner Theaterwelt. Elisabeth förderte den Stand des Berufsschauspielers, und das war auch zunächst Shakespeares Metier, bis er eigene Stücke zu schreiben begann. Er wurde sozusagen über Nacht berühmt, nachdem er an den Hof gekommen war und Elisabeth die ersten seiner Stücke gesehen hatte. Die ersten, die sie sah, waren »Titus Andronicus«, »Liebes Lust und Leid« und »Die Komödie der Irrungen«. Dann folgte die Phase von Shakespeares Historien-Dramen, in denen in dem frischerwachten Nationalgefühl der Engländer die englische Geschichte stofflich verarbeitet wurde. Bei der Figur Richards II. fühlte sich Elisabeth allerdings angegriffen, weil sie in der verderblichen Wankelmütigkeit dieser Herrscherfigur Züge ihrer selbst verarbeitet glaubte. Den Falstaff in »Heinrich IV.« fand sie dagegen herzzerreißend komisch.

Mit Sicherheit sah Elisabeth auch den »Sommernachtraum« und »Romeo und Julia« sowie die meisten anderen Shakespeare-Stücke, die zu ihrer Zeit entstanden: Um die Jahreswende 1601/2 fanden nicht weniger als zehn Erstaufführungen statt.

Die Puritaner waren gegen das Theater, weil sie darin heidnischen Götzendienst und ein unzüchtiges Treiben sahen. Das machte Elisabeth die Puritaner nicht gerade sympathischer. Sie scherte sich den Teufel darum, was sie am Theater unzüchtig fanden. In den neunziger Jahren war Elisabeth so theaterbegeistert, daß sie sogar maskiert mit ihren Damen die öffentlichen Theater besucht haben soll.

Elisabeths Zeit war von so schroffen Gegensätzen geprägt wie
keine andere. Man besuchte öffentliche Hinrichtungen, bei
denen den Opfern am Galgen bei lebendigem Leibe die
Eingeweide herausgerissen wurden, wie eine Sportveranstal-
tung. Am selben Abend schwelgte man in den erlesensten
Versen der Dichtkunst.

Man hatte hohe Gedanken und niedere Instinkte, höfische
Kultur und ein grausames Rechtssystem. Barbarei und Über-
feinerung standen ungesondert nebeneinander.

Wenn Elisabeth die London-Bridge mit ihrer Kutsche oder
Sänfte überquerte – vielleicht neben einem Diplomaten, im
huldvollen Gespräch über Morus' »Utopia« oder »Über das
unendliche Universum und die Welten« Giordano Brunos –,
fuhr sie an den aufgespießten Köpfen der Verräter vorbei, die
auf der Brücke und auf den Palasttoren vor sich hin verwesten;
wie ein deutscher Reisender im Jahre 1598 einmal erzählte,
konnten das durchaus mehrere hundert sein.

Umhüllt von Seite und Brokat in edelster Verarbeitung, ging
die Königin auf Bärenhatzen – grausame Schauspiele, bei
denen Bären von scharfen Jagdhunden gehetzt und zerfleischt
wurden.

Elisabeth war ein Kind ihrer Zeit, und sie hat sie in England
verkörpert.

Überseeische Expeditionen und Gewitterluft am Hof

Die Herausforderung Spaniens mußte man aus mehreren
Gründen wieder fürchten.

1595 waren Drake und Hawkins zu einer großen Expedition in
die Karibik aufgebrochen. Als die Flotte aber im Jahr darauf
von der großen Fahrt heimkehrte, hatte die Mannschaft nur
Niederschmetterndes zu berichten: Die Häfen Mittelamerikas
waren zu gut verteidigt, als daß sie hätten eingenommen
werden können. Nichts von den Reichtümern, die Philipps

Schatzflotte barg, konnte erbeutet werden. Drake und Hawkins, die sich das Oberkommando teilen mußten, hatten sich außerdem zerstritten, was dem strategischen Vorgehen auf See bedauerlich abträglich war. Beide waren auf der Fahrt umgekommen und hatten ihr Seemannsgrab im Indischen Ozean gefunden.

Elisabeth ist vorgeworfen worden, daß ihre kriegerischen Unternehmungen darunter litten oder auch daran scheiterten, daß sie keine einheitliche Befehlsgewalt einsetzte. Wie sie bei ihren Staatsräten vorging – die eine Fraktion gegen die andere auszuspielen –, so entschied sie auch bei ihren Truppen oder ihren Seeflotten: Zwei gleichgeordnete Führer teilten sich den Oberbefehl. Elisabeth wollte es immer vermeiden, daß *ein* Mann zuviel Macht bekam, zu eigenmächtig und zu selbstherrlich wurde. Im Falle von Drake und Hawkins wurde diese Kooperation allerdings dem Unternehmen und den beiden Führern zum Verhängnis.

Im Juli 1595 landeten vier spanische Schiffe von der Bretagne aus in Cornwall. Sie konnten nicht viel anrichten, legten nur hier und da ein Feuer und verschwanden wieder, aber das zeigte, daß die Küsten nicht gesichert waren und ein spanischer Angriff immer gegenwärtig war.

Essex und seine Partei waren für einen Frontalangriff auf Cádiz, wie damals gegen die Armada. War nicht längst erwiesen, daß Philipp in Kürze seine zweite Armada aussenden wollte? In ihren eigenen Häfen müßte man die Flotte angreifen, um Philipp zuvorzukommen.

Doch Elisabeth war nicht zu bewegen. Es mußten erst andere Ereignisse hinzukommen, bevor sie die Angriffsfahrt bewilligte.

Heinrich IV. bat Elisabeth wieder um Unterstützung gegen Spanien, worauf sie eingehen wollte unter der Bedingung, daß Heinrich ihr dafür Calais überließe. Noch bevor der galante König seiner Empörung darüber Ausdruck verleihen konnte, war Calais in den Händen der Spanier. Das war das Schlimm-

ste, was Elisabeth passieren konnte, denn damit hatte Philipp
die beste Operationsbasis, um in England einzufallen.

Umgehend ließ sie daher ihre Flotte nach Cádiz auslaufen, mit
Essex und Lord Howard of Effingham als Oberbefehlshaber.
Auch Raleigh war wieder dabei, nachdem er wegen Bess
Throgmorton in Ungnade gefallen war. Elisabeth war immer
um Ausgleich zwischen ihren Günstlingen wie zwischen ihren
Staatsräten bemüht. Als Essex begonnen hatte, Raleigh als
Günstling in den Schatten zu stellen, hatte sie Raleigh zur
Entschädigung fünftausend Hektar irisches Land geschenkt.
Wenn das keine Abfindung für Gunstverlust war!

Essex war selig. Seefahrt, Abenteuer, Krieg und Heldentaten
waren genau das, was er jetzt brauchte. Er zog aus, um seiner
»Sweat Lady« eine Lanze zu brechen, die ihm wieder vertraute. Sie verfaßte ihm sogar eigene Gebete, die sie ihm mit
ihrem Segen auf den Weg mitgab.

Auf dieser Fahrt wurde Essex der Held von Cádiz und der
Held des englischen Volkes.

Als die Engländer am frühen Morgen des 20. Juni 1596 mit
ihrem Überraschungsangriff auf den Hafen von Cádiz begannen, flüchteten die Spanier ins Hafeninnere. So gelang es
Essex und Howard, die Stadt einzunehmen. Essex kämpfte,
wie es später hieß, am tapfersten von allen. Die Stadtmauern
von Cádiz wurden mit Leitern gestürmt, und Essex war an
vorderster Front. Er wollte aus der Stadt einen englischen
Außenposten machen, ein zweites Calais auf dem europäischen Festland, doch darin wurde er vom Kriegsrat über-
stimmt.

Als Cádiz in den Händen der Engländer war, harrten die
Bewohner zitternd dessen, was da kommen würde. Plünderungen, Vergewaltigungen, Mord und Brandsetzungen waren
die üblichen Vorgehensweisen von Soldaten, die eine Stadt
eingenommen hatten.

Aber auch hier war Essex gleichsam ein Ritter aus einer
versunkenen Zeit. Er gab den strengen Befehl, alle Ausschrei-

tungen zu verhindern. Keinem der Bewohner wurde ein Haar gekrümmt. Selbst die katholischen Kirchen – Stätten der »Götzendienerei«, auf die sich englische Soldaten mit so viel Wonne stürzten – wurden verschont, und dreitausend Nonnen wurden unter einer Schutzeskorte ins Landesinnere gebracht. Philipp von Spanien soll bei dieser Nachricht ausgerufen haben, einen so ritterlichen Ketzer wie Essex habe er noch nicht gesehen.

Die fünfzig peruanischen Schatzschiffe, die im Hafen lagen, hatte Medina-Sidonia allerdings lieber kaltblütig in Brand gesteckt, als die unermeßlichen Schätze in die Hände der Engländer fallen zu lassen.

Angesichts dieses Verlusts und der Tatsache, daß man der Königin zumindest einige erbeutete Schätze mitbringen mußte, schon um die Kosten für das Unternehmen zu decken, überfiel man auf der Heimfahrt noch die Küste der portugiesischen Stadt Faro, besser gesagt, deren Schatzkammern. Dann wollte Essex die spanischen Schatzschiffe abfangen, die, von Westindien kommend, die Kanarischen Inseln passieren würden. Auch in diesem Plan überstimmte ihn der Kriegsrat.

Nur das Erfolgserlebnis von Cádiz und die allen gemeinsame Bewunderung von Essex' Heldentum hielt die Disziplin der Mannschaft zusammen. Von Anfang an hatte es auch hier Reibereien in der Führung zwischen Essex und Howard gegeben, die dadurch nicht gerade bereinigt wurden, daß Raleigh, der Unterkommandant, sich in ewiger Rivalität zu Essex befand. Es wurmte ihn gewaltig, daß seine eigenen mutigen Taten gegen Essex' so wenig Beachtung fanden.

Die Beute von Faro wurde gierig unter der Mannschaft und den Befehlshabern aufgeteilt. Was von alldem noch für die Königin übrigblieb, war kaum der Rede wert; die fünfzigtausend Pfund, die sie in das Unternehmen investiert hatte, deckte es jedenfalls nicht ab.

Das war auch der Grund, warum sie den Ruhm, der die Mannschaft, besonders aber Essex, nach ihrer Heimkehr begleitete, nicht teilen konnte. Sie war verärgert, daß die Fahrt ihr finanziell so wenig eingebracht hatte und daß jeden Tag neue Teilnehmer der Expedition wegen Unterschlagung vor Gericht gestellt werden mußten. Selbst einen großen Diamanten, der für die Königin gedacht gewesen war, hatte man bei den Londoner Juwelieren zu Geld gemacht.

Ruhm war schön und gut, aber davon konnte man keine Truppen bezahlen. Essex sah es anders. Er selbst hatte kaum etwas für sich von der Beute beansprucht und war auch, als die wilde Verteilung begann, nicht dagegen eingeschritten, weil er Meutereien auf den Schiffen vermeiden wollte. Er hatte Ruhm geerntet, hatte England alle Ehre gemacht, und seine Königin hielt ihm jetzt ihre kleinlichen Rechnungen vor?!

Aber so war es eben: Elisabeth war Realistin, Essex war Romantiker.

Etwas anderes verstimmte Elisabeth zusätzlich und versetzte sie in unklare Ängste.

Essex war zum Volkshelden geworden. Prächtig gekleidet, ritt er durch die jubelnde Menge und gab sich wie ein siegreicher Fürst. Man dichtete Balladen auf ihn und betete für ihn in den Kirchen. Er war nicht nur der Held von Cádiz, sondern der vielversprechende Mittelpunkt des Landes geworden, um den sich alles drehte und auf den man alle Hoffnungen setzte.

War er in den Augen der Menschen eine Alternative zu Elisabeth selbst?

Als sie von Essex' glanzvollen Auftritten in den Straßen Londons hörte, mußte Elisabeth sicher an die aufgehende und an die untergehende Sonne denken, von der sie vor vielen Jahren gesprochen und die sie schon von beiden Seiten erlebt hatte.

Doch anstatt sich zurückzuhalten, badete sich Essex förmlich im Ruhm, und er suchte die Menge, die ihn bewunderte.

So etwas hatte es zu Elisabeths Zeit noch nicht gegeben.

Ihre Günstlinge hatten sich nach ihrer Anleitung gegenseitig in Schach gehalten, indem sie um die Gunst der Königin wetteiferten und rivalisierten. Keiner aber war nach draußen gegangen und hatte den Beifall der Menge gesucht, selbst auf dem Höhepunkt seines Einflusses nicht.

Da Essex dies tat, wurde er für Elisabeth gefährlich, aber er war viel zu blind von Ehrgeiz und befriedigter Eitelkeit, um Gefahren zu sehen.

Kurz nach der Heimkehr der Flotte erfuhr Elisabeth, daß Philipps Schiffe mit den Schätzen aus Westindien, die Essex vor den Kanarischen Inseln hatte kapern wollen, unbehelligt im Hafen eingelaufen waren – und zwar zwei Tage, nachdem die englische Mannschaft die Rückkehr nach England angetreten hatte.

Hätte man nur gewartet, wie Essex gesagt hatte! Ja, da war er wieder ihr Darling, der sicher nur das Beste wollte. Alles war wie immer.

Es lief auch immer nach dem gleichen Muster ab: Das Gewitter ihrer Auseinandersetzungen, sein beleidigter Rückzug aufs Land, Stolz und Funkstille auf beiden Seiten, dann die heftige und zärtliche Versöhnung. Es ging dann so lange gut, bis er wieder seine Grenzen ausprobierte und das Ende nicht sah.

Mit allen Mitteln versuchte Elisabeth, das Bild der ewigen Jugend von sich aufrechtzuerhalten. Ihr geschminktes Gesicht war eine starre Maske, ein Meisterwerk der Kosmetik, das nicht durch zu viel Mimik gefährdet werden durfte. Ihr Gesicht wurde hager, und es fielen ihr die Zähne aus. Ihre Augen waren, wie John Harington bemerkte, kurzsichtig, was ihren eindringlichen Blick intensivierte, mit dem sie die Menschen aus ihren großen Falkenaugen ansah.

In den Stunden des Hochgefühls, wenn sie mit Essex wieder unbeschwert und glücklich war, prächtig gekleidet und in gehobener Stimmung, im Kreis ihrer Höflinge, war sie die gleiche funkelnde Erscheinung wie immer. Aber in der Zeit der Einsamkeit, wenn sie Anlaß hatte, an der Echtheit seiner Zuneigung zu zweifeln, mußte sie sich fragen, was übrigblieb, wenn sie die Prachthülle ablegte.

Doch eine »Virgin Queen« wurde nicht alt.

Ihre herben Züge gewannen mehr und mehr die Oberhand.

Elisabeth war erfüllt von dem stolzesten Majestätsbewußtsein, denn zu ihrem hohen Selbstbild kam nun noch die Erfahrung langer Jahre hinzu, durch die sie sich in Regierungsfragen einfach nichts mehr sagen ließ.

Diplomaten und Informanten konnten ihr selten etwas mitteilen, was sie nicht schon vorher wußte, denn sie befand sich immer auf dem neuesten Stand aller verfügbaren Informationen, und Cecil und Essex lieferten mit ihren konkurrierenden Nachrichtendiensten die besten Techniken dazu.

Elisabeths Größe war in Europa unumstritten. Auch ihre Feinde kamen nicht umhin, diese anzuerkennen, auch wenn sie die Ziele und Absichten dahinter diffamierten.

Heinrich IV. schwärmte von Elisabeth: »Sie ist eben ein König. Sie weiß zu regieren.«[84]

Und da sollten sie die große Löwin sehen, wie sie dem polnischen Gesandten eine Szene machte und ihn in seine Grenzen wies, weil er in peinlicher Weise die Etikette mißachtete!

Sie gab dem jungen Adeligen im Juli 1597 eine öffentliche Audienz. Er trat vor den Thron, küßte der Königin die Hand und ging drei Schritte zurück, um seine auswendig gelernte lateinische Rede zu halten. Darin hieß es, Elisabeth verstoße gegen das Natur- und Völkerrecht, weil sie durch ihre Kriegsschiffe den Kanal kontrolliere und dadurch den Handel der neutralen Staaten mit Spanien unterbinde. Falls sie selbst, so der Gesandte, dem nicht ein Ende bereite, werde der König von Polen es tun.

Elisabeth war tief verärgert über diesen vorwurfsvollen Ton, mit dem der Gesandte sie in aller Öffentlichkeit bloßstellte.

Nach einer kurzen Pause richtete sie sich in ihrem Thron auf und donnerte dem Polen in improvisiertem Latein entgegen: »Expactavi orationem, mihi vero querelam adduxisti...«:

»Oh! Was habe ich mich getäuscht! Ich habe eine Botschaft

erwartet, und Ihr habt mir eine Beschwerde geliefert. Ich habe Euch für einen Gesandten gehalten, aber in Wirklichkeit seid Ihr ein Herold.

In meinem ganzen Leben habe ich nicht eine solche Rede gehört. Ich wundere mich, ich wundere mich in der Tat über eine solche Dreistigkeit, und ich kann nicht glauben, daß der König selbst sich einer solchen Sprache bedient hätte, wäre er hier an Eurer Stelle gewesen. Und wenn er Euch doch mit diesen Worten beauftragt hat, so ist dies darauf zurückzuführen, daß er noch jung ist und König nicht von Geburt, sondern durch Wahl geworden ist...

Was Euch betrifft, so sehe ich Euch zwar an, daß Ihr viele Bücher gelesen habt, aber offensichtlich habt Ihr die über fürstliche Angelegenheiten ausgelassen und wißt daher nicht, welche Umgangsformen unter Königen üblich sind...«[85]

Der unglückliche Gesandte empfahl sich mit vielen Bücklingen und wurde danach nur noch bei Elisabeths Staatsräten vorgelassen, um seinen Auftrag zu besprechen. Die Höflinge, die sich im Saal befanden, waren stumm vor Bewunderung. Tiefbefriedigt wandte sich Elisabeth zu ihnen um und rief: »God's death, meine Lords, heute habe ich mein altes eingerostetes Latein wieder aufpolieren müssen.«[86] Die Episode blieb indes noch viele Generationen in den Köpfen der Menschen. Englands unnachahmliche Elisabeth...!

Zu Robert Cecil sagte Elisabeth nach diesem Auftritt, sie wünschte sich, Essex wäre dabeigewesen und hätte ihre Rede mitbekommen. Darauf schrieb Cecil dem Grafen einen Brief und schilderte den Vorfall und den Wortlaut der königlichen Rede in allen Einzelheiten.

Im Januar 1597 hatten sich England, Frankreich und die Niederlande im Vertrag von Greenwich verbündet. Für Elisabeth war das protestantische Bündnis in dieser Zeit eine starke Sicherheit, denn Philipp hatte auf Cádiz heftig regiert. Schon lange unterstützte er heimlich die irischen Rebellen, die Elisabeth die ganzen Jahre notdürftig unter Kontrolle gehalten hatte. Nun aber hatte er den Plan, Irland mit einer Armada zu überfallen und zusammen mit den irischen Rebellen gegen England vorzugehen.

Kaum hatten die Engländer Cádiz verlassen, hatte Philipp seine Flotte losgesendet, doch sie war zu provisorisch vorbereitet und konnte außerdem den Herbststürmen nicht standhalten.

Elisabeth hatte wieder einmal Glück gehabt, aber wie lange noch würden Zufälle den Angriff abhalten können? Im Sommer 1597 konnte Essex die Königin überreden, wieder eine Flotte nach Spanien zu schicken und das Unternehmen von Cádiz andernorts zu wiederholen. Die damals zerstreute Armada mußte in La Coruña und El Ferrol vernichtet und bei den Azoren mußte endlich Philipps Schatzflotte gekapert werden.

Elisabeth konnte sich lange nicht entschließen. Im vergangenen Jahr hatte es die dritte Mißernte hintereinander gegeben, und die Lebensmittelpreise waren um fast fünfzig Prozent gestiegen. Unter diesen Umständen wollte sie nicht das geringste Risiko eingehen, weitere Einbußen zu erleiden. Doch die Aussicht auf die Schatzflotte lockte.

Elisabeth und Essex hatten sich gerade erst wieder versöhnt. Essex wollte das Kommando für sich allein, was Elisabeth ablehnte. Als sie ihm schließlich das Amt des Generalfeldzeugmachers als Entschädigung gab, erklärte er sich einverstanden, sich das Kommando mit Raleigh und Howard zu teilen. Mochte sich die Flotte eben mit ihren Befehlshabern aufteilen...! Hoch und heilig versprach Essex, sich der hohen Gunst und Gnade seiner Königin würdig zu erweisen.

Leider wurde die Fahrt zu den Azoren ein Reinfall. Nach ihrem ersten Aufbruch im Juli wurde die Flotte vom Sturm zurückgeschlagen. Beim zweiten Versuch mißachtete Essex, der sich von Raleigh getrennt hatte, von Anfang an den königlichen Befehl. Er segelte *nicht* nach El Ferrol und La Coruña, sondern gleich zu den Azoren. Dort konnte er zwar einige kleinere Inseln erobern, aber die spanische Schatzflotte kam ganz unbeschadet in ihren Hafen zurück.

Raleigh, der eine andere Route genommen hatte und nach Fayal gefahren war, brachte von dort zumindest reiche Beute mit, aber Essex kam mit leeren Händen heim und hatte auch strategisch nichts erreicht. Der heftige Nordoststurm, in den die Mannschaft bei der Rückfahrt geraten und aus dem sie gerade so davongekommen war, ließ Elisabeths Zorn zum Glück verrauchen. Sie weinte vor Freude, als sie hörte, daß Essex wohlauf war.

Die gleichen Stürme trieben allerdings auch die Armada zurück und sorgten dafür, daß Philipps dritter Invasionsversuch in England scheiterte.

Der König von Spanien war, wie Elisabeth wußte, nur noch ein wandelnder Leichnam. Sein Körper war mit eiternden Geschwüren bedeckt, daß selbst seine Ärzte sich ekelten. Sein Wahn, die englische Königin zu vernichten, war aber indes noch gestiegen. Er war zum pathologischen Haß geworden, der sich mit Philipps Krankheit und seiner religiösen Inbrunst verband. Philipp siechte im Escorial vor sich hin, umgeben von Reliquien und Weihrauch, und betete um die Vernichtung der Ketzer auf den Meeren.

Kaum im glücklichen Wiedersehen mit ihr vereint, geriet Essex mit der Königin in neue Auseinandersetzungen. Er neidete Raleigh seinen Erfolg und die darauf erfolgenden Ehrungen, und er war geradezu empört, als Howard of Effingham zum Grafen von Nottingham erhoben wurde, wodurch er ihm gleichgestellt war. Er war so beleidigt, daß er der Jahresfeier zu Elisabeths Thronbesteigung fernblieb, was Elisabeth kränkte. Hingegen saß er in seinem Landhaus in Wanstead und mimte den Kranken. Er hatte eine persönliche Einladung zur Jahresfeier erwartet, während sie erwartete, daß *er* den ersten Schritt zum Wiedersehen tat.

Als er endlich wieder freiwillig am Hof erschien, bekam er noch den Posten des Großmarschalls zu seinen zahlreichen

Ämtern hinzu und war wegen Howard, Earl of Nottingham, wieder versöhnt.

Im Grunde hätte er alles von Elisabeth haben können, wenn er sich angewöhnt hätte, sein gebieterisches Auftreten abzustellen und ein klein wenig diplomatischer zu sein. In langen Briefen begann Francis Bacon Essex zu warnen und ihm vor Augen zu halten, welche gefährliche Position er als Volksliebling und gleichzeitig aufmüpfiger Untertan für Elisabeth einnehmen mußte. Bacon riet ihm, ein zweiter Leicester oder Hatton zu werden, was Essex kaum anders als mit verächtlichem Schulterzucken kommentiert haben dürfte.

Er und ein schmeichelnder Höfling! Nimmermehr!

Die eine oder andere dahingeworfene Bemerkung aus Essex' Mund, wie, die Königin sei nur ein launisches, altes Weib, ließ denen, die sie hörten, das Blut zu Kopfe steigen.

Essex hatte keine hohe Meinung von Frauen und ihren staatsmännischen Fähigkeiten. Als im folgenden Jahr Monsieur de Maisse als Gesandter Heinrichs IV. an den englischen Hof kam (Heinrich dachte an einen Friedensschluß mit Spanien und wollte seine Bündnispartner England und die Niederlande bereits vorher mit einbeziehen. Diesbezüglich sollte nun de Maisse bei Elisabeth vorfühlen), nahm ihn Essex irgendwann zur Seite, um ihm im Vertrauen zu sagen, der Hof von England leide unter zwei Dingen: Verzögerung und Unbeständigkeit, und beides resultierte aus dem Geschlecht des Souveräns. Im Grunde waren solche Worte Hochverrat.

De Maisse hat seinen Besuch in England genau aufgeschrieben und ein beredtes Zeugnis davon abgegeben, wie es Elisabeth noch mit vierundsechzig gelang, einen weltkundigen Franzosen in Verwirrung zu bringen.

Als sie ihn zur Audienz vorließ, berichtet er, trug sie ein sehr informelles Kleid aus silberner Gaze, für das sie sich ausgiebig entschuldigte. Es stand vorne so weit offen, »daß man ihren ganzen Busen sehen konnte«. Obwohl, so de Maisse, Gesicht und Hals faltig waren und ihr Alter erkennen ließen, war die Haut ihres Busens weiß und fest – was sie wohl wußte.

Doch nicht genug mit dieser Aufmachung. Während des ganzen Gesprächs knöpfte sie ihr Kleid unentwegt vorne auf und wieder zu, so daß der Gesandte freie Sicht bis zum Nabel der Königin hatte. Das Feuer im Kamin, sagte sie, sei zu groß, es reize sogar ihre Augen.

Bei alldem plauderte Elisabeth lebhaft darauflos. Sie erzählte Anekdoten und erging sich in allgemeinen Betrachtungen, dabei noch ständig in Bewegung, so daß de Maisse seine Probleme hatte, sie wieder zum jeweiligen Thema zurückzuführen.

Sie fischte penetrant nach Komplimenten und brachte de Maisse wie einstmals Melville in arge Verlegenheit.

Sie sei nie schön gewesen, sagte sie, obwohl sie den Ruf habe, es zu sein. Ach, und sie sei eine alte und törichte Frau, und er habe sicher weisere und mächtigere Fürsten getroffen als sie. Ja, in ihrer Jugend habe sie auch die Musik gepflegt und sechs Sprachen wie ihre eigene gesprochen. Im übrigen wisse sie, daß sie von ihren Ratgebern keinem mehr vertrauen könne.

Philipp von Spanien, ach... »Fünfzehnmal hat er versucht, mich umzubringen«, sagte sie. »Wie der Mann mich lieben muß!«[87]

Nahtlos, unerwartet schwenkte sie mit dem größten Scharfsinn zur politischen Lage um, ohne jedoch in irgendeiner Form Position zu den bestehenden Fragen zu beziehen. Spielte sie dem Gesandten eine gewisse senile Zerstreutheit vor, um ihn in entwaffnende Verwirrung zu versetzen?

Der Gesandte blieb nicht mehr lange genug, um zur Rede gestellt zu werden, als Heinrich IV. Anfang 1598 einen Separatfrieden mit Spanien schloß. Gleichzeitig garantierte er im Edikt von Nantes Religionsfreiheit.

Wie, fuhr Elisabeth auf, und was war mit dem Vertrag von Greenwich? Eine Weile überlegte man in England, ob man ebenfalls an Frieden denken sollte, um es nicht allein mit

Spanien aufnehmen zu müssen. Doch da kam die Katastrophennachricht aus Irland.

Die irischen Aufständischen hatten Elisabeth seit ihrer Thronbesteigung viel Geld, Kraft und Nerven gekostet. Ein Befehlshaber nach dem anderen war bei dem Versuch gescheitert, das Land verläßlich unter englische Kontrolle zu bekommen – zumal Spanien nichts ungenutzt gelassen hatte, die Aufstände zu schüren. Das englische Heer hatte eine Wüste aus den Zentren der Erhebungen gemacht – so Munster, wo 1573 eine internationale Brigade mit dem Segen des Papstes gegen das englische Joch gekämpft hatte. Blutig und teuer waren Elisabeths Bemühungen um »Frieden« in Irland, aber bisher war die Gefahr, das Land definitiv an die Rebellen zu verlieren, noch nie so groß gewesen.

Und nun war der Lord-Statthalter und Vizekönig von Irland gestorben, und der irische Rebellenführer Graf Tyrone versuchte sich mit der Unterstützung Philipps von Spanien zum König von Irland zu machen.

So schnell wie möglich mußte daher ein neuer Vizekönig mit weitreichenden militärischen Fähigkeiten ernannt und nach Irland geschickt werden, um Tyrone niederzuschlagen.

Im Juli 1598 beriet der Staatsrat in Elisabeths Gegenwart darüber, und dabei kam es zum großen Zusammenstoß mit Essex. Die Mehrheit des Staatsrats plädierte für Essex' Onkel Sir William Knollys, aber Essex war anderer Meinung. Sein Kandidat war ein Anhänger Cecils, den er gern vom Hof entfernt gesehen hätte – immer überwogen bei Essex persönliche Interessen die objektiven Erwägungen –, und so setzte er sich leidenschaftlich für ihn ein.

Als die Königin ihm das Wort abschnitt und zum Ausdruck brachte, daß sie keine weitere Diskussion mehr über die Ernennung wünsche, kehrte er ihr verächtlich den Rücken zu. Elisabeth stand auf und ohrfeigte ihn mit der schneidenden Bemerkung: »Geht zum Teufel!«[88] Daraufhin zog Essex sein Schwert und schrie, außer sich, diese Beleidigung hätte er selbst von Heinrich VIII. nicht hingenommen. Der Großadmiral Howard mußte den rasenden Essex zurückdrängen und aus dem Saal führen.

Elisabeth blieb ganz ruhig und führte die Verhandlung zu Ende.

Der ganze Hof erwartete eine radikale Maßnahme gegen Essex, der die Königin unglaublich beleidigt hatte.

War das das Ende seiner glänzenden Karriere?

Es war nicht das Ende, und vorerst geschah auch nicht das Geringste. Elisabeth verdrängte den Vorfall, denn sie hatte derzeit völlig andere Sorgen: Ihr alter treuer Burghley lag im Sterben. Wie Burghley zu Tränen gerührt in einem letzten Brief seinem Sohn mitteilen ließ, fütterte Ihre Majestät ihn »mit ihrer eigenen fürstlichen Hand«, »sie, die nicht Mutter sein will«[89]. Als er tot war, weinte und trauerte Elisabeth lange um ihren »Geist«, den großen Minister, mit dem sie eine Regierungspartnerschaft von vierzig Jahren verbunden hatte.

Fünf Wochen später starb auch Philipp von Spanien nach fünfzigtägigem qualvollem Todeskampf. Die letzte glorreiche Nachricht, die er empfangen hatte, war Tyrones Sieg über die englischen Truppen am Blackwater-Fort.

Essex saß in Wanstead und wand sich abwechselnd in Depressionen, Apathie und leidenschaftlichem Trotz. Er war nicht der Meinung, die Königin beleidigt zu haben. Vielmehr habe sie *ihn* beleidigt und ihm das grausamste Unrecht zugefügt, und er dachte daher nicht daran, sie um Verzeihung zu bitten. Der bei aller Wohlinformiertheit hoffärtige Brief, den er ihr schrieb, stand ziemlich im Widerspruch zu seiner objektiven Lage.

»Madam, wenn ich bedenke, wie ich Eure Schönheit jederzeit über alle Dinge gestellt und die Lust meines Lebens in nichts anderem gefunden habe als im Gedeihen Eurer Gunst gegen mich, so verwundere ich mich über mich selbst, daß irgend etwas mich jemals aus Eurer Gegenwart entfernen konnte.

Aber wenn ich bedenke, daß Eure Majestät durch das unerträgliche Unrecht, das Ihr mir sowohl als Euch selbst zugefügt habt, nicht allein alle Gesetze der Liebe durchbrochen, sondern auch gegen die Ehre Eures Geschlechtes Euch vergangen habt, so dünkt es mich besser, überall zu sein, nur nicht dort, wo ich bin, und die größten Gefahren sind mir willkommen, auf daß ich darin Zuflucht finde vor der Erinnerung an meine falschen, trügerischen Freuden.

Ich war niemals stolz, bis es Eurer Majestät gefiel, mich allzu tief zu erniedrigen. Da aber mein Schicksal nun einmal nicht besser ist, so soll meine Verzweiflung sein, wie meine Liebe war, ohne Reue.

Ich muß meine Treue dem Gericht dessen empfehlen, der alle Herzen richtet, da ich auf Erden kein Recht finde. Indem ich Eurer Majestät alles Wohlergehen und alle Freuden der Welt wünsche und keine schlimmere Vergeltung für Euer Unrecht an mir, als daß Ihr die Treue dessen erkennen mögt, die Ihr verloren habt, und die Niedrigkeit derer, die Euch verbleiben, bin ich Eurer Majestät untertänigster Diener: R. Essex.«[90]

Doch Elisabeth nahm diesen wie all seine Briefe nicht an. Als er schließlich nach Whitehall eilte, um ihr in Irland seine Dienste anzubieten, wurde er nicht vorgelassen. Sie treibe ihr Spiel mit ihm, ließ sie verlautbaren, so wie er lange genug sein Spiel mit ihr getrieben habe.

Da Essex' heftige Gemütsbewegungen auch häufig in körperlichen Zusammenbrüchen endeten, wurde er im Herbst ernstlich krank, und Elisabeth schickte ihm besorgt ihre eigenen Ärzte.

Sie wünschte Essex sehnlichst an den Hof zurück, denn ohne ihn war ihr Leben grau und unbedeutend. Sie sehnte sich danach, ihn fluchend und lachend zu empfangen und einen neuen erregenden Kampf mit ihm aufzunehmen. Sie sehnte sich nach ihren stürmischen Begegnungen und seinem stolzen Ungehorsam, vielleicht auch nach der Niederlage gegen ihn und nach dem erneuten Zornesausbruch.

Nach langer entschlossener Zurückhaltung reagierte Elisabeth auf Essex' zweites Ersuchen, ihr in Irland zu dienen.

Dem Wiedersehen folgte die Versöhnung, der Versöhnung folgte – entgegen allen Erwartungen – Essex' Ernennung zum Vizekönig von Irland. Elisabeth wollte ihn mit dieser Entscheidung wohl endgültig auf die Probe stellen. Wenn er meine, dieser hohen Aufgabe gewachsen zu sein, so solle er sie erfüllen, sagte sie.

Die Lage in Irland war mittlerweile derart, daß Dublin kurz davor war, in die Hände der Rebellen zu geraten. Den Norden des Landes hatten sie schon weitgehend in ihrer Gewalt.

Mit sechzehntausend Fußsoldaten und eintausendfünfhundert Reitern machte sich Essex im April 1599 auf nach Irland. Er griff nicht Tyrones Hauptstellung im Norden an, sondern machte sich daran, kleinere Stellungen in den übrigen Teilen des Landes anzugreifen und diverse Burgen zu erobern. Darüber gingen drei Monate ins Land.

Elisabeth, die stündlich auf Nachricht hoffte, daß Tyrone besiegt worden sei, wurde ungeduldig und fragte Essex scharf, was er eigentlich mit ihrem Geld und ihren Truppen anfange. »Ich gebe dem Vizekönig eintausend Pfund pro Tag, und er paradiert damit nur im Lande herum«, schnaubte sie.

Essex war überfordert und am Rande der Verzweiflung. Seine Truppen hatten sich durch die uneffektiven Einzelunternehmen auf weniger als die Hälfte reduziert, und mit dem so verbliebenen Rest konnte er kaum daran denken, Tyrones Hauptposten anzugreifen. Er wurde krank und schrieb Elisabeth Briefe voller Weltschmerz, Selbstmitleid und lyrischer Fülle.

Da sie ihm nun sowieso bald alle Gunst entziehen werde, möge sie ihn ein Leben beenden lassen, das ihm selbst nur eine Last geworden sei. Das alles hinderte ihn aber nicht daran, wieder neunundfünfzig Männer zu Rittern zu schlagen, was Elisabeth ihm ausdrücklich verboten hatte.

Der letzte Aufzug seiner irischen Kriegstaten nahte.

Da er wußte, daß seine Armee der Tyrones unterlegen war, traf sich Essex mit dem Rebellenführer an der Furt eines Flusses und vereinbarte mit ihm einen mündlichen Waffenstillstand. Was er tat, war ganz und gar gegen den königlichen Befehl und war es noch mehr, als er Irland Hals über Kopf verließ. »Aus Eurem Journal geht hervor«, schrieb Elisabeth, »daß Ihr und der Verräter eine halbe Stunde miteinander gesprochen habt, ohne daß ein Zeuge dabei war... Sich auf den Eid dieses Verräters zu verlassen, heißt, sich auf das Amen des Teufels verlassen.«[91] Aber der Brief erreichte Essex schon nicht mehr.

In seinem Kopf herrschten Chaos, Verwirrung und Verzweiflung. Auf Gunst und Ehren am Hof konnte er wohl nicht mehr hoffen. Vielleicht auf die Gnade der Königin. Aber war ihm das das Eingeständnis seiner Niederlage wert?

Noch in Dublin entwarf er erstmals Pläne für einen Staatsstreich, wobei ihn der Graf von Southhampton unterstützte, doch man redete sie ihm erfolgreich aus.

Das Einzige, was ihn noch retten konnte, war die Gegenwart der Königin. So ritt er beinahe ohne Stops drei Tage durch, bis er am frühen Morgen des 24. September London erreichte. Da der Hof in Nonsuch weilte, mußte er sich noch zehn Meilen weiter südlich begeben, und so stürmte er schmutzig und verschwitzt, noch in Reitstiefeln, um zehn Uhr vormittags ins Schlafzimmer der Königin.

Essex' Ende

Elisabeth war gerade erst aufgestanden und war im Kreise ihrer Damen bei der Morgentoilette. Sie war noch nicht geschminkt und trug keine ihrer roten Perücken. Die grauen Haare hingen der Königin in Strähnen herunter, und das Gesicht, das sie im Spiegel sah, und das der junge Mann zu ihren Füßen eindringlich und schreckerfüllt anblickte, war das einer alten Frau. Die Szene besitzt viel literarischen Gehalt, weil sie die Enthüllung eines Wunschbildes und die Konfrontation mit der im wahrsten Sinn des Wortes ungeschminkten Wirklichkeit birgt.

So hatte Essex sie sicherlich noch nicht gesehen, und so hatte sie noch kein Mann gesehen. War das das Ende von »Gloriana« und von der ewigen Jugend, das Ende des Selbstbetrugs? War es das Ende ihres Mythos?

Trotz allem behielt Elisabeth die Fassung, ließ sich von Essex die Hand küssen und bedeutete ihm lächelnd, sich erst umzukleiden, bevor sie ihm Gelegenheit zur Unterredung geben würde.

Diese plötzliche und unerlaubte Rückkehr konnte, das wußte sie vom ersten Moment seines Erscheinens an, alles bedeuten. Elisabeth ahnte seine Aufstandspläne, daher ließ sie ihn zunächst in dem Glauben ihrer Gewogenheit, bis sie das Weitere mit ihren Staatsräten besprochen hatte.

In den Abendstunden wurde Essex befohlen, sein Zimmer nicht zu verlassen, am nächsten Morgen wurde er in seinem Stadthaus unter Hausarrest gestellt. Er wurde drei Stunden lang vom Staatsrat verhört und mußte Erklärungen zu seinem Verhalten in Irland abgeben, aber Elisabeth sah davon ab, ihn vor Gericht zu stellen, schon deshalb, weil er das Volk im Rücken hatte und daher jeder unnötige Aufruhr um ihn vermieden werden sollte.

Essex' Haushalt wurde aufgelöst, und seine Frau durfte ihn nicht besuchen, auch nicht, als er wieder ernsthaft krank wurde und sich in heftigen Fieberkrämpfen wand. Elisabeth schickte ihm Ärzte, doch sie nahm seine Briefe nicht an. Seine Ergüsse, in denen er in Gedanken die »schöne, strafende Hand«[92] der Königin küßte und demütig um Gnade bat, straften die Worte Lügen, die Essex in Gegenwart von Elisabeths Patensohn John Harington äußerte, der Essex in York House besuchte. Harington traf Essex in einer wirren Gemütsverfassung an, und der Earl murmelte, die Königin sei »geistig genauso krumm und schief wie körperlich«[93]. Alles, was er ungeordnet äußerte, deutete auf aufrührerische Pläne hin, und Harington suchte entsetzt das Weite, um nicht hineingezogen zu werden.

Wie traf er aber dann die Königin an! Ungewollt geriet der arme Harington zwischen die Fronten, denn als er vor Elisabeth niederkniete, um ihr von Essex zu berichten, lief sie auf ihn zu, packte ihn am Gürtel, schüttelte ihn und schrie: »Bei Gottes Sohn, ich bin keine Königin! Der Mann ist über mir. Wer hat ihm befohlen, schon jetzt hierherzukommen? Ich hab' ihn zu anderem ausgeschickt.«[94] Ihre heftige Reaktion auf Harington ist auch darauf zurückzuführen, daß Elisabeth der Meinung war, ihren Patensohn an Essex verloren zu haben, denn in Irland hatte sich Harington zu Essex' Anhänger entwickelt.

In dieser Zeit beriet sich Elisabeth oft mit dem klarsichtigen Francis Bacon, der inzwischen die Fronten gewechselt hatte und Essex für verloren hielt.

Als Essex noch in Irland war, hatte Bacon zu Elisabeth gesagt: »Madam, wenn Ihr Lord Essex mit einem weißen Stab in der Hand, so wie ehedem Graf Leicester, hier hättet zu Eurer Gesellschaft und zur Zierde Eures Gefolges und Hofes in den Augen Eures Volkes und der ausländischen Gesandten, dann befände er sich in seinem richtigen Element. Aber wenn Ihr ihm Waffen und Macht in die Hand gebt, obwohl er sich noch in Ungnade befindet, könntet Ihr ihn zu Unbotmäßigkeit und Aufruhr verführen.«[95]

Wider besseres Wissen hatte Elisabeth Essex – genau wie damals Leicester – Aufgaben erteilt, denen er nicht gewachsen war. Und fast möchte man sagen, er war wie Thomas Seymour vor einem halben Jahrhundert »ein Mann von großen Geistesgaben, aber wenig Urteilskraft«. Es war der Reigen ihres Lebens mit den Männern, die sie liebte...

Sie hätte ihm immer noch fast alles verziehen. Essex war ungehorsam, er schadete dem Königreich durch sein Fehlverhalten in verantwortlicher Stellung. Aber sein Verhängnis war vor allen Dingen zweierlei: Er wollte die Königin beherrschen, und er hatte aufgehört, die Frau in ihr zu achten.

Im Juni 1600, neun Monate nach seiner vorläufigen Festnahme, wurde Essex von einer Sonderkommission, in der die meisten seiner ehemaligen Ratskollegen saßen, in fünf Punkten angeklagt: unerlaubtes Verlassen seines Postens in Irland, sein Versagen in dem Feldzug, seine Unterredung mit Tyrone, eigenmächtig Leute zu Rittern geschlagen zu haben sowie der anmaßende Ton seiner Briefe. Essex verteidigte sich nicht und lieferte sich der Königin auf Gnade und Ungnade aus.

Nach dieser Anklage wurde er seiner Ämter enthoben und blieb einstweilen unter Hausarrest, bewacht von dem Großsiegelbewahrer Egerton. Er schien sich damit abzufinden, fortan ein privates Leben auf dem Land zu führen. Solcherlei äußerte er zumindest in seinen demütigen Stunden und in seinen Briefen an Elisabeth.

Diese fielen auch deshalb so demütig aus, weil Elisabeth sich anließ, ihm seine Haupteinnahmequelle, das Monopol für die Einfuhr von Süßweinen, zu entziehen. Ohne das Süßweinmonopol war er aber finanziell erledigt, da seine Schulden sich mittlerweile auf sechzehntausend Pfund beliefen. »Eile, Papier, zu der, aus deren Gegenwart ich Unglücklicher allein verbannt bin!« dichtete er. »Küsse ihre schöne, strafende Hand...«[96], und dann legte er ganz offen dar, daß ihm seine Gläubiger auf den Fersen seien.

Elisabeth sagte zu Bacon: »Mylord of Essex hat mir etliche sehr ergebungsvolle Briefe geschrieben, und sie haben mich bewegt. Aber was ich für Fülle des Herzens nahm, entpuppt sich als bloße Sorge um die Süßweinpracht.«[97] Sie übertrug das Monopol fortan auf die Krone. Jetzt würde man sehen...

Bei einem Maskenspiel um die Weihnachtszeit tanzte die lebenslustige Mary Fitton, eine der Hofdamen, von der es hieß, sie sei Shakespeares Geliebte, in ihrer Maske vor der Königin und forderte sie zum Tanz auf. Elisabeth fragte sie,

was sie darstellte, und Mary antwortete: »Die Liebe.« »Die
Liebe?« wiederholte Elisabeth sehr langsam. »Die Liebe ist
falsch.«[98]

In Essex House, das nicht mehr unter Bewachung stand, liefen
indessen Essex' Anhänger ein und aus, die sich aus zahlreichen
Unzufriedenen und allerlei bunten Gesellen zusammensetz-
ten, vor allem denen, die Essex einst zu Rittern geschlagen
hatte. Sie alle waren bereit zu einem großen Coup und warteten auf Essex' Befehl.

Essex wollte nicht das Leben der Königin. Er wollte sie
beherrschen, den Hof und die Stadt einnehmen und sie zwingen, ihre Ratgeber durch seine Anhänger zu ersetzen. Er
korrespondierte mit Jakob von Schottland und bat um seine
Unterstützung, während er in London die einschlägigsten
Gerüchte verbreiten ließ: Die Königin stehe unter dem unseli-
gen Einfluß von Raleigh und Cecil, und Robert Cecil wolle
England an die Spanier verschachern und die Infantin Isabella
zur Thronerbin machen. Im übrigen schadete es nicht, wenn
alle Welt glaubte, der Volksliebling Essex sei in Lebensgefahr
aus Rachsucht der Königin.

Elisabeth kannte Essex' Absichten und ahnte die meisten
seiner Pläne; er machte sich auch keine allzu große Mühe, die
Vorbereitungen dazu zu verbergen. Sie sah und schwieg nach
ihrem Motto: »Video et taceo.«

Anfang Januar 1601 schrieb Jakob von Schottland an Essex,
daß er den Earl of Mar zu Geheimverhandlungen mit ihm nach
London schicken werde. Man wollte das Eintreffen Mars
abwarten und dann mit dem Aufstand beginnen. Entsprechend traf der Hof, der von den Aufstandsplänen im Groben
Wind bekommen hatte, Sicherheitsvorkehrungen.

Am 7. Februar 1601 begab sich ein Bote der Königin nach
Essex House, um Essex auszurichten, daß er an den Hof zu
kommen habe, um vor dem Staatsrat vorzusprechen. Essex
weigerte sich und schützte Krankheit vor, was das Signal zum
Aufstand gab.

Am nächsten Vormittag hatten sich mehrere hundert Mann im Innenhof von Essex House versammelt, als vier Würdenträger des Hofes erschienen, um mit Essex zu irgendeiner Form von Konsens zu kommen. Er möge seine Beschwerden vor der Königin vorbringen. Der darauf folgende Tumult unterlag nur noch bedingt Essex' Einfluß. Die Menge tobte: »Schlagt sie tot! Schlagt sie tot!« und sperrte die Ratsherren in Essex House ein, dann stürmte sie die Straßen.

Da der Palast von Whitehall von Wachen umzingelt war, blieb der Menge nichts anderes übrig, als die Bevölkerung aufzuwiegeln und gemeinsam mit dem Volk die Stadt einzunehmen. Zu diesem Zweck war bereits am Vorabend die Schauspieltruppe des Globe-Theaters bestochen worden, daß sie am Samstagabend »Richard II.« spielte, um der Bevölkerung zu dokumentieren, daß man Herrscher auch absetzen konnte.

Nun stürmte die Menge die Straßen von London, Essex vornweg, und versuchte den Volksaufstand einzuleiten. Essex baute ganz auf seine Popularität, die aber kaum ein Londoner Bürger und Untertan seiner Loyalität gegen die Königin voranstellte.

Essex' Rufe von Verrat, und daß man ihm nach dem Leben trachte, verhallten ungehört, und die Bürger flohen angsterfüllt in ihre Häuser. Schon begannen sich einige Gefolgsleute Essex' zu zerstreuen, und bald war die Stadt von den königlichen Schutztruppen mit Barrikaden umstellt.

In seinem Haus schließlich, das er auf dem Wasserweg mit knapper Not erreichte, wurde Essex verhaftet. Er ergab sich, da man ihm drohte, sonst das Haus zu sprengen, und er wurde umgehend in den Tower gebracht.

Elisabeth hatte sich nicht beim Mittagessen stören lassen, als man ihr berichtete, die Stadt sei gegen Essex' Aufrührer von Barrikaden umstellt. Am liebsten wäre sie kurz darauf in die Stadt geritten, um zu sehen, was vor sich ging, und um das Volk zu beruhigen. Robert Cecil konnte sie mit Mühe davon abhalten.

»Ein Verrückter und Undankbarer hat endlich enthüllt, was er lange im Sinn gehabt hat«, sagte sie am nächsten Morgen dem französischen Gesandten.

Sie reagierte kalt, mechanisch und ohne zu zögern. Nicht die geringste Regung sah ihre Umgebung ihr in diesen Tagen an. »Die Liebe ist falsch...«

Alles übrige ging seinen Gang der Justiz, denn Hochverrat verdiente keine Gnade. Essex forderte sie auch nicht und ergab sich stolz und aufrecht in sein Schicksal, auch, als man ihm sein Todesurteil überbrachte. Im Tower brach er allerdings psychisch und physisch zusammen.

Elisabeths kaltblütige Ruhe wirkte gespenstisch. Sie führte ihr Leben wie immer, erledigte ihre Staatsgeschäfte, aß, musizierte und ging ins Theater, und zwischendurch unterschrieb sie Essex' Todesurteil.

»Die nach dem Zepter von Königen greifen, verdienen keine Gnade«[99], kommentierte sie tonlos.

Vielleicht dachte sie mehr an das »törichte alte Weib« und an die Szene in ihrem Schlafgemach als an den bewaffneten Aufstand, als sie in eisiger Gelassenheit den Musikanten lauschte, während Essex im Hof des Tower hingerichtet wurde. Es war fast wie damals, als Seymour sein Haupt auf den Block legte, und sie hätte ihren tonlosen Satz von damals wiederholen können. Es war der 25. Februar, und Essex starb mit vierunddreißig Jahren.

AUSKLANG

Wenn Elisabeth jetzt noch von der Liebe sprach, dann tat sie es in dem abgeleiteten, verallgemeinernden Sinn, in dem sie die Liebe zwischen sich und ihrem Volk zum Ausdruck brachte. Was das betrifft, bereitete sie ihr Vermächtnis vor.

Anläßlich ihres zweiten Besuches der Universität Oxford hatte sie bereits 1592 sehr Sinnreiches zu diesem Verhältnis und der Definition ihrer Mutter-/Herrscherrolle gesagt, die sie nun zur Vollendung bringen wollte.

»Eure Liebe zu mir... ist von der Art, wie sie Eltern nicht empfinden; sie kommt unter Freunden nicht vor und selbst nicht unter Liebenden, deren Glück, wie die Erfahrung lehrt, nicht unbedingt Treue einschließt.

Es ist eine Liebe, die weder schlechte Eingebung noch Drohungen zerstören können. Die Zeit hat keine Gewalt über sie, die doch Eisen brechen und Berge versetzen kann. Ich würde sie als unsterblich bezeichnen, wenn nur ich unsterblich wäre.

Die Dankbarkeit, die ich für Eure Dienste fühle, könnte ich nicht ausdrücken, auch wenn ich tausend Zungen anstatt einer hätte. Nur der Sinn kann das, was unaussprechlich ist, im Gedächtnis bewahren. Nehmt in Dankbarkeit nur meine Gebete und meinen Ratschlag an.

Von Beginn meiner Herrschaft an war es mein größtes und wichtigstes Anliegen, daß mein Land von äußeren Feinden und inneren Wirren bewahrt bleibe; daß das Königreich, welches unter so vielen Generationen geblüht hatte, nicht unter meinen Händen welke; denn nach der Sorge um das Heil meiner eigenen Seele gilt meine größte Sorge meinem Königreich.«[100]

Es ist ein seltsamer Umstand, daß diese Frau, von der man nie recht weiß, wann sie blufft und schauspielert und wann sie die Wahrheit sagt, ausgerechnet in ihren öffentlichen Reden am offensten und aufrichtigsten sagt, was ihr am Herzen liegt.

Ganz deutlich tritt in solchen Aussagen die leidenschaftliche Suche Elisabeths nach einem höheren Prinzip der Bindung und der Liebe hervor, das hoch über allen persönlichen steht und ihre metaphorische Rolle als »Virgin Queen« beschreibt.

In den zwei Jahren, die ihr nach Essex' Tod noch blieben, brachte sie diese Rolle zur Vollendung und beschenkte die Welt mit letzten rhetorischen Zusammenfassungen für die Unsterblichkeit, um dann von der Bühne abzutreten. Sie machte es perfekt und minutiös wie alles.

Elisabeths vordergründigste Sorge galt ihrer geistigen und körperlichen Selbstkontrolle. Mit ihren achtundsechzig Jahren – ein hohes Alter für das 16. Jahrhundert – war sie von dem innigsten Wunsch erfüllt, so lange wie nur irgend möglich im Vollbesitz ihrer Kräfte zu bleiben. Sie ritt, jagte und tanzte beinahe bis zum letzten Tag. Besondere Befriedigung verschaffte es ihr, stundenlang in aufrechter Haltung zu stehen – etwa bei ihren Audienzen –, während bedeutend jüngere Menschen ihrer Umgebung, Höflinge, Bittsteller oder diplomatische Besucher, bei solchen Gelegenheiten nur mit offensichtlicher Mühe der Etikette Folge leisten konnten.

Elisabeth übersetzte lateinische Traktate in kurzen, heftigen Arbeitsschüben. Die Übersetzung der »Tröstungen der Philosophie« von Boethius, die sie im Jahre 1598 anfertigte, ist beispielsweise das Werk von knapp drei Wochen, wobei zu bedenken ist, daß die Königin bei ihren zahlreichen Verpflichtungen höchstens zwei Stunden am Tag dafür Zeit hatte. Sie benutzte kein Wörterbuch, sondern überflog die Zeilen und bildete die Übersetzung ins Englische, die sie dann niederschrieb, gleich im Kontext, und zwar so schnell, daß sie manchmal ganze Zeilen übersah. Die meisten Fehler dieser respektablen Übersetzungen sind die Folge von Flüchtigkeit und der atemlosen Arbeitsweise der Verfasserin.

Es war ein leicht groteskes Bild, das Elisabeth in ihren letzten Lebensjahren abgab: Die alte Frau mit der Maske der Jugend, behangen mit Juwelen und so schwerer Kleidung, daß ihre hagere Gestalt darunter zu versinken drohte, trotzte dem Tod. Sie weigerte sich, eine gesetzte Alterswürde anzunehmen, denn das hätte sich mit ihrem Image nicht vertragen.

Im Sommer 1602 beobachtete der schottische Gesandte, wie die Königin in Whitehall ganz allein vor einem Spiegel tanzte. Ebenfalls in diesem Sommer beendete sie ihre Übersetzung der »Ars Poetica« von Horaz.

Dieser trotzige Lebenstrieb, die scheinbar ungebrochene Energie und Elisabeths eiserner Wille, das Zepter bis zum letzten Atemzug nicht aus der Hand zu geben, standen im Kontrast zu der Melancholie ihrer Seele, die sich ihrer zunehmend in ihren stillen Stunden bemächtigte. Wie sie einmal dem französischen Gesandten gestand, lag sie oft im Dunkeln auf ihren Kissen und weinte um Essex. Die depressiven Zustände überkamen sie wie Heimsuchungen aus der anderen Welt, in die *er* als letzter ihrer Nächsten ihr auf so tragische Weise vorangegangen war. Einmal äußerte Elisabeth, ihr sei, als ob sich eine schwere Eisenkette um ihren Hals lege – etwas, das sie nach Maria Stuarts Hinrichtung schon einmal geäußert hatte.

So hin- und hergeworfen zwischen Todesangst und Todessehnsucht, verbrachte Elisabeth ihre schwermütigen Stunden. Als Königin wurde sie in dieser letzten Zeit großmütig. So manche verräterischen Umtriebe überging und amnestierte sie zugunsten von höheren Zwecken. Sie wußte, daß Jakob von Schottland sein schriftliches Einverständnis für Essex' Aufstand gegeben hatte, genauso, wie sie wußte, daß Jakob bei den europäischen Fürsten hausieren ging, um seine Thronfolge in England zu sichern. Nach ein paar schriftlichen Donnerwettern war sie mit Jakob wieder im Einvernehmen und erteilte ihm wohlmeinende staatsmännische Ratschläge. Robert Cecil stand seit Jahren in geheimer Korrespondenz mit

Jakob, um die Zeit nach Elisabeth im voraus zu ebnen, was
Elisabeth wußte und ignorierte. Sie machte zwar immer noch
keine Anstalten, sich zur Nachfolgefrage irgendwie zu äußern,
aber ihr war einfach klar, daß es zu Jakob keine Alternative
gab. Mit ihrem Schweigen sollte sie ihn als Thronfolger
billigen.

Ebenfalls in Essex' Intrige verwickelt war Lord Mountjoy,
Essex' Nachfolger als Statthalter von Irland, gewesen. Aber
Mountjoy war ein guter Feldherr, der sich in Irland von
Anfang an bewährte. Elisabeth sah davon ab, ihn wegen
Essex' Rebellion zur Verantwortung zu ziehen, sondern bestä-
tigte ihm vielmehr ihr Vertrauen in besonders liebenswerten
fürstlichen Briefen, die sie mit »Your loving sovereign« unter-
schrieb.

Im Oktober 1601 berief Elisabeth ihr letztes Parlament ein.
Seit längerem schon protestierte das Unterhaus gegen den
Mißbrauch des Monopolwesens, eine Kritik, die es jetzt im
Parlament deutlich zur Sprache brachte. Die Monopolverlei-
hung war ursprünglich dazu vorgesehen gewesen, besondere
Verdienste des Adels zu belohnen. In der letzten Zeit aber
hatte die Monopolisierung überhandgenommen und war zur
Ausbeutung des Volkes und der bürgerlichen Händler ge-
diehen, da die Monopolträger das alleinige Vertriebsrecht
ihrer Waren hatten und nach Gutdünken damit verfahren
konnten.

Man erwartete eine empörte Reaktion Elisabeths auf diesen
Angriff auf ihr fürstliches Vorrecht. Cecil und Bacon machten
sich daran, die Monopole juristisch zu verteidigen und damit
eine Gegendarstellung der Krone zu entwerfen.

Doch Elisabeth ging von sich aus auf die Parlamentarier zu
und erließ eine Proklamation zur Überprüfung der Monopole.
Einige wurden daraufhin widerrufen, andere vorläufig ausgesetzt, auf jeden Fall aber wurden keine neuen Monopole mehr
verliehen.

Die Parlamentarier waren so dankbar für dieses Entgegen-

kommen, daß sie eine Abordnung zur Königin schicken wollten, um ihr ihren Dank auszusprechen.

Diese »Abordnung« belief sich schließlich auf rund einhun-
dertfünfzig Personen, weil jeder dabei sein wollte, und das
war auch so ziemlich das Äußerste, was der Audienzsaal
von Whitehall zu fassen vermochte. Zum Anlaß dieser Audienz hielt Elisabeth am 20. November 1601 ihre berühmte
»Golden Speech«, von der sie wußte, daß es ihre letzte sein
würde.

»Ich versichere Euch«, sagte sie, »daß kein Fürst seine Untertanen mehr liebt und dessen Liebe der Unseren gleichkommt.
Es gibt kein Juwel, und sei es noch so kostbar, das mir teurer
wäre als das Juwel Eurer Liebe, das ich mehr schätze als alle
Reichtümer der Welt, die man ermessen kann, während Liebe
und Dankbarkeit unschätzbar sind.

Und wenn Gott mich auch hoch erhoben hat, so sehe ich es
doch als den höchsten Ruhm meiner Krone an, daß ich mit
Eurer Liebe regiert habe. Daß Gott mich zur Königin erhoben
hat, macht mich nicht so glücklich, wie die Königin eines
solchen Volkes zu sein. Daher sehe ich es als meine Pflicht an,
meine Untertanen zufriedenzustellen, und ich begehre nicht
länger zu leben und zu regieren, als es Euch zum Wohl
gereicht.«

Nach dem ersten Teil ihrer Ansprache bat Elisabeth die vor ihr
knienden Männer, sich zu erheben, da sie noch mehr zu sagen
hatte und nicht wollte, daß die Abgeordneten in dieser unbequemen Haltung verharrten.

»Wenn Ihr auch manchen mächtigeren und weiseren Fürsten
hattet und haben werdet, so habt Ihr doch nie einen gehabt
und werdet nie einen haben, der Euch mehr liebt als ich«[101],
waren sozusagen ihre Schlußworte. Nachdem sie sie gesprochen hatte, ließ Elisabeth jeden einzelnen der Herren zu sich
vortreten, um ihr die Hand zu küssen. Es war eine rührende
Abschiedsszene, und mehr als einem der einfachen Unterhausmitglieder, der vielleicht zum erstenmal der Königin

gegenüberstand, wird sie die Tränen in die Augen getrieben
haben.

Elisabeths Vertrauen in Lord Mountjoy sollte sich bestätigt
finden, denn am 12. Januar 1602 besiegten Mountjoys Truppen Tyrone und das spanische Heer, das in Irland gelandet
war, vor Kinsale. Nach der Welle der Popularität, die Elisabeth nach dem irischen Sieg und ihrer Monopolreform entge-
genschlug und anderen Glücksfällen dieses Jahres 1602 wie
einer prächtigen Ernte konnte sich Elisabeth, die wieder in
guter Verfassung war, am Jahrestag ihrer Thronbesteigung im
November mit allem Anteil feiern lassen. Auch sie »erntete«
in einem weiteren Sinn.

An den Weihnachtsfeiertagen aber traf ihr Patensohn John
Harington die Königin in einem »beklagenswerten Zustand«
an. Sie war hochgradig depressiv und hatte keinen Appetit
mehr. Überhaupt war Schwermut, Lebensüberdruß Elisabeths letzte Krankheit zum Tode. Organisch fehlte ihr nichts.
Am 12. Januar bekam sie eine schwere Erkältung, die darauf
zurückzuführen war, daß sie in dem kalten, nassen Januarwet-
ter mit scharfem Nordostwind in Sommerkleidern herumlief,
wie, um den Tod herauszufordern. Doch sie erholte sich
wieder und bestand darauf, am 21. Januar nach Richmond zu
gehen.

Am 6. Februar wurde in Richmond eine Delegation der
Republik Venedig empfangen, die zum erstenmal während
Elisabeths Regierungszeit einen diplomatischen Vertreter
nach England geschickt hatte. In einem silberweißen Taftkleid
stand Elisabeth, hochaufgerichtet, mit der großen Reichs-
krone gekrönt, vor dem Gesandten und fragte ihn in italienischer Sprache, warum sich die Venezianische Republik erst in
ihrem vierundvierzigsten Regierungsjahr entschlossen habe,
einen Vertreter zu ihr zu senden, während anderen Fürsten
diese Ehre immer selbstverständlich zugekommen sei. »Mein
Geschlecht setzt meinen Rang nicht herab«, betonte
sie.

Es war ihr letzter öffentlicher Auftritt. Von Ende Februar an ging es mit Elisabeths Verfassung rapide bergab. Dazu trug bei, daß die Gräfin von Nottingham um diese Zeit starb, mit der Elisabeth befreundet war. Als die ersten Frühlingslüfte spürbar wurden, hatte Elisabeth ihren Lebenswillen verloren. Mit ihrer fieberhaften Erkältung erlitt sie einen Rückfall, der mit einer eitrigen Halsentzündung verbunden war.

Zeitweise besserte sich ihr Zustand, doch um die Mitte des Monats nahm Elisabeth keine Nahrung mehr zu sich und dämmerte auf ausgebreiteten Kissen auf dem Boden vor sich hin. Abergläubisch weigerte sie sich, ins Bett zu gehen, weil sie wußte, daß sie dann nicht mehr aufstehen würde.

Als Cecil der Königin nach Tagen, in denen sie sich nicht einmal die Kleider hatte wechseln lassen, bedeutete, sie müsse sich nun ins Bett begeben, um ihre Untertanen zu beruhigen, flammte ein letztesmal der Fürstenstolz in ihr auf: »Kleiner Mann, kleiner Mann, das Wort ›müssen‹ ziemt sich nicht, wenn man mit Fürsten spricht«[102], war einer der letzten zusammenhängenden Sätze Elisabeths.

Irgendwann in diesen Märztagen trug man sie in ihr Bett, als sie schon die meiste Zeit bewußtlos war. In einem wachen Moment verlangte sie Musik zu hören, doch sie wollte nicht mehr sprechen und weigerte sich, irgend etwas zu sich zu nehmen, auch die Medikamente ihrer Ärzte.

Nur kurze Zeit war es her, daß man der Königin ihren Krönungsring vom Finger entfernen mußte, weil er ins Fleisch gewachsen war. Das war bereits der symbolische Sterbeakt.

Am 23. März schickte man nach Erzbischof Whitgift, der am Bett der Königin bis zu ihrem Ende betete. Ob Elisabeth wirklich noch in ihren letzten Stunden ausdrücklich Jakob von Schottland zu ihrem Nachfolger ernannte oder ob ihre Umgebung ihr diese Äußerung, ob in Worten oder Gesten, nur angedichtet hat, um einen problemlosen Ablauf zu gewährleisten, bleibt ungewiß, weil Elisabeth zum Schluß kaum noch bei Bewußtsein war und nicht mehr sprach.

Um drei Uhr morgens starb sie, das Gesicht zur Wand gekehrt, ohne Todeskampf.

Die seit Tagen gesattelten Pferde im Schloßhof konnten sich endlich mit dem eilfertigen Boten nach Edinburgh aufmachen.

Zeittafel

1533 7. September: Elisabeth als Tochter Heinrichs VIII. und Anne Boleyns geboren.

1536 19. Mai: Hinrichtung Anne Boleyns.

1542 9. Dezember: Maria Stuart in Edinburgh geboren.

1547 28. Januar: Heinrich VIII. stirbt.

1548 Edward VI., Elisabeths Halbbruder, wird im Alter von neun Jahren König von England, Edward Seymour Landprotektor.
Maria Stuart kommt an den französischen Hof.

1553 Edward VI. stirbt. John Dudley macht sich zum Reichsprotektor und erhebt Lady Jane Grey auf den Thron. Alle Beteiligten werden gestürzt und hingerichtet. Maria I., Elisabeths Halbschwester, wird Königin von England – Maria die Katholische.

1554 Wyatt-Komplott zum Sturz Marias. Elisabeth wird der Beteiligung verdächtigt und gefangengenommen.
Maria heiratet Philipp II. von Spanien.

1555 Elisabeth darf an den Hof zurück.
Beginn der Ketzerverfolgungen unter der »Blutigen Maria«.

1558 17. November: Maria I. stirbt.
Elisabeth wird Königin von England.
Maria Stuart heiratet den französischen Dauphin.

1559 15. Januar: Elisabeth I. wird in London feierlich gekrönt.
25. Januar: Erstes Parlament Elisabeths. Wiederherstellung und Erneuerung der Anglikanischen Staatskirche.
18. September: Der Dauphin besteigt als Franz II. den

französischen Thron. Maria Stuart wird Königin von Frankreich.

1560 Vertreibung der Franzosen aus Schottland, von Elisabeth unterstützt.

6. Juli: Vertrag von Edinburgh.

8. September: Amy Robsart, Ehefrau von Elisabeths Günstling Robert Dudley, wird tot aufgefunden. Höhepunkt der Affäre zwischen Elisabeth und Robert Dudley auf politisch-internationaler Ebene.

5. Dezember: Franz II. von Frankreich stirbt.

1561 19. August: Maria Stuart, Königinwitwe von Frankreich, kehrt in ihr Königreich Schottland zurück.

1562 1. März: Ausbruch der Hugenottenkriege in Frankreich. Elisabeth unterstützt die Hugenotten heimlich.

Oktober: Elisabeths lebensgefährliche Pockenerkrankung.

1565 29. Juli: Maria Stuart heiratet in Edinburgh Lord Henry Darnley. Erneuter Ausbruch der Rebellionen der protestantischen »Lords« in Schottland. Maria schlägt den Aufstand nieder.

1566 19. Juni: Maria Stuarts Sohn Jakob geboren.

1567 Henry Darnley, nomineller König von Schottland, ermordet. Maria Stuart heiratet den Grafen Bothwell. Wird nach Aufstand der »Lords« zur Abdankung gezwungen. Jakob VI. zum König von Schottland gekrönt; der Earl of Murray übernimmt die Regentschaft.

1568 16. Mai: Maria Stuart flieht nach England.

1569 Elisabeth schlägt einen katholischen Aufstand im Norden Englands nieder.

1570 Papst Pius V. spricht in Rom über Elisabeth den Bann aus.

1571 Aufdeckung des Ridolfi-Komplotts gegen Elisabeth.

1572 2. Juni: Der Herzog von Norfolk wird wegen Hochverrats hingerichtet.

Vertrag von Blois zwischen Frankreich und England.
Beginn der Heiratsverhandlungen zwischen Elisabeth und dem Herzog von Alençon.
24. August: Bartholomäusnacht in Frankreich.
Beginn der englischen Kaperfahrten in den spanischen Kolonien Mittelamerikas.

1576 »Pazifikation von Gent« in den Niederlanden. Wilhelm von Oranien wird oberster Statthalter. Spanien schickt dennoch weiter Truppen gegen die Niederländer. Elisabeth unterstützt die niederländischen Rebellen.

1579 August: Der Herzog von Alençon inkognito bei Elisabeth.

1580 Philipp II. läßt sich zum König von Portugal krönen.

1581 Francis Drake kehrt von seiner Weltumsegelung zurück. Alençon zum zweitenmal am englischen Hof. Heiratsverhandlungen, die scheitern.

1584 10. Juni: Alençon stirbt.
10. Juli: Wilhelm von Oranien wird ermordet.
Walter Raleigh gründet »Virginia«, die erste englische Kolonie in Nordamerika.

1585 Leicester in den Niederlanden.
Drakes Kaperfahrt in Westindien.

1586 Aufdeckung des Babington-Komplotts gegen Elisabeth. Beginn des Prozesses gegen Maria Stuart.

1587 8. Februar: Hinrichtung Maria Stuarts in Fotheringhay. Philipp von Spanien rüstet die Armada für die Invasion in England.

1588 Juli/August: Die englische Flotte siegt über die spanische Armada.
4. September: Robert Dudley, Earl of Leicester, stirbt.

1589 Drake plündert La Coruña.
Der Hugenotte Heinrich von Navarra besteigt als Heinrich IV. den französischen Thron. Elisabeth unterstützt ihn gegen die katholische Liga.

1590 Walsingham stirbt.

1591 Der Earl of Essex unterstützt Heinrich IV. bei der Belagerung von Rouen. Essex in höchster Gunst bei der Königin.

1596 Drake und Hawkins sterben auf ihrer letzten Fahrt in die Karibik.

April: Calais von den Spaniern eingenommen.

20. Juni: Cádiz von den Engländern eingenommen.

Essex auf dem Höhepunkt seines Ruhms.

1597 Vertrag von Greenwich zwischen Frankreich, England und den Niederlanden.

1598 Heinrich IV. tritt zum Katholizismus über.

8. August: Burghley stirbt.

17. September: Philipp II. von Spanien stirbt.

1599 Essex in Irland.

1600 Essex' vorzeitige Rückkehr und Ungnade.

Gründung der East India Company.

1601 8. Februar: Essex' Aufstandsversuch. Festnahme und Anklage auf Hochverrat.

25. Februar: Essex' Hinrichtung.

November: Elisabeths letztes Parlament. Reform des Monopolwesens auf Druck des Parlaments.

1602 12. Januar: Lord Mountjoy besiegt den Rebellenführer Tyrone in Irland.

1603 24. März: Elisabeth stirbt in Richmond.

ANMERKUNGEN

1 The Public Speaking of Queen Elizabeth, a.a.O., S. 96f., To the Troops at Tilbury, 1588, Übers. d. A.
2 Zitiert nach: Neale, a.a.O., S. 28f., Übers. d. A.
3 Zitiert nach: Neville Williams, Elisabeth I. von England, a.a.O., S. 35f.
4 Leicester Bradner, The Poems of Queen Elizabeth, a.a.O., S. 1.
5 Zitiert nach: Williams, a.a.O., S. 43f.
6 Zitiert nach: Herbert Nette, a.a.O., S. 29
7 Zitiert nach: Williams, a.a.O., S. 50
8 Zitiert nach: Milton Waldman, Elizabeth and Leicester, a.a.O., S. 64, Übers. d. A.
9 Zitiert nach: Neale, a.a.O., S. 55, Übers. d. A.
10 Zitiert nach: Williams, a.a.O., S. 46
11 Zitiert nach: Neale, a.a.O., S. 61
12 The Public Speaking of Queen Elizabeth, a.a.O., S. 63, To the Lord Mayor of London, 1558, Übers. d. A.
13 Correspondencia de Felipe II con sus embajadores, a.a.O., November 1558
14 The Public Speaking of Queen Elizabeth, a.a.O.
15 Correspondencia..., a.a.O., 18.4.1559, de Feria an Philipp II. von Spanien
16 Ebd., 29. 4. 1559
17 Zitiert nach: Neale, a.a.O., S. 77, Übers. d. A.
18 Queen Elizabeth and Her Times. A Series of Original Letters, a.a.O., S. 24, Übers. d. A.
19 Zitiert nach: Erickson, a.a.O., S. 195, Übers. d. A.
20 Zitiert nach: Neale, a.a.O., S. 79, Übers. d. A.
21 Zitiert nach: Jenkins, 1959, S. 95
22 Zitiert nach: Neale, a.a.O., S. 79
23 Zitiert nach: Waldman, a.a.O., S. 99
24 Correspondencia..., 22. Januar 1561, de Quadra an Philipp II. von Spanien, Übers. d. A.
25 Ebd., 22. Januar 1561, Übers. d. A.
26 Ebd., 23. Februar 1561

27 Ebd., 12. April 1561
28 The Public Speaking of Queen Elizabeth, a.a.O., S. 64f., An Interview with Maitland Concerning Mary Queen of Scots, 1561, Übers. d. A.
29 Ebd., Rede im Unterhaus, 1561
30 Lytton Strachey: Elisabeth und Essex. Eine tragische Historie, a.a.O., S. 32
31 Stefan Zweig: Maria Stuart, a.a.O., S. 76f.
32 Elizabeth Jenkins: Elizabeth and Leicester, a.a.O., S. 49, Übers. d. A.
33 Ebd., S. 90
34 Zitiert nach: Erickson, a.a.O., S. 215, Übers. d. A.
35 Ebd., S. 215
36 Zitiert nach: Herbert Nette, a.a.O., S. 52
37 Zitiert nach: Erickson, S. 217, Übers. d. A.
38 Zitiert nach: Neale, S. 127, Übers. d. A.
39 Zitiert nach: Erickson, S. 257
40 Zitiert nach: Waldman, S. 104
41 Zitiert nach: Erickson, S. 258f.
42 Zitiert nach: Neale, S. 66
43 Ebd., S. 194
44 Ebd.
45 The Public Speaking of Queen Elizabeth, a.a.O., S. 71f., Latin Oration at Cambridge University 1564
46 Zitiert nach: Jenkins, 1959, S. 142
47 The Public Speaking of Queen Elizabeth, a.a.O., S. 77f., On Marriage and Succession, 1566
48 Ebd.
49 The Letters of Queen Elizabeth, a.a.O., S. 49, Übers. d. A.
50 Ebd., S. 50
51 Zitiert nach: Lavater-Sloman, S. 291
52 Zitiert nach: Erickson, S. 327
53 Zitiert nach: Lavater-Sloman, S. 314
54 The Letters of Queen Elizabeth, a.a.O., S. 112, Elizabeth an Walsingham, 28. September 1572
55 Zitiert nach: Williams, a.a.O., S. 105
56 Ebd., S. 227
57 Queen Elizabeth and Her Times. A Series of Original Letters, a.a.O., S. 103f., The Earl of Leicester to Lord Burghley, Oktober 1579, Übers. d. A.
58 Zitiert nach: Erickson, S. 326

59 Ebd., S. 327

60 Ebd., S. 329

61 Leicester Bradner: The Poems of Queen Elizabeth I., a.a.O., S. 5 (engl. Original), Übersetzung zitiert nach der dt. Ausgabe von Williams, a.a.O., S. 190

62 Frank Burgoyne: History of Queen Elizabeth, Amy Robsart and the Earl of Leicester, being a reprint of »Leicesters Commonwealth«, a.a.O., S. 50, Übers. d. A.

63 Zitiert nach: Jenkins, 1961

64 The Letters of Queen Elizabeth, a.a.O., S. 174, Queen Elizabeth to Robert Dudley, Earl of Leicester, Übers. d. A.

65 Ebd., S. 178 f., Übers. d. A.

66 Maria Stuart: Briefe, a.a.O., S. 355 f., ohne Datum, November 1584

67 Ebd., S. 397 f.

68 The Letters of Queen Elizabeth, a.a.O., S. 181, Queen Elizabeth to Mary, Queen of Scots, Übers. d. A.

69 The Public Speaking of Queen Elizabeth, a.a.O., On the Execution of Mary, Queen of Scots, Übers. d. A.

70 Maria Stuart: Briefe, a.a.O., S. 410 f., 19. Dezember 1586

71 Zitiert nach: Lavater-Sloman, S. 408

72 Maria Stuart: Briefe, a.a.O., S. 417 f., Maria Stuart an Heinrich III. v. Frkr., ohne Datum, 1587

73 The Public Speaking of Queen Elizabeth, a.a.O., S. 96 f., To the Troops at Tilbury, 1588, Übers. d. A.

74 Zitiert nach: Waldman, a.a.O., S. 218

75 Auszug aus dem Testament von Robert Dudley, Earl of Leicester. Zitiert nach: Derek Wilson, Sweet Robin. A biography of Robert Dudley, Earl of Leicester, a.a.O., Appendix, Übers. d. A.

76 Zitiert nach: Neale, a.a.O., S. 287, Übers. d. A.

77 Ebd., S. 287

78 The Letters of Queen Elizabeth, a.a.O., S. 195, Queen Elizabeth to Robert Devereux, Earl of Essex, 15. April 1589, Übers. d. A.

79 Zitiert nach: Lavater-Sloman, S. 436

80 Zitiert nach: Neale, a.a.O., S. 308, Übers. d. A.

81 The Letters of Queen Elizabeth, a.a.O., S. 207 f., Queen Elizabeth to William Cecil, Lord Burghley, Übers. d. A.

82 Zitiert nach: Neale, a.a.O., S. 304, Übers. d. A.

83 The Public Speaking of Queen Elizabeth, a.a.O., S. 101 f., Dissolving Parliament, 1593, Übers. d. A.

84 Zitiert nach: Lavater-Sloman, S. 514

85 The Public Speaking of Queen Elizabeth, a.a.O., S. 103 f.,

Impromptu Rebuke in Latin to the Polish Ambassador, 1597, Übers. d. A.

86 Zitiert nach: Williams, S. 286
87 Zitiert nach: Strachey, S. 173
88 Zitiert nach: Strachey, S. 188
89 Zitiert nach: Neale, S. 329, Übers. d. A.
90 Zitiert nach: Strachey, S. 192 ff.
91 The Letters of Queen Elizabeth, a.a.O., S. 275, Queen Elizabeth to Robert Devereux, Earl of Essex, 17. September 1599, Übers. d. A.
92 Zitiert nach: Neale, S. 346
93 Zitiert nach: Williams, S. 300
94 Zitiert nach: Strachey, S. 239
95 Zitiert nach: Strachey, S. 227
96 Zitiert nach: Neale, S. 346, Übers. d. A.
97 Zitiert nach: Strachey, S. 254
98 Zitiert nach: Neale, S. 346, Übers. d. A.
99 Zitiert nach: Neale, S. 364, Übers. d. A.
100 The Public Speaking of Queen Elizabeth, a.a.O., S. 98 f., Speech at Oxford University, 1592, Übers. d. A.
101 Ebd., S. 106 f., The »Golden Speech«, 1601, Übers. d. A.
102 Zitiert nach: Herbert Nette, S. 139

PERSONENREGISTER

Literaturverzeichnis

I Quellen:

Bradner, Leicester: The Poems of Queen Elizabeth I., Brown University Press Providence, Rhode Island, 1964

Calendar of State Papers. Domestic. British Library, Department of Manuscripts, London 1856–72

Camden, William: The History of the Most Renowned and Victorious Princess Elizabeth, Late Queen of England (1688), selected chapters, Chicago and London, 1970

Correspondencia de Felipe II con sus embajadores en la corte de Inglaterra 1558 a 1584 (Colección de documentos inéditos para la historia de España), Archivo general de Simancas, Madrid 1886

The Letters of Queen Elizabeth, Hrsg. v. G. B. Harrison, Cassell & Company Ltd., London 1968

Queen Elizabeth and her Times, a Series of Original Letters, selected from the inedited private correspondence, Hrsg. v. Thomas Wright, 2 Bde, Henry Colburn Publisher, London 1838

The Public Speaking of Queen Elizabeth, selections from her official addresses, by George P. Rice, Columbia University Press, New York 1951

Maria Stuart: Die Briefe der Königin, Steingrüben Verlag, Stuttgart 1967

II Sekundärliteratur:

Álvarez, Manuel Fernandez: Tres embajadores de Felipe II en Inglaterra, Madrid 1951

Bassnett, Susan: Elizabeth I., A Feminist Perspective, Oxford/New York/Hamburg 1988

Burgoyne, Frank J.: History of Queen Elizabeth, Amy Robsart and the Earl of Leicester, being a reprint of »Leicesters Commonwealth« 1641, Longmans, Green and Co, London, New York, Bombay 1904

Clevé, Evelyn: Königin für England. Elisabeth I., Stuttgart, 1958

Dunlop, Jan: Palaces and Progresses of Elizabeth I., London 1962

Dargaud, Jean-Marie: Histoire d'Elisabeth d'Angleterre, Paris 1866

Elton, Geoffrey R.: England unter den Tudors (1955), München 1983

Erickson, Carolly: The First Elizabeth, London 1983

Erlanger, Philippe: Bartholomäusnacht 1572, München 1966

Goldschmitt-Jentner, Rudolf K.: Maria Stuart und Elisabeth, aus: Die Begegnung mit dem Genius. Sternenfreundschaft und Erdenfeindschaft, Hamburg 1954

Glatzer, J.: Elisabeth von England und Katharina II. von Rußland, in: Quellenhefte zum Frauenleben in der Geschichte, Zweites Heft: Die großen Herrscherinnen, Berlin 1927

Grew, James Hooper: Elisabeth d'Angleterre dans la littérature française, Paris 1932

Haigh, Christopher (Hrsg.): The Reign of Elizabeth I., Houndmills, Basingstoke, Hampshire and London 1984

Hartley, T. E.: Elizabeth's parliaments. Queen, Lords and Commons 1559–1601, Manchester & New York 1992

Haynes, Alan: The White Bear. Robert Dudley, the Elizabethan Earl of Leicester, London 1987

Jenkins, Elizabeth: Elizabeth the Great, London 1958

Jenkins, Elizabeth: Elizabeth and Leicester, London 1961

Johnson, Paul: Elizabeth I., A study on Power and Intellect, London 1974

Kluxen, K.: Die Entstehung des englischen Parlamentaris-
mus, Stuttgart 1972

Lavater-Sloman, Mary: Elisabeth I., Herrin der Meere,
Zürich 1956

Lemmonier, Léon: Elisabeth d'Angleterre. La reine Vierge?,
Paris 1947

Marcks, Erich: Königin Elisabeth von England und ihre Zeit,
Stuttgart 1951

MacNalty, Sir Arthur Salusbury: Elizabeth Tudor. The lonely
Queen, London 1954

Mattingly, Garret: Die Armada, München 1988

Neale, J. E.: Queen Elizabeth, London 1942

Plowden, Alison: Marriage with my Kingdom. The Courtships
of Elizabeth I., London 1977

Pierson, Peter: Philipp II., Vom Scheitern der Macht, Graz/
Wien/Köln 1985

Read, Conyers: The Tudors, München 1948

Ridley, Jasper: Elisabeth I., Zürich 1990

Roosbroeck, Robert van: Wilhelm von Oranien. Der Rebell,
Göttingen/Berlin/Frankfurt 1959

Strachey, Lytton: Elisabeth und Essex. Eine tragische Historie, Berlin 1929 (1951)

Strong, Roy: Gloriana. The Portraits of Queen Elizabeth I.,
Thames and Huson 1987

Smith, Lacey Baldwin: Zwielicht einer Zeitenwende. Königin
Elisabeth und ihre Epoche, Stuttgart 1967

Waldmann, Milton: Elizabeth and Leicester, London and
Paris 1947

Williams, Neville: Elisabeth I. von England, Beherrscherin
eines Weltreichs, München 1983

Williams, Neville: Francis Drake, London 1973

Wilson, Derek: Sweet Robin. A Biography of Robert Dudley,
Earl of Leicester, London 1981

Zweig, Stefan: Maria Stuart, Frankfurt/Main 1951

STAMMTAFEL DER TUDORS

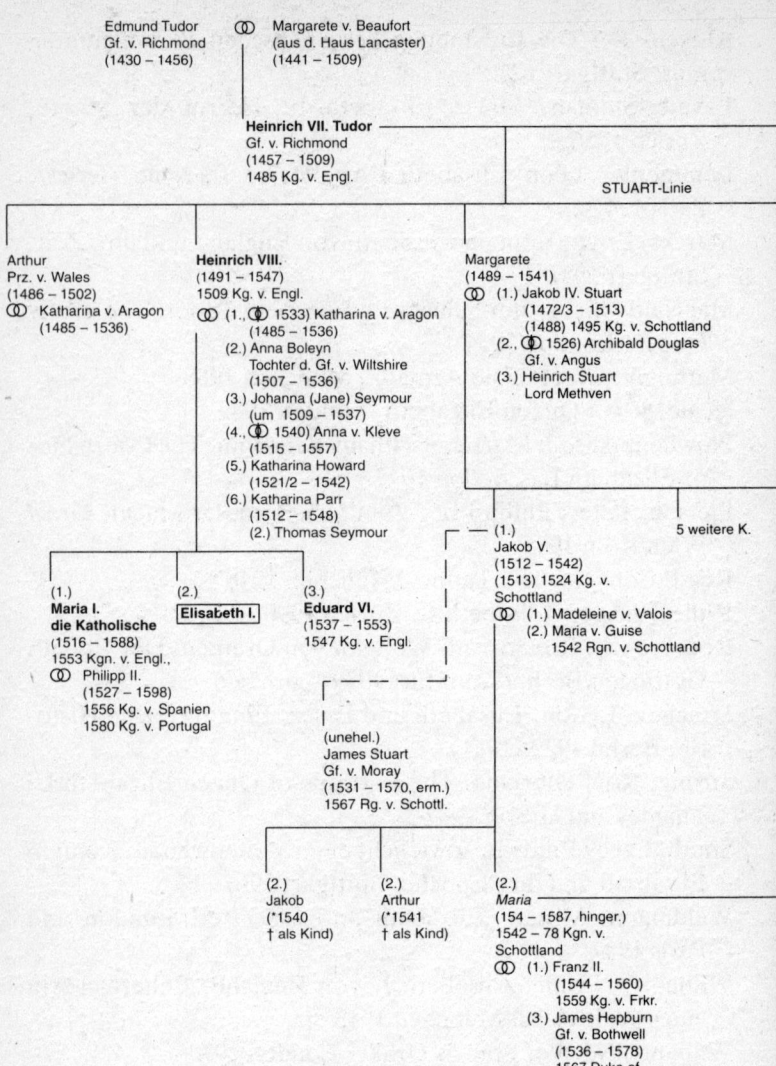

Edmund Tudor
Gf. v. Richmond
(1430 – 1456)

⚭

Margarete v. Beaufort
(aus d. Haus Lancaster)
(1441 – 1509)

Heinrich VII. Tudor
Gf. v. Richmond
(1457 – 1509)
1485 Kg. v. Engl.

STUART-Linie

Arthur
Prz. v. Wales
(1486 – 1502)
⚭ Katharina v. Aragon
(1485 – 1536)

Heinrich VIII.
(1491 – 1547)
1509 Kg. v. Engl.
⚭ (1., ⚭ 1533) Katharina v. Aragon
(1485 – 1536)
(2.) Anna Boleyn
Tochter d. Gf. v. Wiltshire
(1507 – 1536)
(3.) Johanna (Jane) Seymour
(um 1509 – 1537)
(4., ⚭ 1540) Anna v. Kleve
(1515 – 1557)
(5.) Katharina Howard
(1521/2 – 1542)
(6.) Katharina Parr
(1512 – 1548)
(2.) Thomas Seymour

Margarete
(1489 – 1541)
⚭ (1.) Jakob IV. Stuart
(1472/3 – 1513)
(1488) 1495 Kg. v. Schottland
(2., ⚭ 1526) Archibald Douglas
Gf. v. Angus
(3.) Heinrich Stuart
Lord Methven

(1.)
Jakob V.
(1512 – 1542)
(1513) 1524 Kg. v.
Schottland
⚭ (1.) Madeleine v. Valois
(2.) Maria v. Guise
1542 Rgn. v. Schottland

5 weitere K.

(1.)
**Maria I.
die Katholische**
(1516 – 1588)
1553 Kgn. v. Engl.,
⚭ Philipp II.
(1527 – 1598)
1556 Kg. v. Spanien
1580 Kg. v. Portugal

(2.)
Elisabeth I.

(3.)
Eduard VI.
(1537 – 1553)
1547 Kg. v. Engl.

(unehel.)
James Stuart
Gf. v. Moray
(1531 – 1570, erm.)
1567 Rg. v. Schottl.

(2.)
Jakob
(*1540
† als Kind)

(2.)
Arthur
(*1541
† als Kind)

(2.)
Maria
(154 – 1587, hinger.)
1542 – 78 Kgn. v.
Schottland
⚭ (1.) Franz II.
(1544 – 1560)
1559 Kg. v. Frkr.
(3.) James Hepburn
Gf. v. Bothwell
(1536 – 1578)
1567 Duke of
Orkney

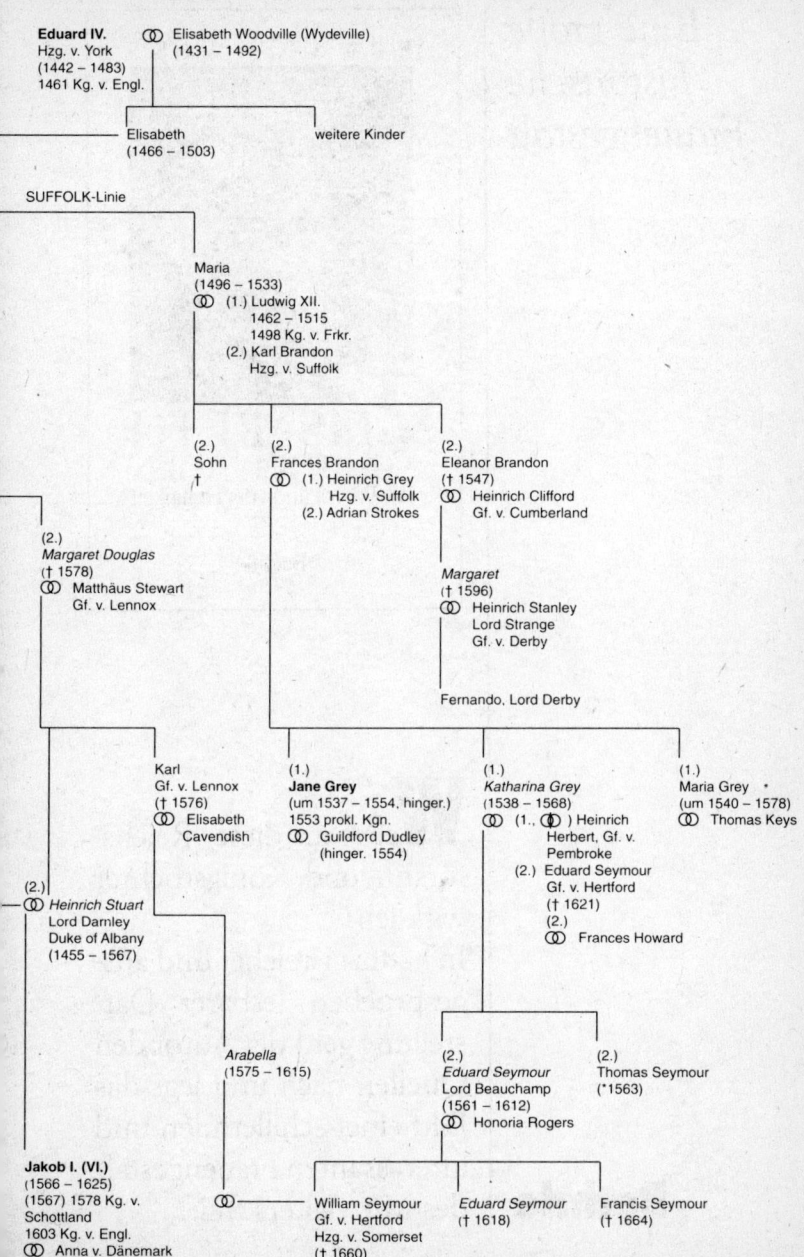

Eduard IV.
Hzg. v. York
(1442 – 1483)
1461 Kg. v. Engl.

⚭ Elisabeth Woodville (Wydeville)
(1431 – 1492)

Elisabeth
(1466 – 1503)

weitere Kinder

SUFFOLK-Linie

Maria
(1496 – 1533)
⚭ (1.) Ludwig XII.
        1462 – 1515
        1498 Kg. v. Frkr.
   (2.) Karl Brandon
        Hzg. v. Suffolk

(2.)
Sohn
†

(2.)
Frances Brandon
⚭ (1.) Heinrich Grey
        Hzg. v. Suffolk
   (2.) Adrian Strokes

(2.)
Eleanor Brandon
(† 1547)
⚭ Heinrich Clifford
   Gf. v. Cumberland

(2.)
Margaret Douglas
(† 1578)
⚭ Matthäus Stewart
   Gf. v. Lennox

Margaret
(† 1596)
⚭ Heinrich Stanley
   Lord Strange
   Gf. v. Derby

Fernando, Lord Derby

Karl
Gf. v. Lennox
(† 1576)
⚭ Elisabeth
   Cavendish

(1.)
Jane Grey
(um 1537 – 1554, hinger.)
1553 prokl. Kgn.
⚭ Guildford Dudley
   (hinger. 1554)

(1.)
Katharina Grey
(1538 – 1568)
⚭ (1., ⚭) Heinrich
   Herbert, Gf. v.
   Pembroke
   (2.) Eduard Seymour
        Gf. v. Hertford
        († 1621)
   (2.)
   ⚭ Frances Howard

(1.)
Maria Grey *
(um 1540 – 1578)
⚭ Thomas Keys

(2.)
⚭ *Heinrich Stuart*
   Lord Darnley
   Duke of Albany
   (1455 – 1567)

Arabella
(1575 – 1615)

(2.)
Eduard Seymour
Lord Beauchamp
(1561 – 1612)
⚭ Honoria Rogers

(2.)
Thomas Seymour
(*1563)

Jakob I. (VI.)
(1566 – 1625)
(1567) 1578 Kg. v.
Schottland
1603 Kg. v. Engl.
⚭ Anna v. Dänemark
   (1574 – 1619)

⚭

William Seymour
Gf. v. Hertford
Hzg. v. Somerset
(† 1660)

Eduard Seymour
(† 1618)

Francis Seymour
(† 1664)

Eine große historische Frauengestalt

ERNST W. WIES

ELISABETH
VON THÜRINGEN
Die Provokation der Heiligkeit

Bechtle

Bechtle

Wer war diese Reichsfürstin und Königstochter wirklich?
In kenntnisreicher und ausgesprochen lesbarer Darstellung geht der Autor den Quellen nach und legt das Bild einer schillernden und interessanten Frauengestalt des Mittelalters frei.